卿希泰·著

华夏根柢 百家津梁

卿希泰道教论集

大家学术

生活·讀書·新知 三联书店

Copyright © 2018 by SDX Joint Publishing Company
All Rights Reserved.
本作品版权由生活·读书·新知三联书店所有。
未经许可,不得翻印。

图书在版编目(CIP)数据

华夏根柢　百家津梁:卿希泰道教论集／卿希泰著.
—北京:生活·读书·新知三联书店,2018.10
（大家学术）
ISBN 978-7-108-06109-6

Ⅰ.①华… Ⅱ.①卿… Ⅲ.①道教-文集
Ⅳ.①B958-53

中国版本图书馆 CIP 数据核字(2017)第 233509 号

责任编辑	杨柳青
特约编辑	武晨昱
封面设计	米　兰
责任印制	黄雪明
出版发行	生活·讀書·新知 三联书店
	（北京市东城区美术馆东街 22 号）
邮　　编	100010
印　　刷	四川省南方印务有限公司
版　　次	2018 年 10 月第 1 版
	2018 年 10 月第 1 次印刷
开　　本	650 毫米×900 毫米　1/16　印张 23
字　　数	267 千字
定　　价	68.00 元

弁 言

李学勤*

日前听闻"大家学术"丛书第一辑的编选整理已经完竣,即将付印问世,我感到非常高兴。在这套丛书的策划过程中,四川师范大学段渝教授多次垂询我的意见,我也得以从他的讲述中获知其对这套书的设想,认识到这些确实是很有学术意义的好书,值得向广大读者做一推荐。

"大家学术"丛书是在所谓"国学热"日渐升温的当口诞生的。我由于参加《中国高校哲学社会科学发展报告》的工作,必须更多查阅学术界的资料,才发现"国学热"在不长的时间里,竟已发展到出人意料的局面。仔细想来,这本来是理所当然的,"国学"就是"中学",亦即中国传统文化的核心部分。随着中国国势走向振兴,人们自然会增加对传统文化的关注,要求认识、继承和阐扬其中的精华,并将之推向世界。

北宋张载说:"为天地立心,为生民立命,为往圣继绝学,为万世开太平。"常被视为中国学人的最高抱负。这里面"为往圣继

---

* 李学勤,清华大学教授,"夏商周断代工程"首席科学家、专家组组长,中国先秦史学会理事长,国际欧亚科学院院士。

绝学",便可以理解为对传统文化学术的继承和发扬。前人已往,其学已绝,所以"继绝学"不能停留在前人固有的层次上,而是要于其基础上续做提高,日新又新。不过,正确地了解传统、分析传统,毕竟是继承并且创新的前提。

从这里我们可以看到学术史的工作是多么重要。事实上,在历史发展中每逢重大转折的时刻,每每有富于远见的学者出现,做出学术史的总结和探究。前人曾指出,战国晚期百家争鸣接近终局之时产生的《庄子·天下篇》,堪称这方面最早的范例。

20世纪中国学术史的奠基人,应推章太炎与梁启超。章太炎于这方面发轫较早,有关论作虽多,但未成专著。梁启超则在20年代先后撰成《清代学术概论》及《中国近三百年学术史》。在后一书开首,梁启超说:"这部讲义,是要说明清朝一代学术变迁之大势及其在文化上所贡献的分量和价值。为什么题目不叫作清代学术呢?因为晚明的二十多年,已经开清学的先河,民国的十来年,也可以算清学的结束和蜕化。把最近三百年认作学术史上一个时代的单位,似还适当,所以定名为《近三百年学术史》。"后来钱穆先生1937年出版的书,尽管学术观点与梁氏不同,也用了同样的标题。

梁、钱两书都有相当重大的影响,我认为这主要是因为其所讲述的学术史,对当时学术界而言恰好符合需要。任何一个历史时期的学术,总是以前一时期的学术作为凭借的思想资料,从而有所变革、进步和创新。足知对前一时期学术史的了解,一定会有利于当代学术的前进,甚至应该说是促进学术新发展的必要条件。就梁启超到钱穆那个时代的学者而言,他们面对的问题与挑战,究其渊源,大都可上溯到清代前后的三百年,无怪乎《中国近三百年学术史》两种都不胫而走了。

今天的学人,所处时代已与梁、钱二氏不同。作为我们学术界先行和凭借的,不是清代,而是落幕未久的20世纪。比之清代,20世纪的历史更是风云变幻、波澜壮阔,人物更是群星灿烂、英杰辈出,为学术史的研究提供了十分辽阔的用武之地。为了看清当前学术文化的走向,推动新世纪学术文化的建设,不能不重视对20世纪学术的研究。这正是我近些年一直呼吁加强这一时期学术史工作的原因。

实际上,对20世纪学术的探讨研究,早已在很多学者的倡导支持之下展开了。在这里我想强调的是,这方面的工作还有必要在深度和广度上继续扩展,特别是我们考察20世纪的学术文化,眼界还有必要进一步拓宽。

20世纪的中国学术极其丰富多彩,不能只局限于一时一地,例如北京、上海的几处大学和机构。应该说,由于时势机运的流转变迁,很多地方在学术上曾形成学科或思潮的中心,那里的学者在多方面都做出了独特的成果和贡献。

四川就是这样。自古以来,蜀学有其脉络,虽说蜀道甚难,但蜀地学人影响被于天下。晚清以至民初,情形更是如此。特别是抗日战争爆发之后,学人云集,蔚为盛况,于四川文化发展开前所未有的局面。仔细探究四川的学术史传统,是非常有意义的工作。

"大家学术"丛书即是如此规划的。这套丛书第一辑即专门编选四川地区卓有建树的学人著作,加以介绍其思想成就的前言,便于读者阅读。现在第一辑所收作者,都是中国学术界公认的著名学者,无愧"大家"称号。他们大多著作等身,非短时间所能通览。这些选本足以帮助大家了解他们的学术概要,相信一定会受到欢迎。

这套丛书还将继续编印下去，分辑搜集、编辑全国各地20世纪著名学术大家的专题学术论著精粹，使之成为较为全面反映中国20世纪学术文化发展成就的窗口。

最后，希望四川学术界当前以20世纪学者为主，为撰著系统的20世纪四川的学术史做出准备，将来还可上溯到更早以至古代的蜀地学术，对中国传统文化研究的贡献就更大了。

于北京清华园

目　录

001　　　　　序

001　　　　**道教史研究**
003　　　　中国道教史研究的意义
058　　　　道与三清关系刍议
069　　　　道教在巴蜀初探

121　　　　**道教与古今社会政治**
123　　　　元代前期统治者崇道政策初探
145　　　　试论道教对中国传统科技的贡献
153　　　　道教生态伦理思想及其现实意义

167　　　　**道派史研究**
169　　　　天心正法派初探
180　　　　道教神霄派初探
191　　　　全真道在金代的产生及其思想特点

210	武当清微派与武当全真道的问题
220	南宋时在南方兴起的一个金丹道派
	——紫阳派的形成及其传系和特点

247	**道教思想研究**
249	试论《太平经》的乌托邦思想
261	《太平经》的知人善任思想浅析
274	试论《太上洞渊神咒经》的乌托邦思想及其年代问题
284	张宇初的"天人一致"的宇宙观和修道论

301	**道教研究的回顾与展望**
303	百年来道教研究的回顾与展望
339	我和道教文化研究

序

张泽洪

卿希泰教授奉献给学界的这本最新论集，是应四川师范大学巴蜀文化研究中心约请而编选的。四川师范大学巴蜀文化研究中心主编的"大家学术"丛书，旨在编选近百年以来学术大家之精品，得以入选丛书的作者都是各学术领域的代表人物。作为四川大学人文社会科学杰出教授、国家"985工程"四川大学宗教与社会研究创新基地首席专家、四川大学学术委员会委员的卿希泰教授，是从教育部直属重点大学重点学科中遴选的享受院士待遇的文科杰出教授，这在中国人文学科领域是极其崇高的荣誉。卿希泰教授以他在道教学领域数十年的辛勤耕耘，和在国际宗教学界的极高声誉，堪称当代道教研究的一代大家。

作为国际知名的宗教学大家，卿希泰教授的主要学术成就和贡献在于：

1. 填补了中国道教史研究的空白，确立了中国道教研究在国际学界的地位。自1980年以来，卿希泰教授撰写和主编道教学、宗教学著作共十五种二十二册，约六百万字。主要有《中国道教史》（四卷）、《中国道教思想史纲》（二卷）、《续中国道教思想史纲》、《道教与中国传统文化》、《中国道教》（四卷）、《简明中国道教通史》、《中外宗教概论》、《中华道教简史》（合著，台湾版）、《道教文化新典》（合编）等。其中《中国道教史》（四卷）是国家规划的重点项目。1983年4月，卿希泰教授在福州召开的落实全国哲学社会科学"六五"规划项目会议上，接受了主编《中国道教史》四卷本的任务。他带领四川大学宗教学研究所的团队成员，经过十二年的艰苦努力，终于完成了二百万字的《中国道教史》，该书获得第三届国家优秀图书最高奖、教育部第二届全国高校人文社会科学优秀科研成果一等奖、四川省政府优秀科研成果一等奖。被方立天教授誉为"我国第一部规模最大、篇幅最长、水准最高的道教史，对于从思想史和文化史的角度正确认识道教在中国传统文化中的地位，具有开创先河的功劳，确实是一部里程碑式的著作"。具有国际水平的《中国道教史》，确立了道教在中国传统文化中应有的地位，也奠定了先生道教学泰斗的国际学术地位。

2. 创立了宗教学研究的一流学术研究机构，培养了大批宗教学研究人才。

卿希泰教授1980年创办的四川大学宗教学研究所，于1983年开始招收宗教学专业硕士研究生，1990年成为宗教学专业博士学位授予点，1999年四川大学道教与宗教文化研究所成为教育部人文社会科学重点研究基地，2001年成为全国唯一的国家级宗教学重点学科研究基地，2003年成为全国宗教学专业的哲学博士后流动站，2004年成为"国家985工程"四川大学宗教与社会研究创新基地。作为中国道教研究的学术奠基人、博士生导师，先生亲自指导的数十位硕士生、博士生，现分布在全国各大学和研究机构，成为道教研究的中坚力量。先生开创的宗教学研究得到国际同行的认可，四川大学宗教学研究所成为国际学界所瞩目的研究机构。日本著名学者中村璋八先生曾撰文称:"四川大学宗教学研究所不仅是中国而且是世界最高水准的道教研究机构,其所长卿希泰教授《中国道教思想史纲》等众多著作,也一样是中国道教研究的最高权威,就在日本也享有崇高的威望。"

卿希泰教授著作等身,所撰写的一百余篇道教学论文,曾先后有《道教文化新探》《刍荛集》《道教文化与现代社会生活研究》结集出版。《卿希泰论道教》,共选编先生撰写的十一篇论文,分为道教综论、道教文化与现代社会生活、道派史研究、道教的政治思想研究、道教研究的回顾与展望五个专题。先生既关注道教的历史、思想研究,也注意道教与当代社会关系的探讨,这种古为今用的学术关怀,大致反映先生数十年道教学术研究的轨迹,也在一定程度上反映出当代中国学者所研究的道教学的主要问题。先生去世前年事已高,但在道教学领域,仍然老骥伏枥,志在千里地继续探索耕耘,这种生命不息、奋斗不止的学术精神,值得我们后辈学人学习和体悟。

道教史研究

中国道教史研究的意义

我国是一个多民族和多宗教的国家。世界三大宗教（佛教、基督教、伊斯兰教）在我国的传播和发展，各自都有着漫长的历史。道教是中华民族固有的传统宗教，也有其长期发展的历史，并对我国整个的历史文化均产生过重大影响。在考察道教历史的时候，有必要先就道教史研究的意义、目的、要求以及研究方法等问题，做一个简要的说明。

一、中国道教史研究的学术价值和现实意义

中华民族是由多种民族在历史的长河中经过相互交流和相互融合而形成的。在长期的社会发展过程中，各个民族对中华传统文化的形成和发展都有他们各自的贡献。因此，中华传统文化也是一个多元互补的文化。早在春秋战国时期，就有诸子百家的兴起，形成了"百家争鸣"的局面，推动了中华民族传统文化的发展和繁荣。在诸子百家中，最主要的有"九流十家"。班固的《汉书·艺文志》对此做了很详细的介绍和总结。在秦汉之际，法家

和道家曾先后一度处于统治的地位。后来，汉武帝重用董仲舒，"罢黜百家，独尊儒术"，但这个儒术已经不是孔子时候的儒术，而是以董仲舒为代表的吸收了阴阳家和道家等思想在内的宗天神学。随着佛教的传入和道教的产生，在漫长的封建社会中，便一直是儒道释三教一方面彼此相互对抗、相互斗争，另一方面又相互吸收、相互融合，形成中华传统文化的三大支柱。从中华传统文化的整个发展历史来看，三教之间的相互对抗、相互斗争是表面的、次要的，而相互吸收和相互融合则是实质性的、主要的。因此，我们可以毫不夸张地说：正是由于道教与儒、释之间既相互矛盾和斗争，又相互吸收和融合，才推动了整个中华传统文化的繁荣和发展。所以，要全面地了解中华传统文化，就必须对道教与儒、释均有一个全面的了解。

但是，长期以来，在我国却流行着一种模糊的观念，似乎儒家文化就可以代表整个中华传统文化，一说到中华传统文化，大家都把注意力集中在儒家文化的身上。这是一种对待中华传统文化的学术偏见，虽然由来已久，但并不符合中国的历史事实，而且在学术上往往带来一些非常片面的看法，阻碍了我们全面地了解中华传统文化的历史及其发展规律，因而是一种非常有害的学术偏见。

在这种学术偏见的影响下，过去很长时期，我们在中华传统文化的研究工作方面，都把重点仅仅放在儒家文化的研究上，无论是研究机构的设置、人员的配备，还是资金的投入、研究课题的分配等，都很不平衡，只侧重儒家，而对道佛二教的研究则很不重视。特别是对道教的研究，更是相形见绌，根本没有把它提到议事日程上来，以致有些名为"中国哲学史"的著作，实际上并未全面地探讨整个中国哲学思想发生和发展的历史，其中除了儒家的哲学思想之外，既看不到道佛二教哲学思想的发生和发展，更看不到各少数民族哲学思想的发生和发展，与我们这个多民族和多宗教国家哲学思想发展的实际情况是不相符的。特别是我们的道教研究和某些外国学人对道教研究的情况相比，还显得非常落后。在"文化大革命"以前，有些人还把道教研究视为"禁区"，从事这项研究的人不多，成果也很少。而在国外，道教研究在很早以前便形成了一个"热门"，他们从事这项研究的人比我们多，成果也不少。以致1968年9月在意大利佩鲁贾召开的第一次国际道教学术研讨会议和1972年9月在日本长野县蓼科召开的第二次国际道教学术研讨会议，在出席的各国众多代表中，都没有一个来自中国的学者，这是很不正常的，与我们作为道教文化故乡的身份，也是极不相称的。当时在国际上甚至还流传着"道教发源在中国，研究中心在西方"的言论。

改革开放以来，这个情况才开始发生了变化。道教研究才摆上了国家的议事日程，研究课题列入了国家计划，建立了专门的道教研究机构，加强了人才的培养。现在研究队伍逐渐形成，并正在逐步发展和壮大，一大批研究成果已经陆续问世，引起了国内外的瞩目。"中国道教史"这个研究课题，就是列入经全国人民代表大会讨论一致通过的《中华人民共和国国民经济和社会发展第六个五年计划》之中的国家重点科研项目，并且还横跨了"七五"和"八五"。1983年4月在福州召开的全国学术界落实全国哲学社会科学"六五"规划项目的代表大会上，任继愈先生当时作为全国宗教学学科规划领导小组组长在开幕式的全体大会上谈到为什么要把这个研究课题列为国家"六五"规划的重点研究项目时，曾慷慨激昂地说："道教本来就是我国土生土长的传统宗教，可是，长期以来，是由我们国家提供材料，让外国人去出成果，这是国家的耻辱！民族的耻辱！这种状况再也不能这样继续下去了,我们一定要痛下决心,自己编写出自己的道教史来,为国家争光!为民族争光!"任先生这段语重心长和大声疾呼的讲话,简直就像是对我们发出了一道向道教史研究进军的动员令,真是如雷贯耳,令我们听了以后非常激动,实在无法平静下来。我们必须竭尽全力,拿出高质量的研究成果来,为国家和民族做出自己应有的贡献,中国学者自己研究撰写《中国道教史》,其意义的重大是不言而喻的。

开展中国道教史的研究,不仅从国际文化交流方面来说,它的意义是十分重大而迫切的,而且对于全面弘扬中华传统文化、建设中华民族共同精神家园来说,它的意义同样也是十分重大而迫切的。为什么这么说呢?可以从以下三个方面来说明这个问题。

第一方面,由于道教本来就是中华民族的传统宗教,它是在神州大地的怀抱中诞生,由中华传统文化的乳汁养育而成的;它在创建和发展过程中,吸收了不少中华传统文化作为它的营养成分,成为它的思想渊源的一部分。这里可以举几个主要的例证来说明:

(一)道家思想。道家与道教二者既有区别,又有联系。先秦道家,是以老庄为代表的一个哲学派别,而道教乃是东汉形成的一种宗教,二者并不是一回事。但是,道家思想乃是道教最为重要的思想渊源之一,道家哲学乃是道教的理论基础之一。道教创立的时候,奉老子为教主,以老子《道德经》为主要经典,并把它规定为教徒们必须习诵的功课。《道德经》的基本思想是"道",并把"道"视为超时空的天地万物的根源,既有宇宙本体的意义,也含有规律的意义,其界属非常宽泛,"玄之又玄",十分神秘,不同的人可以对它做出不同的解释。在《庄子·大宗师第六》中,更把"道"解释为:"有情有信,无为无形;可传而不可受,可得而不可见;自本自根,未有天地,自古以固存;神鬼神帝,生天生地；在太极之先而不为高，在六极之下而不为深，先天地生而不为久，长于上古而不为老。"并谓："黄帝得之，以登云天；颛顼得之，以处玄宫；禺强得之，立乎北极；西王母得之，坐乎少广，莫知其始，莫知其终；彭祖得之，上及有虞，下及五伯。"①这种以"道"为万古常存，得"道"以后便可以长生久视、成为神仙的思想，为后来的道教所吸取。道教的基本信仰也是"道"，它从宗教的角度把"道"说成"神异之物，灵而有信"②，"为一切之祖首，万物之父母"③，并与神秘化了的元气学说结合起来，认为"道"是"虚无之系，造化之根，神明之本，天地之源。其大无外，其微无内"④，"无形"，"无名"，"有清有浊，有动有静"⑤，"万象以之生，五音以之成"⑥，宇宙、阴阳、万物都是由它化生的。道教还把老子也看成是由"道"化生的，这种思想在道教正式成立之前就有了，东汉明帝（57—75在位）、章帝（76—88在位）之际，益州太守王阜作《老子圣母碑》，其中便有："老子者，道也。乃生于无形之先，起于太初之前，行乎太素之元，浮游六虚，出入幽明，观混合之未判，窥清浊之未分。"⑦把老子与道合而为一。道教继承并发挥了这一思想，把老子奉为神灵。道教的早期经典《太平经》中说："老子者，得道之大圣，

---

① 〔清〕郭庆藩集释，王孝鱼点校：《庄子集释》第一卷，中华书局，1961年，第246—247页。
② 〔唐〕司马承祯：《坐忘论》，《道藏》第22册，文物出版社、上海书店出版社、天津古籍出版社，1994年，第896页。
③ 《妙门由起序》，《道藏》第24册，第721页。
④ 〔唐〕吴筠：《玄纲论》上篇《道德章第一》，《道藏》第23册，第674页。
⑤ 《太上老君说常清静经注》，《道藏》第17册，第141页。
⑥ 〔唐〕吴筠：《玄纲论》上篇《道德章第一》，《道藏》第23册，第674页。
⑦ 〔清〕严可均校辑：《全上古三代秦汉三国六朝文·全后汉文》卷三十二《王阜》，中华书局，1958年，第329页。

幽明所共师者也。应感则变化随方，功成则隐沦常住。住无所住，常无不在。……周流六虚，教化三界，出世间法，在世间法，有为无为，莫不毕究。"① 传为张陵所著的《老子想尔注》（一说为张鲁所著）中，也把老子作为"道"的化身，称"一者，道也"，"一散形为气，聚形为太上老君"②。宋张君房《云笈七签》卷一《道德部》之《总叙道德》引葛玄《五千文经序》说："老君体自然而然，生乎太无之先，起乎无因，经历天地终始，不可称载，穷乎无穷，极乎无极也，与大道而轮化，为天地而立根，布气于十方，抱道德之至纯，浩浩荡荡，不可名也。……堂堂乎为神明之宗，三光持之以朗照，天地禀之得生……故众圣所共宗。"③ 其后南宋谢守灏所撰编的《混元圣纪》《太上老君年谱要略》《太上混元老子史略》等著作中也反复地说道："太上老君者，大道之主宰，万教之宗元，出乎太无之先，起乎无极之源，经历天地，不可称载，终乎无终，穷乎无穷者也。其随方设教，历劫为师，隐显有无，罔得而测。然垂世立教，应现之迹，昭昭然若日月。"④ 又说："太上老君，乃大道之宗祖，三才之本根也。……化生诸天，成就世界，莫知其大，强目曰'太'；莫知其高，强目曰'上'；首出无极，仰之曰'老'；宰而无我，主之曰'君'，故曰'无上三天玄元始三炁太上老君'焉。"⑤ 又说："太上老君，乃元气之祖，万道之宗，乾坤之根本，天地之精源。"⑥ 又引唐尹文操的话说："老子者，即道之身也，迹有内外不同，由能应之身或异

---

① 王明：《太平经合校》，中华书局，1960年，第10页。
② 饶宗颐：《老子想尔注校笺》，香港大学出版社，1956年，第13页"载营魄抱一能无离"注。
③ 《道藏》第22册，第4页。
④ 《道藏》第17册，第780页。
⑤ 《道藏》第17册，第793页。
⑥ 《道藏》第17册，第895页。

也。"① 并称他"秉生成之柄，镇造化之原，故在天为众圣之尊，在世为万教之主。谓之老子者，道之形也，应既不一，号亦无量，或三十六号，或七十二名"②。于是，老子与道在道教中便被神化为众生信奉的神灵。"道"是天地万物的根源，因而作为"道"的化身的太上老君，也就成为"混沌之祖宗，天地之父母，阴阳之主宰，万神之帝君"。这说明哲学家老子与哲学范畴"道"，在道教中已被神化为天上的神灵和信仰的信条，信道也就变成了信神，崇奉老子亦即崇奉天神。修道成仙思想乃是它的核心，其他教理教义和各种修炼方术，都是围绕这个核心而展开的。这一宗教之所以命名为"道教"，也与它的基本信仰是"道"有着密切的关系。上述一切，都说明道家与道教的关系是十分密切的。道家虽是先秦以老庄为代表的一个哲学派别，但在东汉以后就为道教所继承和发展了，从道教产生时起，研究老庄思想者相当多的人都是道教徒，阐述和注释老庄的许多宝贵著作都集中在道教典籍的丛书《道藏》之中。这些道教徒对老庄思想的阐述和注释，虽然不免带有一些宗教性的曲解成分，但其中也包含了不少精华，不可忽视。老子及其学说之所以在中华传统文化中占有极为重要的地位，产生如此广泛的影响，道家文化之所以能够成为中华传统文化的三大支柱之一，与道教对它的继承和发展是分不开的，如果没有道教的继承和发展，那么，老子及其学说在中华传统文化中的地位及其影响，将是另一回事了。正因为道教文化继承和发展了道家文化，它们之间具有如此密不可分的关系，所以人们习惯上常常把道教也称为道家。

---

① 《道藏》第17册，第805页。
② 《道藏》第17册，第795页。

（二）黄老思想。先秦道家后来演变为黄老之学。这种黄老学说起源于稷下道家，他们同时尊奉传说中的黄帝和老子为道家创始人。在战国时，虽然出现过"百家皆言黄帝"的局面，但首先把黄帝与老子联系在一起的乃是道家庄子，这便是后来道家的黄老并称之所本。这一思想流派主张以道家的清静养生、无为治世为主，但又吸取了阴阳、儒、墨、名、法各家的部分内容，已不完全是先秦的道家，而是被称为黄老新道家。至汉初，文景以黄老之术治天下，治黄老之学者蜂起。黄老思想包含很多神秘主义的因素，加以治黄老之学的学者中，本来就有许多方士，他们以神仙长生思想和阴阳五行学说对这些因素做出宗教性的解释，使黄老之学与神仙方术相结合，而向神仙方术的方向发展。至东汉，进一步将黄帝、老子神秘化，又由着重尊崇黄帝转而推崇神化后的老子，逐渐形成奉老子为神明的黄老道，并与方仙道逐步合流，成为道教的前身。当时道教的一个派别太平道，其创始人张角最初就是黄老道的信徒。

（三）儒家的伦理纲常思想。儒家伦理纲常的核心是"三纲五常"，这是封建社会中最主要的人际道德关系。所谓"三纲"，《白虎通义·三纲六纪》说："三纲者，何谓也？谓君臣、父子、夫妇也。"① 《礼记·乐记》称："然后圣人作为父子君臣以为纪纲。"唐孔颖达疏引《礼纬·含文嘉》说："君为臣纲，父为子纲，夫为妻纲。"② 合称"三纲"。董仲舒在《春秋繁露·基义》中说："王道之三纲，可求于天。"③ 所谓"五常"，又称"五典"，《尚书·

---

① 〔清〕陈立撰，吴则虞点校：《白虎通疏证》上册，中华书局，1994年，第373页。
② 〔清〕阮元校刻：《十三经注疏》下册，中华书局，1980年，第1540页。
③ 〔汉〕董仲舒：《春秋繁露》卷十二《基义第五十二》，光绪二年浙江书局据卢氏抱经堂本重斠刻线装本，第8页。

舜典》有"慎徽五典，五典克从"之语，西汉孔安国传谓："五典，五常之教。父义、母慈、兄友、弟恭、子孝。"①《尚书·泰誓》又有"狎侮五常"之语，唐孔颖达疏说："五常即五典，谓父义、母慈、兄友、弟恭、子孝；五者，人之常行。"②亦即"五伦"。《孟子·滕文公上》说："人之有道也，饱食暖衣，逸居而无教，则近于禽兽。圣人有忧之，使契为司徒，教以人伦：父子有亲，君臣有义，夫妇有别，长幼有序，朋友有信。"③故对五常的解释，最初各家略有不同，以后一般均认为是指仁、义、礼、智、信五种道德规范。董仲舒在《举贤良对策》中说："夫仁、谊（义）、礼、知（智）、信五常之道，王者所当修饬也。"④儒家用以配合"三纲"，与"三纲"合起来，统称"三纲五常"，或简称"纲常"。南宋朱熹说："其张之为三纲，其纪之为五常。"⑤又说："纲常千万年，磨灭不得。"⑥儒家把这种伦理纲常思想看作维护封建社会秩序的最主要的道德关系，是天经地义的永恒不变的"天理"，谁也不能违反。这种伦理纲常思想，也为道教所继承和发展。在道书中，虽然很少提到"三纲五常"的名称，但也宣扬这种伦理道德思想。道教在宣扬这些伦理道德的时候，往往和它的长生成仙思想结合起来，在民众中发生的实际效用比儒家更大。葛洪在《抱朴子内篇·对俗》中说："欲求仙者，要当以忠、孝、和、顺、仁、信为本。若德行不修而但务方术，皆不得长生也。"⑦《正

---

① 〔清〕阮元校刻：《十三经注疏》上册，第125页。
② 〔清〕阮元校刻：《十三经注疏》上册，第182页。
③ 〔清〕阮元校刻：《十三经注疏》下册，第2705页。
④ 《汉书·董仲舒传》，《汉书》第8册，中华书局，第2505页。
⑤ 〔宋〕朱熹撰：《晦庵先生朱文公集》卷七十《读大纪》，同治求我斋本。
⑥ 〔宋〕黎靖德编：《朱子语类》第2册，中华书局，1988年，第597页。
⑦ 王明：《抱朴子内篇校释》，中华书局，2007年，第53页。

《正一法文天师教戒科经》说:诸欲修道者,务必"臣忠、子孝、夫信、妇贞、兄敬、弟顺,内无二心"①。它特别强调"事师不可不敬,事亲不可不孝,事君不可不忠,……仁义不可不行"②。道教的许多戒律,都有不少类似的规定。在《太上洞玄灵宝智慧罪根上品大戒经》中更把儒家的许多伦理道德规范都包括进去了,它说:"与人君言,则惠于国;与人父言,则慈于子;与人师言,则爱于众;与人兄言,则悌于行;与人臣言,则忠于君;与人子言,则孝于亲;与人友言,则信于交;与人妇言,则贞于夫;与人夫言,则和于室;……与奴婢言,则慎于事。"③ 这样,把处理人与人之间的各种关系的道德规范都讲到了,用"忠""孝""慈""惠""悌""和""贞""信""慎"等道德规范来调整各种不同的人与人的关系,比儒家讲得更集中、更全面,而且以"神"的威力驱使人们去奉行,这对维护封建社会的伦常和秩序,更容易发挥其特殊的作用。儒家荀子提出"礼有三本"之说,他说:"天地者,生之本也;先祖者,类之本也;君师者,治之本也。无天地,恶生?无先祖,恶出?无君师,恶治?三者偏亡焉,无安人。故礼,上事天,下事地,尊先祖,而隆君师,是礼之三本也。"④《太平经》还将这种伦理道德规范与它的"承负说"联系起来,主张为子当孝,为臣当忠,为弟子当顺。如果"子不孝,则不能尽力养其亲;弟子不顺,则不能尽力修明其师道;臣不忠,则不能尽力共敬事其君。为此三行而不善,罪名不可除也。天地憎之,鬼神害之,人共恶之,死尚有余责于地下,名为三行不顺善之子

---

① 《道藏》第18册,第237页。
② 《道藏》第18册,第232页。
③ 《道藏》第6册,第887页。
④ 《荀子·礼论》,〔清〕王先谦:《荀子集解》,中华书局,1988年,第349页。

也"①。又说:"子不孝,弟子不顺,臣不忠,罪皆不与于赦。令天甚疾之,地甚恶之,以为大事,以为大咎也。鬼神甚非之,故为最恶下行也。"②《太平经》不仅继承儒家旨趣,大肆宣扬天、地、君、父、师信仰的重要,而且还第一次将"天、地、君、父、师"合为一体,③ 这在当时的儒家经典中,尚未有如此整齐而简明的排列,而这正是后来社会上非常普遍奉行的"天、地、君、亲、师"信仰的由来,其影响甚为深远。陶弘景还"搜访人纲,究朝班之品序;研综天经,测真灵之阶业","捋其高卑,区其宫域"④,对神仙地位做了排列。这样,就把人间世界的品第等级搬到了神仙世界,使道教更好地为封建等级制度服务。由此可见,道教不仅把儒家的伦理道德思想吸收过来,而且还把它纳入自己的思想体系,为维护封建的社会秩序发挥了更大的作用。

(四)墨家思想。章太炎先生早就指出过:道教思想是"本诸墨氏,源远流长"⑤。墨子提倡尊天明鬼,这种思想被道教所吸收,无须多加说明。此外,墨子还站在小生产者的立场上,提倡自食其力和互助互利。这些思想对早期道教经典《太平经》的影响,也是明显的。如墨子提倡"赖其力者生,不赖其力者不生"⑥,反对"不与其劳获其实"⑦;《太平经》亦强调"夫人各自衣食其力"⑧,反

---

① 王明:《太平经合校》,第405—406页。
② 王明:《太平经合校》,第406页。
③ 王明:《太平经合校》,第135页。
④ 〔梁〕陶弘景:《洞玄灵宝真灵位业图序》,《道藏》第3册,第272页。
⑤ 章太炎:《检论》卷三《附录黄巾道士起义说》,《章氏丛书》第18册,江苏广陵古籍刻印社,1981年,第25页。
⑥ 《墨子·非乐上》,〔清〕孙诒让撰,李笠校补:《墨子间诂》上册,中华书局,2010年,第256页。
⑦ 《墨子·天志下》,〔清〕孙诒让撰,李笠校补:《墨子间诂》上册,第215页。
⑧ 王明:《太平经合校》,第36页。

对"强取人物"①。墨子主张人与人之间应当采取"兼相爱、交相利"②的原则,认为"为贤之道"就是"有力者疾以助人,有财者勉以分人,有道者劝以教人",只有这样,才可以使"饥者得食,寒者得衣,乱者得治"③;反之,"若至有余力,不能以相劳,腐余财,不以相分,隐匿良道,不以相教",那就会使"天下之乱,若禽兽然"④。《太平经》亦强调这种人与人之间的互助互利思想,主张有财物的人,应当"乐以养人""救穷周急"。它说:"或积财亿万,不肯救穷周急,使人饥寒而死,罪不除也。"⑤《太平经》还主张:有道德的人,应当以道德教人,否则也是犯了"不可除"的弥天大罪。它说:"人积道无极,不肯教人开蒙求生,罪不除也。……人积德无极,不肯教人守德养性,罪不除也。"⑥它也反对"智者"欺负"愚者"、"强者"欺负"弱者"、"少者"欺负"老者"。它说:"或多智,反欺不足;或力强,反欺弱者;或后生,反欺老者,皆为逆。……与天心不同,故后必凶也。"⑦《太平经》的这些思想,显然都是对墨子有关思想的继承和发展。

还有,道教的有些神仙方技和变化方术,也依托墨子。葛洪《抱朴子内篇·金丹》篇记有《墨子丹法》,《遐览篇》记有变化之术的《墨子五行记》,称"其法用药用符,乃能令人飞行上下,隐沦无方"。葛洪还把墨子列入《神仙传》,说他外治经典,内修道术,精思道法,想象神仙,后得神人授书,"乃得地仙",可见墨子在

---

① 王明:《太平经合校》,第243页。
② 《墨子·兼爱中》,〔清〕孙诒让撰,李笠校补:《墨子间诂》上册,第102页。
③ 《墨子·尚贤下》,〔清〕孙诒让撰,李笠校补:《墨子间诂》上册,第70页。
④ 《墨子·尚同上》,〔清〕孙诒让撰,李笠校补:《墨子间诂》上册,第73—74页。
⑤ 王明:《太平经合校》,第242页。
⑥ 王明:《太平经合校》,第241—242页。
⑦ 王明:《太平经合校》,第695页。

道教信仰中的吸引力也是不小的。过去许多学者认为墨家学说在秦汉以后就中绝了、失传了，实际上，它并未中绝，也并未完全失传。到哪里去了呢？被道教吸收进去了，它的许多内容在被道教所吸收以后，仍在社会上流传。

（五）《易》学和阴阳五行思想。《易》本来就是一种卜筮之书，这种占卜之术为后来的道教所承袭。《易经》里卦象的推演，其中蕴含着变化的观念和朴素的辩证法思想，这些观念和思想在老子的《道德经》里做了很好的发挥。宋代学者邵雍就说过："老子知《易》之体者也。"① 说明道家和《易》早有密切关系。东汉时候，道教的早期经典《太平经》就是"以阴阳五行为家"。而魏伯阳《周易参同契》，乃是假《周易》爻象的神秘思想来论述修仙的方法，对后世道教的影响甚大，被称为"万古丹经王"。此后，以《易》学和阴阳五行思想阐发道教的内外丹法的道教学者，更是络绎不绝。

（六）谶纬之学。阴阳五行思想起于先秦，汉代从董仲舒起，就开始萌发以这种思想解经，逐步形成谶纬之学。西汉末至东汉初，谶纬之学盛行，儒生与方士合流，以阴阳五行推验灾异祯祥。这种谶纬思想，许多都为道教所吸取。道书中，有些是直接从谶纬书中搬用过来，连文字都未做多少改变。如《河图纪命符》说的"天地有司过之神"以及每个"人身中有三尸"，"故求仙之人"，首先均应"先去三尸"②，等等，这类神秘的东西几乎原封不动地被道书所引用。其他如《龙鱼河图》中关于天人相互感应和呼神（五岳神、四海河神、五官神）可以防病却鬼，《河图稽耀

---

① 〔宋〕张行成：《皇极经世观物外篇衍义》卷九，《文渊阁四库全书》第804册，台湾商务印书馆，1986年，第187页。
② 中村璋八、安居香山辑：《纬书集成》下册，河北人民出版社，1994年，第1196页。

钩》与《河图帝览嬉》中关于星象预示吉凶之说,以及《河图括地象》与《尚书帝验期》中关于昆仑山是圣人仙人集聚之所,西王母为赐授仙经、指引修道之神等,皆为道教所承袭。

(七)古代鬼神思想。中国古代社会中,人们将日月星辰、河海山岳和祖先视为神灵,并对它们进行祭祀和祈祷等崇拜活动,由此逐渐形成天神、地祇和人鬼的神灵系统。道教承袭了这种神鬼思想,并不断将许多神灵纳入道教的神灵之中,成为道教崇奉的神灵。

(八)巫术和神仙方术。古代殷人认为,卜筮可以决疑惑、断吉凶,巫师能交通鬼神,这种依仗巫术祈福禳灾的方式也为道教所吸收。战国以后神仙方术渐盛,神仙思想在《庄子》和《楚辞》里已屡见不鲜。稍后,在燕齐一带出现了鼓吹长生成仙的方士,利用战国时齐人邹衍的阴阳五行学说解释他们的方术,从而形成所谓神仙家,即方仙道。传说崇尚方仙道的宋毋忌、正伯侨等都向往神仙,"形解销化,依于鬼神之事"[①]。以后神仙家的神仙信仰和方术皆为道教所承袭,神仙方术演化为道教的修炼方术,方术之士亦逐渐演化为道士。

以上事实说明,道教的思想来源是多方面的,它对中国古代的许多传统文化都采取兼收并蓄的态度,马端临称它是"杂而多端"。唯其如此,所以许多古代的文化思想都汇集在道教之中,并借道教的经典留存下来,得以流传至今。这便是为什么说研究中国道教史,有利于全面弘扬中华传统文化、建设中华民族共同精神家园的一个方面。

第二方面,道教在长期发展过程中,对我国古代的思想文化和社会生活的各个领域都产生过巨大而复杂的辐射作用,留下了

---

① 《史记·封禅书》,《史记》第 4 册,第 1368—1369 页。

深刻影响。其某些影响至今在中国人的生活方式和文化构成中仍然不可忽视。概括起来，主要有以下几个方面：

（一）从政治领域来看，道教的社会影响非常广泛。在我国漫长的封建社会中，一方面是上层统治者常常利用道教为巩固他们的封建统治服务，因而长期以来，道教受到过封建统治者的扶植，其中尤以唐玄宗、宋徽宗、明世宗等人最为突出。有的道教徒也直接参与统治集团内部的政治斗争，为他们彼此之间的争权夺位出谋划策，在政治上和军事上起着重要作用。有的道教徒虽"身在山林而心存魏阙"，甚至还有"山中宰相"之称，有的以"终南"为仕途之捷径，担任朝廷重要官职，出入宫廷，辅佐王政，道教遂成为上层统治阶级的支柱之一。另一方面，农民起义的领导者也曾利用道教作为农民起义的组织形式，并利用道教经典中的某些思想作为他们发动起义的思想武器。汉末的黄巾起义就是其中最著名的例证，此后利用道教起义者络绎不绝，甚至还建立了地方政权，统治一个地区达几十年，如汉末五斗米道的首领张鲁在汉中地区建立的政教合一的政权，统治了巴、汉一带将近三十年，史称"民夷信向"，"朝廷不能讨"，在当时社会动乱、四处都是军阀混战的局面下，汉中成了人民避难的"乐土"，不少人都投奔这个相对安定的地区。又如西晋时李雄在成都地区所建立的成汉政权，凡经六世四十七年（从西晋惠帝永宁元年起兵，至东晋穆帝永和三年为桓温所灭，即从公元301年至347年），主要也是靠天师道的支持。这个政权在天师道首领范长生的辅佐下，刑政宽和，事役稀少，甚得人民的拥护，"由是夷夏安之，威震西土。时海内大乱，而蜀独无事，故归之者相寻"①。在近现代的抗

---

① 《晋书》卷一百二十一《李雄载记》，第10册，中华书局，1974年，第3040页。

日战争中，许多道教徒还为保卫祖国、反抗日本侵略者而牺牲了自己的生命。所以，道教在下层群众中的影响，也是非常广泛而深刻的。由此可见，道教与中国的政治生活和社会生活，有着极其密切的关系。因此，不对中国道教史进行认真的研究，就不可能全面地了解中国过去的政治及其历史。

（二）从中国学术思想的领域来看，道教在历史上曾产生过许多著名学者，如晋代的葛洪，南北朝的陶弘景，唐代的成玄英、李荣、王玄览、司马承祯、吴筠、李筌，五代十国时的杜光庭、谭峭，宋代的陈抟、张伯端、陈景元、白玉蟾，元代的俞琰、杜道坚、张雨、雷思齐，明代的张宇初、赵宜真、陆西星，清代的娄近垣、王常月、李西月，当代的陈撄宁，等等，他们在各自所处的时代对思想文化方面都各有一定的贡献和重要的影响。特别是道教在长期发展的过程中，不可避免地与儒、释之间产生了复杂的互动关系：一方面相互排斥、相互斗争，另一方面又相互吸收、相互渗透，从而促进了中国学术思想的内在融合与发展。譬如被称为儒学发展最高峰的宋明理学的形成，即是儒学家吸收了道、佛二家思想影响的结果。唐代道教学者司马承祯所倡导的守静去欲理论，本身既吸收了儒、释的思想，后来又为宋儒所吸取。北宋著名理学家周敦颐、邵雍等人的学说，都渊源于道士陈抟。早在南宋初，朱震在《汉上易解》中已具体指出了这种传承关系。当代著名学者蒙文通先生写过一篇《陈碧虚与陈抟学派》并附《图南学系表》①，系统地论证了宋代理学家邵雍、周敦颐、程颢、程颐等人的学术思想都来源于道士陈抟，并指出陈抟对整个宋代的学术思想都有影响。南宋著名理学家朱熹，对道教经典也下过

---

① 载蒙文通：《蒙文通文集》第一卷，巴蜀书社，1987年，第369—382页。

许多搜集整理和研读的功夫。他曾托名"空同道士邹欣"为《周易参同契》作注,并对《阴符经》也做过考订,尝自谓"清夜眠斋宇,终朝读道书",足见他对研读道教经典的勤苦用心。正是由于他把道教的宇宙图式论和守静去欲思想,同儒家的纲常名教和佛教哲学思想相结合,从而构成他的客观唯心主义哲学体系。可以说,宋明理学乃是道、儒、释三家思想的结晶。所以,道教与儒、释之间的相互关系,也是一个很需要研究的重要课题。过去对于道教吸收儒、释的思想这一方面,已有不少人探讨指出过,但对于儒、释吸收道教的思想,特别是儒学吸收道教的思想这一方面,则揭示得很少,一些儒学家对此更是讳莫如深,宋代一些理学家们在这个问题上表现得特别突出,这就掩盖了学术思想的真实历史。我们要弄清楚中国学术思想特别是哲学思想的发展和演变,必须首先还其本来面目。道家和道教都特别重视自然观的探讨,它们在这方面的许多观点都为后来儒学家所借鉴。道书中有关《老》《庄》《易》的阐释也很多,《易》《老》思想在道教中有其自身的特色,值得我们去发掘和整理。道教的大量戒律和劝善书,虽然都是以宗教神学为其体系,但其中也包含了许多伦理道德的思想,不仅对道教的发展有重要意义,而且曾经产生过广泛的社会影响。事实表明,道教在中国古代思想史上占有相当重要的地位。我们要全面地了解中国传统的学术思想,探讨其发展规律,就有必要研究中国道教史。

(三)从文学艺术领域来看,道教对中国古代的文学艺术,也有非常深刻而突出的影响。道教信仰的理想是长生成仙。这种神仙思想反映在文学领域中,成为文学的重要题材之一。古代以道教神仙为题材的作品,充满于诗、词、歌、赋、戏剧、小说等各种文学形式之中,数量甚多,作者亦不少。魏晋南北朝的"游仙诗"是抒写神仙漫游之情的一种诗歌，以郭璞为著名的代表，在《文选》中被列为文学体裁之一，以后不断有人为之。唐代道教兴盛，反映在诗歌中，以神仙思想为题材的作品相当多，涉道诗成为唐代诗歌门类之一。伟大诗人李白"正是反映道教思想的杰出作家"①，其部分诗作堪称神仙诗门的代表，人们称他为"诗仙"，他也以"谪仙人"自居。李白晚年，就北海高天师受道箓于齐州紫极宫，正式成为道士。在宋代词作当中，反映道教活动题材的作品也是大量的，而且不少词牌的名称，其得名即来源于道教的有关神仙故事。例如，《凤凰台上忆吹箫》因《列仙传》萧史与秦穆公女弄玉吹箫引凤故事而得名；《解佩令》因江妃二女解佩与郑交甫的故事而得名；《惜分钗》因道士杨通幽于蓬莱仙山见杨贵妃，取回金钗之半给唐明皇的故事而得名。从这类事例当中，可以看出道教对宋词的影响是广而深的。在元代戏曲当中，反映道教神仙人物的戏曲特别突出，文学史家称之为"道剧"。明代戏曲理论家朱权在《太和正音谱》中分元曲为十二种，"神仙道化戏"为其中之一，专门演述神仙度化和飞升的故事。例如，《张天师夜祭辰钩月》《张天师断岁寒三友》，皆是写张道陵的故事；《黄粱梦》，写钟离权度化吕洞宾；《岳阳楼》《城南柳》，写神仙人物吕洞宾的故事；《铁拐李》《蓝采和》《升仙记》等，都是写八仙的故事；《陈抟高卧》，是写道士陈抟的故事；《任风子》，是写马丹阳度人的故事。这类神仙道化戏的作品数量很多，影响很大。元代著名戏曲家马致远还被称为"万花丛里马神仙"。明代的神魔小说中，属于道教神仙人物故事的也不少。除散见于"三言二拍"中的若干短篇之外，长篇以道士陆西星所作《封神演义》（一说为

---

① 范文澜：《中国通史》第4册，人民出版社，1965年，第279页。

许仲琳所作)为最著,此外,还有吴元泰的《东游记》、余象斗的《北游记》、邓志谟的《铁树记》《飞剑记》《咒枣记》等。上面是就道教神仙思想对文学的影响来说的。道教对文学的影响,不仅反映在题材方面,而且也反映在文体上。如"步虚词"这种文体的来源,据《异苑》的记载,乃陈思王曹植游山,忽闻空中诵经声,清远道亮,解音者则而写之,为神仙声。道士效之,作步虚声。文学家和道教学者又根据步虚声,进而作《步虚词》。唐吴兢《乐府古题解》谓:"《步虚词》,道家曲也,备言众仙缥缈轻举之美。"道士斋醮赞颂时,常以道家法曲腔调,讽颂步虚词。还有一种文体叫"青词",亦称"绿章",这种文体为道教举行斋醮时,呈给天神的奏章表文,用青藤纸书朱字,故谓之"青词"。明代道教盛行,道士写青词,文人亦写之,明世宗时大臣争以青词邀宠,如顾鼎臣、夏言、严嵩、徐阶、袁炜、严讷、李春芳、郭朴等,皆先后以青词得宠,卒至入阁,以致有"青词宰相"之讥。此外,道教对中国书画、音乐等艺术形式均有重要影响。由于道教注重写经,而写经必须讲究书法,故道教对书法有着重要的贡献。据文献记载,两晋南北朝时许多奉道世家,同时也是书法世家。如《晋书·王羲之传》载:"王氏世奉张氏五斗米道,凝之弥笃。"[1]而王氏父子皆以书法著称。高平郗氏也是如此。郗愔是虔诚的天师道信徒,又"善隶书,与右军相埒"[2]。杨羲乃是道教上清派宗师,其书法亦工。《真诰》卷十九《叙录》在谈到他的书法时说:"不今不古,能大能细,大较虽祖效郗法,笔力规矩并于二王。"[3]

---

[1] 《晋书》卷八十《王羲之传》,第7册,第2103页。
[2] 《太平御览》卷六六六《道部·道士》,〔宋〕李昉等:《太平御览》第3册,中华书局,1960年,第2974页。
[3] 《道藏》第20册,第602页。

并谓上清派的另一个宗师许翙的书法"乃是学杨,而字体劲利,偏善写经"①。又谓许谧"章草乃能,而正书古拙"②。梁代上清派的著名道士陶弘景,其父即"工草隶","而陶隐居亦善隶书,虽劾王书,而别为一法"③。其他如唐之颜真卿、元之赵孟頫,均既是道教的信奉者,又是著名的书法家。道教对绘画也颇有影响,晋代的顾恺之就是一个受道教思想影响较大的画家。他的《画云台山记》,即是记述张道陵于云台绝岩之上考试弟子的情景。唐代有"画圣"之称的著名画家吴道子,改名道玄,曾画有太上玄元皇帝之像。还有不少画家,如唐之张素卿、元之马臻、方从义、张雨等,本身就是道士。道教重视醮仪,故亦重视音乐。随着道教的发展,道教音乐在吸取各个历史时期民间音乐之因素的基础上,逐步形成自己独特的风格和体系,不仅源远流长,而且在历史上确实达到了较高的艺术水平,对中国古代音乐的发展有着重要的影响。如唐代把管理音乐的机关叫"仙韶院",盛唐时乐舞的代表作《霓裳羽衣舞》等,都很明显地受到道教音乐的影响。道教音乐是中华民族文化的一份珍贵遗产,需要我们搜集和整理。1981年8月在韩国汉城举行的第21届国际民间音乐讨论会上,道教音乐被列为会议内容之一;1985年12月在香港中文大学还专门举行了道教音乐的国际学术研讨会。可见道教音乐作为中国音乐艺术的一部分,受到了各国音乐研究者的重视。此外,有关道教的雕塑、石刻、建筑等,都各具特色,对这些艺术形式的发展也曾产生过一定的影响,值得我们认真研究。例如,道教的崇尚自

---

① 《道藏》第20册,第602页。
② 《道藏》第20册,第602页。
③ 《太平御览》卷六六六《道部·道士》,〔宋〕李昉等:《太平御览》第3册,第2972页。

然的思想就对这些传统艺术的审美倾向具有重大影响，为这些传统艺术的发展提供了取之不尽的精神源泉。因此，为了弄清楚道教对中国古代文学艺术的影响和作用，开展道教史的研究也是非常重要而有意义的。

（四）从科学技术的领域来看，道教对我国古代科学技术的影响也是不容忽视的。道教为了实现其长生成仙的理想，从其开创时起，便十分重视修炼方术，试图通过各种方术，来达到它所追求的目标。虽然这只不过是一种幻想，这个目标是不可能实现的，但在其长期发展过程中，通过各种修炼方术，客观上却在中国科学技术的有关领域积累了许多很有价值的材料，这对中国古代科学技术的发展有十分重要的意义。例如，丹鼎派的道士们因为企图炼制出长生不死之药，积极从事炼丹活动，对各种丹术进行了认真的探讨。在这方面，他们所留下的著作甚多，《道藏》的洞神部众术类便集中汇集了这方面的资料。在这些资料里，虽然科学思想与神仙思想往往交织在一起，但其中合理的菁华是绝不能否认的。而且正是这种炼丹术的发展，为近代实验化学的产生提供了条件，可以说它是近代实验化学的前驱。汉末魏伯阳的《周易参同契》，借《易》道以明丹道，其中便含有丰富的科学思想，为我国古代化学、气功学、养生学留下了宝贵的遗产。在东晋葛洪的《抱朴子内篇》中，有关于物种变化的一些论述，还具体介绍了许多炼丹的方法，对化学和生物学都是极为重要的贡献。儒家对医学本不重视，孔子曾以轻蔑的口气说："人而无恒，不可以作巫医。"① 道教则不然，由于它企求长生，故对医学特别重视。许多道教学者往往兼攻药物学和医学，葛洪就曾明确地指出，古之

---

① 《论语·子路》，〔清〕阮元校刻：《十三经注疏》下册，第 2508 页。

初为道者必须"兼修医术"①,他曾撰有《金匮药方》《肘后备急方》等医学专著,内容包括各科医学,其中有关于肺结核病、烈性传染性天花、狂犬病等的记载,是世界上最早有关医学的文献,在医学史上具有极其重要的价值。南北朝时候的陶弘景,也同样既是一个道教徒,又是一个医学专家,撰有《本草集注》七卷,为一部系统整理《神农本草经》和全面总结梁以前药物学方面成果的巨著,对隋唐以后的本草学研究产生了深刻的影响。他还撰有《药总诀》《肘后百一方》《效验方》等实用医药学的专著,这在当时也起过很大的作用。唐代道教学者孙思邈更是这方面的杰出的代表,他所撰的《千金要方》三十卷,其内容之丰富、规模之宏伟,为前此各种医著所不及,被誉为我国最早的一部临床实用的百科全书,具有很高的学术价值,对祖国传统医学的影响极其深远。可见,道教在医学、药物学方面的贡献,都是应当肯定的。道教的养生术与预防医学紧密结合,作为祛病延年的重要手段,在道书中的论述颇多,内容十分广泛,涉及导引、行气、服食、房中、按摩、居处、养性等许多方面,其中包含的合理因素值得我们认真发掘和整理。道教的内丹修炼方术,专讲人体内精、气、神的修炼方法,在宋、元时期,这种方术特别盛行,名家辈出,论著甚多,为我国气功学的发展奠定了很好的基础。总而言之,道教在我国古代科学技术的发展史上有它的独特作用,并给我们留下了大量科学技术方面的宝贵遗产,这在世界宗教史上也是罕见的,有待我们认真地总结。英国著名学者李约瑟(Joseph Needham, 1900—1995)博士在其所编《中国科学技术史》中剖析道家道教对中国传统科学技术的贡献、影响及其意义时,也一再

---

① 王明:《抱朴子内篇校释》,第271页。

指出:"它是一种哲学与宗教的出色而极其有趣的结合,同时包含着'原始的'科学和方技。它对于了解全部中国科学技术是极其重要的。"① 又说:这种哲学虽然含有"宗教神秘主义以及个人修炼成仙的各种因素,但它却发展了科学态度的许多最重要的特点,因而对中国科学史是有着头等重要的"②。由于这笔遗产,是科学与神学的相互杂糅,因此,运用唯物辩证法对它们进行科学的分析研究,汲取其精华,剔除其糟粕,也是摆在我们科学史工作者面前的一个迫切的任务。

(五)从道德伦理的领域来看,道教所产生的社会影响也很突出。道教是一个十分重视伦理道德教化的宗教,它在长期发展过程中,积累了大量的戒律和劝善书,包括功过格等,其中包含了许多对当时的社会来说是合理的伦理道德思想。这些内容不仅对道教的发展有重大意义,而且对中国人的价值观念及生活方式等诸方面,都产生了广泛深远的影响,特别是它的各种劝善书,在社会上流传很广,深入到社会各阶层,士大夫也对它赞不绝口,为之作注者难计其数,其影响不可低估。对道教的伦理道德思想加以系统的整理和研究,对我们当前的伦理道德建设,也是很有意义的。

(六)从民族心理、民族性格这些领域来看,道教在这些方面的影响也是很大的。例如,道教是以道为最高信仰,以得道为人生的最终目的,这种人生哲学培养了一代又一代的道教徒尊道重道和唯道是求的传统。历史上许多道教徒为了得道求道,抛弃人世间的一切物质享受和功名利禄,甘于恬淡素朴的生活,安贫乐道,刻苦磨炼,主动忍受一般人难以忍受的痛苦和折磨。这种传

---

① 李约瑟:《中国科学技术史》第二卷,科学出版社、上海古籍出版社,1990年,第33页。
② 李约瑟:《中国科学技术史》第二卷,第175页。

统通过具有民族风格的宗教形式，长期传播于社会，对形成中华民族的心理素质和民族性格起了重大作用。历史上许多知识分子，特别是一些具有"隐士"风范的人物，莫不以安贫乐道、唯道是求作为自己的人生哲学，他们立身行事，本着"是道则进，非道则退"的原则，"淡泊以明志，宁静以致远"，视富贵如浮云。他们的言行，影响着一代又一代的社会风气。尽管他们所追求的道与道教徒所追求的道并不一定完全一致，但这种唯道是求的人生哲学的根源与道教却有密切的关系。其次，道教是以长生成仙为其最终目的，因此，它竭力倡导重生、贵生、热爱现实的生活原则。葛洪在《抱朴子内篇·对俗》篇说："求长生者，正惜今日之所欲耳，本不汲汲于升虚，以飞腾为胜于地上也。若幸可止家而不死者，亦何必求于速登天乎？"① 他确信人的寿命长短，不是上天所决定的，人们通过修炼可以达到长生不死。同书卷十六《黄白》篇中引《龟甲文》说："我命在我不在天。"② 《老子西升经》亦称："我命在我，不属天地。"③ 这些思想表明了道教长生不死信仰的特点，既与佛教悲观厌世思想不同，又与儒家"死生有命，富贵在天"④ 的听天由命思想有很大的区别，它鼓励人们积极顺应自然、努力自己掌握自己的命运。这种思想经过道教的长期宣传，深入人心，不能不影响到国人的民族心理和民族性格，使人定胜天的信念成为中华民族的优良传统。再次，道教还奉行《道德经》里"知常容，容乃公"⑤ 的准则，主张宽容、谦让、虚怀若谷，

---

① 王明：《抱朴子内篇校释》，第 53 页。
② 王明：《抱朴子内篇校释》，第 287 页。
③ 《道藏》第 11 册，第 506 页。
④ 《论语》卷六《颜渊第十二》，〔清〕阮元校刻：《十三经注疏》下册，第 2503 页。
⑤ 《道德经》第十六章。

反对自矜、自足、自大、自伐，反对骄傲自满，这种精神集中体现在文化方面的兼收并蓄态度，融摄百家，像海纳百川一样，具有极大的包容性，没有儒家那种视自己为正统、别人为异端的排他性。这种文化心理的发扬形成中华民族开阔的文化胸怀，容易吸收各种先进文化以发展自己的民族文化，使中华民族的古老文化能够经久不衰，而且愈来愈繁荣昌盛。

（七）从民族凝聚力的形成和发展方面来看，道家和道教文化所起的作用就更为明显了。例如，我们大家都承认自己是黄帝子孙，这个思想的渊源就和道家与道教有极其密切的关系。我们知道，儒家的创始人孔子是"祖述尧舜，宪章文武"①的，他并不谈论黄帝，也没有说自己是黄帝子孙。儒家所信奉的最古的史书是《尚书》，或者叫作《书经》，儒学家说它是由孔子亲自整理而成的，当然可以代表儒家的历史观。这部书的开头第一篇是《尧典》，然后是《舜典》，可见儒家讲历史是从尧舜讲起的，这与孔子"祖述尧舜"的思想是完全一致的。然而道家讲历史，则是从黄帝讲起的。最著名的代表作品就是《史记》。《史记》的作者是司马迁，他是属于道家学派的学者。为什么这么说呢？有司马迁自己的叙述为证。据《史记·太史公自序》的记载，司马迁的父亲司马谈，"习道论于黄子"②。所谓"黄子"，《集解》徐广注说："《儒林传》曰黄生，好黄老之术。"《史记·儒林传》记载了他在汉景帝时与儒林博士辕固生当着汉景帝的面为汤武是否受命的问题进行激烈的争辩，他坚决反对儒生的观点。可见，司马迁的父亲以及他父亲的老师，都是属于道家学派的学者。所以司马谈在

---

① 《中庸》第三十章，〔清〕阮元校刻：《十三经注疏》下册，第1634页。
② 《史记》第10册，第3288页。

《论六家之要指》批评"儒者博而寡要，劳而少功"，批评"墨者俭而难遵"，批评"法家严而少恩"，批评"名家使人俭而善失真"，唯独对道家最为推崇，说："道家使人精神专一，动合无形，赡足万物。其为术也，因阴阳之大顺，采儒墨之善，撮名法之要，与时迁移，应物变化，立俗施事，无所不宜，指约而易操，事少而功多。"① 至于司马迁本人，"论道，则先黄老而后六经"②；讲历史，则"自黄帝始"③。《史记》的开宗明义第一篇就从黄帝的本纪说起，认为尧舜都是黄帝的后代，与《尚书》所讲的历史完全不同。在《史记·封禅书》中又说"黄帝且战且学仙"，后来乘龙上天。所以黄帝历来是道家和道教所崇拜的人物，正统儒家对这些说法是很难接受的。因而历来总是"黄老"并称，从来还没有人把黄帝与孔子联系在一起而并称"黄孔"的。在道家和道教的著作中，往往大肆宣扬黄帝，为黄帝树碑立传。仅《庄子》一书的许多篇章，如《在宥》《天地》《天运》《胠箧》《大宗师》等，都讲述过黄帝的事迹，且不用说后来稷下黄老学派了。而道教更明确是以黄帝为"道家之宗"，所以道教典籍中有关黄帝的记载，那就更不胜枚举了。《道藏》第5册《历世真仙体道通鉴》卷一，就是以《轩辕黄帝》开头，该册第32—35页还另有《广黄帝本行记》。《藏外道书》第18册又收有《轩辕黄帝传》，其他托名黄帝所撰的道书也很多。至今道教所使用的道历，仍是以黄帝作为它的纪元开始的。相反，在正统儒家的经典中，谈到黄帝的时候则相对地比较少。而他们所宣扬的那一套尧舜之道，普通老百姓对它的了解并不多，其影响甚微，不像黄帝的影响那样广泛。

---

① 《史记》第10册，第3289页。
② 裴骃《史记集解序》引班固之言，载《史记》第10册，第1页。
③ 《史记》第10册，第3300页。

直到今天，广大同胞和海外侨胞不分男女老少，莫不以自己同是黄帝子孙而彼此心心相印，互相紧密地联系在一起，同呼吸，共命运。以黄帝为祖宗，这是家喻户晓的事。这个思想形成中华民族强大的凝聚力，"血浓于水"的这种民族感情比什么都珍贵，它是我们几千年来战胜一切困难、越过无数险阻、始终立于不败之地的精神武器，在今天仍然显示着它强大的生命力。

除以上所讲七个领域之外，道教对民间的风俗习惯和民间信仰，也有重要的影响，如崇拜三官、灶神、城隍神、土地神、财神、雷神、八仙、妈祖等，都和道教有密切关系，这里就不再详细地讲了。

第三个方面，是道教与中国少数民族关系的问题。道教在其创建和整个发展过程当中，和我国的少数民族的发展是密不可分的。它不断吸收少数民族的宗教文化成分，并得到少数民族的信奉和支持，从而形成比较进步的民族观。道教主张各民族在道法面前人人平等，不论是"生在中华，或生夷狄之中，或生蛮戎之内，或富或贵，或贱或贫"，只要"心修正道"均可"渐入仙宗"[1]。其超越死亡病痛，以长生成仙为宗旨的信仰，与氐、羌族群之间即存在着渊源关系。著名历史学家向达先生即认为："我疑心张道陵在鹤鸣山学道，所学的道即是氐、羌族的宗教信仰，以此为中心思想，而缘饰以《老子》之五千文。因为天师道的思想原出于氐、羌族，所以李雄、苻坚、姚苌以及南诏、大理，才能靡然从风，受之不疑。"[2] 又说，"南诏本身属于羌族"，"南诏之所以信奉天师道，因这原来是氐族和羌族的本来信仰。前蜀巴氐

---

[1] 《太上玄灵北斗本命延生真经》，《道藏》第11册，第346页。
[2] 向达：《唐代长安与西域文明》，重庆出版社，2009年，第150页。

李氏族人于汉末就信奉张鲁的鬼道，李雄尊天师道人范长生，称为范贤而不名，并欲'迎立为君而臣之'，后乃加范长生为天地大师，封西山侯，其信仰天师道可谓至矣"①。并称：又在晋代，"氐族苻氏（苻坚）以及羌族姚氏（姚苌）应该都是相信天师道的"②。著名的历史学家蒙文通先生则更为直截了当地说："天师道盖原为西南少数民族之宗教。"又说："五斗米道原行于少数民族。"③ 这便说明天师道之创建和传播，均与西南地区少数民族的宗教信仰是密不可分的。不仅如此，根据一些考古发掘的资料证明，至迟在东晋末年，现今新疆维吾尔族先民聚居的吐鲁番地区（当时称"高昌"）便已盛行道教。北魏拓跋氏支持寇谦之对道教的改革；金元女真人中还产生了几位颇有影响的女真高道；元代蒙古的统治者还接纳全真高道的进言，促进道派间的合流，推动了道教的兴盛。表明少数民族先民不仅共同创建了道教，还共同推动了道教的发展，而道教对少数民族政权的巩固，亦发挥过重要的作用。近现代，一些少数民族传统宗教逐步道教化，一些少数民族产生了由道教与当地传统宗教结合而成的道教流派形式，一些少数民族虔诚地信奉道教。④

少数民族信奉文化形态相对较高的道教，有助于推动自身社会经济文化的发展，并在信仰的层面上缩小了各民族相互之间思想观念的差异，培养了共同性和认同感，逐渐清除族界意识和防范心理，促进思想文化及民族实体的相互融合，从而增强了中华

---

① 向达：《唐代长安与西域文明》，第150页。
② 向达：《唐代长安与西域文明》，第147、149页。
③ 蒙文通：《蒙文通文集》第一卷，第316页。
④ 参见钱安靖撰：《道教与少数民族》，载卿希泰主编，《道教与中国传统文化》，福建人民出版社，1990年，第440—472页。张桥贵：《道教与中国少数民族关系研究》，四川大学出版社，1998年。

民族的向心力和凝聚力。

以上三个方面的情况说明，道教思想曾消化吸收了中华民族的各种传统文化成分作为它的营养，同时又曾渗透到我国社会生活的许多方面和意识形态的许多领域，对包括少数民族在内的中华传统文化皆发生过极为深刻的影响。鲁迅先生在1918年8月20日《致许寿裳》的信中曾说："前曾言中国根柢全在道教，此说近颇广行。以此读史，有多种问题可迎刃而解。"① 可见道教文化在中华传统文化中占有极其重要的地位。因此，开展中国道教史的研究，对于全面弘扬中华传统文化、建设中华民族共同精神家园的重要理论价值和现实意义，也就不难明白了。

改革开放以来，由于我国经济的蓬勃发展和国际地位的日益提高，具有五千年文明史的中华传统文化，以及作为这一传统文化"根柢"的道教文化，也愈来愈受到人们的关注。

究其原因，乃是由于西方文化所暴露出来的一些弊端，给当前人类社会造成了许多严重的灾难，而道教文化的一些合理思想却是拯治这些弊端的良方，试举例说明如下：

第一，道教奉行《道德经》里"知常容，容乃公"② 的准则，这个准则集中体现在文化方面的兼收并蓄的态度，主张宽广能容、虚怀若谷，尊重不同文化，善于向不同的文化学习，认为应该像海纳百川一样的融摄百家之长，以不断地丰富自己；没有英国著名汉学家李约瑟（Joseph Needham，1900—1995）博士指出的西方文化那种"自以为是"的"精神优越感"，"认为只有他们自己的文明才是唯一具有世界性的文明，而对其他人们的社会文化思想

---

① 鲁迅：《鲁迅全集》第9册，人民文学出版社，1958年，第285页。
② 《道德经》第十六章。

和传统一无所知,所以,觉得理所当然地应该把他们自己的思想意识和传统习惯(无论在法律、社会民主或政治体制方面)都强加给其他人民"①。而且,随着世界经济向全球化的方向发展,西方世界的某些人也就极力主张,在文化发展的方向上,也应当单一化、一元化,即让他们把自认为是整个世界最完美的文化推向世界各国。这与联合国教科文组织起草的《文化多样性公约》(2004年7月)的精神也是相违背的。和他们的说法和做法相反,我们认为,随着世界经济向全球化的方向发展,各国人民相互往来日益增多,在文化发展方面,也必将走向各种文化的相互沟通、相互对话、相互交流、相互学习、共同发展,从而形成一个"百花齐放"的多元文化的世界。虽然彼此之间的矛盾和斗争仍然是不可避免的,但同时也应该相互汲取和相互补充。因而,未来的人类文化应是多元的,而不是一元的。而这也符合道教文化所主张的那种"宽广能容"的精神。只有这种文化精神才能具有一种开阔的文化胸怀,经常汲取不同文化的合理因素来进行自我更新,充满勃勃的生机,可以经久而不衰。

第二,在对待人与社会和人与人的相互关系问题上,道教从《道德经》的"道生之,德畜之"② 这一思想出发,认为"道者,天也,阳也,主生;德者,地也,阴也,主养;万物多不能自生,即知天道伤也"③;主张"凡事无大小,皆守道而行,故无凶;今日失道,即致大乱"④。这个"道"就是指相生相养之道,"道生、德畜"之道,既是"天道",又是"人道",是天与人的合一,也

---

① 李约瑟著,劳陇译:《四海之内》,生活·读书·新知三联书店,1992年,第1页。
② 《道德经》第五十一章。
③ 王明:《太平经合校》,第218页。
④ 王明:《太平经合校》,第21页。

就是社会的公共准则。

怎样才能相生相养,既符合所谓的"天道",也符合所谓的"人道",或符合社会的公共准则呢?道教对此反复地指出:天地间的一切财物,都是"天地和气"所生,属于社会公有。它说,"物者,中之有"①,"此中和之财物也"②,"中和有财,乐以养人"③,不应当为少数人所独占,为少数人所私有,更不能以此为资本,去敲诈别人和掠夺别人。它主张每个人都要有济世度人的社会责任感,强调在社会生活当中,每个人都要遵守社会的公共准则,要友善地对待他人,在人与人之间要实行互助互爱,要"悯人之凶,乐人之善,济人之急,就人之危"④。有财物的人应当"周穷救急","有财相通";有道德的人也应当以道德教人,不能仅仅洁身自好。它还认为,"天道助弱"⑤,"天之道"是"损有余而补不足"⑥。所以,它反对"智者"欺负"愚者","强者"欺负"弱者","少者"欺负"老者",认为这是"与天心不同,故后必凶也"⑦。它强调,为人君父者应当实行人人平等而又公平的原则,认为"天地施化得均,尊卑大小皆如一,乃无争讼者,故可为人君父母也"⑧。如果每个人都按照道教文化的这些思想办事,就可以处理好人与人之间的各种社会关系,使整个社会和谐有序;也可以处理好国与国之间的相互关系,使大国和小国、强国与弱国、富国和穷国都能和平共处,整个世界也自然就会得到安宁,

---

① 王明:《太平经合校》,第246页。
② 王明:《太平经合校》,第242页。
③ 王明:《太平经合校》,第248页。
④ 《太上感应篇》卷三,《道藏》第27册,第20—22页。
⑤ 王明:《太平经合校》,第703页。
⑥ 《道德经》第七十七章。
⑦ 王明:《太平经合校》,第695页。
⑧ 王明:《太平经合校》,第683页。

实现人类的和谐社会了。

第三，在个人生活准则上，道教认为，人生的最高价值就是得道成仙。当然，长生不死、即身成仙仅仅是道教的一种信仰，实际上是难以实现的。但道教从这样一种信仰出发，在个人生活准则上，则强调要尊道贵德、唯道是求。为了求道，必须保持恬淡无欲、清静素朴的思想，教人"抑情养性"，不为名利等外物所累。"不汲汲于富贵，不戚戚于贫贱"，"不以物喜，不以己悲"，不为个人的私欲而心神不安，始终保持一种"知足常乐"的高尚情操，养成一种开朗旷达的胸怀，"遇人无忤，与物无争"，以崇尚节俭为荣，以攀比奢侈豪华为耻，明确主张"见素抱朴，少私寡欲"① 和"去甚，去奢，去泰"②。这与当前社会上那种拜金主义、享乐主义、个人主义普遍泛滥的社会风气是截然不同的。在我国，目前有一些人在商品大潮的冲击下，头脑发昏，只晓得金钱第一、享受第一。为了金钱和享受，可以不顾一切，甚至包括出卖自己的良心和人格。这种人在整个社会中虽然只占少数，但如不加以制止，任其泛滥，就可能使整个社会的道德沦丧，歪风邪气蔓延滋长，与道教文化所倡导的个人生活准则背道而驰。相反，如果人人都按照道教文化所倡导的个人生活准则办事，做到"是道则进，非道则退"，就可以使整个社会风气大大好转，人们的思想素质也会大大提高，并把人们从金钱的奴役下解放出来，摆脱追求个人名利的精神枷锁，更好地发挥每个人的聪明才智，体现人的真正价值，促进社会的协调发展。

第四，在对待人与自然的相互关系问题上，道教文化的基本

---

① 《道德经》第十九章。
② 《道德经》第二十九章。

出发点乃是"天人合一"的思想。它从这一思想出发,提出了"天、地、人,本同一元气,分为三体"①,"元气有三名,太阳、太阴、中和。形体有三名,天、地、人"②。这天、地、人三气应当相互协调,"相爱相通,无复有害者"③,方能"并力同心,共生万物"④;"一气不通,百事乖错"⑤。道教的这种思想,首先是承认宇宙间的万物都有其合理性与平等的存在地位,主张让宇宙间的万物任性自在、自足其性,得其自然之存在与发展,人当无为,勿加干预。《太平经》说:"凡物自有精神,亦好人爱之,人爱之便来归人。"⑥《抱朴子内篇·塞难》认为:"天道无为,任物自然,无亲无疏,无彼无此也。"⑦ 因而主张圣人"任自然,……存亡任天"⑧。清人闵一得《阴符经玄解正义》亦称:"万物自生,岂劳人力也哉?"⑨ 不仅如此,这种思想还认为人也是自然的一部分,强调"道法自然"⑩,"自然之道不可违"⑪,因而主张人应当爱护自然,保持与大自然协调相处的和谐关系,顺应大自然本身的客观规律办事,不应当把自己凌驾于万物之上,似乎自己对天地万物的所有征服改造都是合理的、必要的,以征服者的态度无情地去掠夺自然,反自然之道而行之。这些想法和做法必将作茧自缚,必然会危害人类自身,引起自然界对人类的无情惩罚。今

---

① 王明:《太平经合校》,第236页。
② 王明:《太平经合校》,第19页。
③ 王明:《太平经合校》,第148页。
④ 王明:《太平经合校》,第148页。
⑤ 王明:《太平经合校》,第18页。
⑥ 王明:《太平经合校》,第251页。
⑦ 王明:《抱朴子内篇校释》,第124页。
⑧ 王明:《抱朴子内篇校释》,第142页。
⑨ 《藏外道书》第10册,巴蜀书社,1994年,第300页。
⑩ 《道德经》第二十五章。
⑪ 《黄帝阴符经》,《道藏》第1册,第821页。

天人类所面临的生态危机、环境污染、物种绝灭、资源枯竭、各种自然灾害的频繁发生以及环境难民的不断增加等，就是这种惩罚的反映。再不悔改，整个人类就有可能被大自然开除出"地球村"。由此可见，道教这种道法自然、顺应自然的思想，乃是从对自然界和人类社会的深刻认识中总结出来的，是符合自然界和人类社会的发展规律的，是一个古今中外都概莫能外的普遍真理，应当是人类行为的共同准则，在新世纪里也必将闪烁着巨大的光芒。

由此可见，道教文化中确有不少的合理思想，对于当代的现实生活具有十分重要的意义，有的甚至还可以说是一种匡救时弊的救世良方。所以，加强对道教历史文化的研究，取其精华，去其糟粕，对于国家发展、社会稳定、人民幸福，对于推进世界和平、建设全人类的和谐社会，都是具有非常重要的现实意义的。

二、研究中国道教发展史的基本要求和主要目的

道教是以"道"为最高信仰而得名，相信人们经过一定修炼可以长生不死，得道成仙。道教以这种修道成仙思想为核心，神化老子及其关于"道"的学说，尊老子为教主，奉为神明，并以老子《道德经》为主要经典，对其中的文辞做出宗教性的阐释。道家思想便成为它的思想渊源之一。与此同时，它还吸收了阴阳家、墨家、儒家和包括谶纬学的一些思想，并在中国古代宗教信仰的基础上，继承了方仙道、黄老道的某些思想和修持方法而逐渐形成。它是在东汉中叶产生的，伴随着漫长的封建社会的发展而发展。其发展的历史与封建社会的历史进程交织在一起，必然

会受到封建社会的政治和经济等各个方面的制约；但作为一种宗教，它一旦产生以后，其发展过程便有它自己一定的相对独立性，有其本身的发生、发展和演变的客观规律。我们研究道教发展史的主要目的和基本要求，就在于必须以客观的态度和科学的方法，实事求是地分析道教之所以产生的社会历史条件和思想渊源，并紧密结合各个历史时期的整个社会政治和经济等实际状况，来探求道教本身的发生、发展和演变的客观规律。为此，首先就必须排除关于道教起源的各种神话传说，以及许多的臆测，把悬挂在天国的宗教问题还原为现实的社会政治问题。同时也不能完全以封建王朝的朝代变更来替代道教发展过程中自身的演变阶段。因为这样的分段也很难恰当地如实反映出它自己具有的一定相对独立性，并揭示出道教本身的发生、发展和演变的客观规律性。在此基础上，我们还应以高度的自觉性来探讨当今的道教如何与社会主义社会的发展相适应，从而为弘扬道教文化尽自己最大的努力。

根据以上的基本要求和主要目的，应将道教发生和发展过程依据其各个不同阶段的不同特点，从张陵创教起到中华人民共和国建立前为止，区分为四个时期；中华人民共和国建立以后，道教的发展又进入另一个崭新的时期。时期的划分，既应考虑到整个中国社会在政治、经济等各个方面的变化，也应如实反映道教本身的发生、发展和演变的客观规律。因此，在说明各个时期的具体划分时，就应紧密结合各个时期中国社会在政治、经济等各个方面的各种变化，并在此基础上，阐述道教在其发展过程中各自不同的特点和状况。按照这一准则，现将各个时期的划分及其主要特点和基本状况扼要介绍如下：

（一）道教的创建和改造时期

在东汉张陵创教之前，道教的形成有一个酝酿过程，一般仅把它看作道教的前史，并不计算在道教发展史的时间之内。从张陵创教开始，到魏晋南北朝为止，属于道教的创建和改造时期。这个时期的主要特点是民间的比较原始的早期道教逐渐分化并向上层化的方向发展，使与当时农民起义相结合的民间早期道教逐步被改造并转化为维护封建统治阶级利益的上层化的道教。

东汉张陵创立的五斗米道和张角创立的太平道，都是早期比较原始的民间道教派别，主要是在下层群众中流传，都受到道教早期经典《太平经》中部分反映农民群众愿望和要求的思想影响，并与农民群众反对封建的经济剥削和政治压迫相结合，为农民起义者所利用。东汉末年，太平道发动了黄巾起义，五斗米道亦与之东西相应，后来还在汉中建立了政教合一的地方政权。封建统治阶级对这种民间的道教，采取了镇压限制与利用改造相结合的两手政策。太平道遭到残酷镇压而失败，从此销声匿迹。张鲁的汉中政权亦被收降，张鲁及其道民被令北迁。不久，张鲁逝世。五斗米道虽在北方得以传播，但由于失去了统一领导，陷入组织涣散、纪律松弛、思想紊乱的状态。道教内部便逐渐分化，一部分向上层发展，接受统治者的利用和扶植。有些道徒站在维护封建统治的立场对民间道教进行改造。东晋时，葛洪系统总结和阐述了战国以来神仙方术的理论，在《抱朴子内篇》中建立了一套成仙的理论体系，丰富了道教的思想内容，并为道教构造了种种修炼成仙方法，对后来道教的发展有较大的影响。他攻讦民间早期道教，诋毁农民起义，提出以神仙养生为内，儒术应世为外，将道教的神仙方术与儒家的纲常名教相结合，宣扬道教徒要以儒家的忠孝仁恕信义和顺为本，否则虽勤于修炼，也不能成仙，这就为上层化的道教奠定了理论基础。于是，士族阶层参加道教的人日益增多，出现了许多天师道世家。这些上层士族人士参加道教以后，必然把他们的思想和要求也带到道教中来。反映这类思想的上清、灵宝等道教派别遂相继出现，并迅速得到发展。

道教在上层化的同时，民间仍然传播着通俗形式的道教，并不断发动反抗统治阶级的起义。西晋时，道士陈瑞首先在巴蜀犍为地区发难。继之而起的李特、李雄所领导的流民起义，亦与天师道有密切关系。他们在天师道首领范长生的支持下在成都建立了成汉政权，凡经六世四十七年，至东晋穆帝永和三年（347）方被桓温所灭。和天师道有一定渊源的李家道，三国时从蜀中传到江南，并在江南地区广泛传播。从东晋初年开始的李弘起义，与这个道派有一定关系。在晋代，杜子恭一派的天师道，在江南也颇有影响。东晋末，孙恩、卢循利用天师道派组织发动了起义，并提出了"诛杀异己"的口号，诛杀了士族中"世奉张氏五斗米道"的道徒王凝之。表明虽同为道教信徒，也会因阶级利益不同而互相对抗，可见这时道教内部在改造过程中存在着激烈的斗争。对民间早期道教的成功改造，是在南北朝的时候。北魏太平真君年间（440—450），嵩山道士寇谦之在崇信道教的北魏太武帝和司徒崔浩的共同支持下，自称奉太上老君的意旨，"清整道教，除去三张（张陵、张衡、张鲁）伪法"，制订乐章诵诫新法，"专以礼度为首，而加之以服食闭练"，"佐国扶命"，代张陵为天师，被称为北天师道。在南朝刘宋，则有庐山道士陆修静，"祖述三张，弘衍二葛（葛玄、葛洪）"，搜罗经诀，尽有上清、灵宝、三皇各派经典，遂"总括三洞"，汇归一流；又依据封建的宗法思想和制度，并吸收佛教修持仪式，广制斋戒仪范，以改革五斗米道，"意在王者遵奉"，被称为南天师道。道教的教规、仪范经过寇谦之和陆修静的修订之后，便逐步定型。在此基础上，陶弘景继续吸收儒、释两家思想，充实道教的内容；构造道教神仙谱系，叙述道教传授历史，主张三教合流，对以后道教的发展影响甚大。道教经过南北朝的改造之后，其教理教义、斋戒仪范等都大大地得以充实和健全，改变了早期比较原始的状态，逐步成熟起来，并由民间的宗教转化为上层化的为封建统治服务的宗教。

（二）道教的兴盛和发展时期

自从民间道教被改造成为上层化的为封建统治服务的道教以后，道教就一直受到封建统治者的崇奉和扶植。隋唐到北宋，道教便进入兴盛和发展时期。其特点主要表现在，这个时候道教的社会地位大为提高，道士的人数大增，道教的组织更加强大，道教的宫观不仅遍布全国，而且它的规模也日益壮观。特别是这个时候道教学者辈出，道书数量益增，并汇编成藏，正式刊行，修持方法及其理论也有重大发展。道教理论的空前繁荣，是唐宋时代道教的一个显著特点。

隋唐至北宋，国家基本上是统一的，虽然有过五代十国的分裂，但为时不长。中国封建时代的经济，在唐宋时代也较为繁荣。经济的发展为整个文化的发展提供了有利条件。从道教本身来说，经过魏晋南北朝与儒、释之间的大辩论之后，道教加强教理的研究，进一步吸收儒、释各家的思想来充实自己的理论；道教内部也在各个道派间形成了以茅山宗为主流的局面，南北不同的学术流派亦互相交融，从而使它的教理向纵深和细密的方向发展。另一方面，由于唐宋时代的许多封建统治者都奉行崇道政策，利用道教来为巩固其统治地位服务，由此也促进了道教理论的发展。如唐代统治者自称是老子后裔，尊之为"太上玄元皇帝"，令两京及诸州普遍建立玄元皇帝庙，又"令道士女冠隶宗正寺"，视道士为宗室。宋真宗称其始祖赵玄朗为道教尊神，封为"圣祖上灵高道九天司命保生天尊大帝"，并加封老子为"太上老君混元上德皇帝"。宋徽宗还自称是"神霄帝君"下凡,示意道箓院上章,册封自己为"教主道君皇帝"。唐宋统治者在大力提高道教地位的同时,还大力提倡对道书的研究,采取一系列措施来加以推动。例如,设立道举制度,规定贡举人皆须兼习道经,并把《老》《庄》《文》《列》定为"真经",作为"明经"科内容之一进行考试,规定士庶均须家藏《道德经》一本;又置崇玄学和玄学博士,并配置生员,定期宣讲道经,令群官百僚观礼,不断派人收集和整理道书,加以缮写或刊印,颁布天下,以广流布,便于学者研习。他们还亲自召开和主持道教与儒、释的讨论会,又亲试"四子"举人和带头为道经作注,以及对道士的学业进行培训和考核,不才者勒令还俗,等等。上之所好,其下必甚。所有这些措施,不能不造就一时的风尚,使对道经的研究蔚然成风,道书的造作日益增多,道教的理论大为发展,著名的道教学者也相继出现。如唐之孙思邈、成玄英、李荣、王玄览、司马承祯、吴筠、李筌、施肩吾,五代十国时的杜光庭、彭晓、谭峭、闾丘方远,北宋时的陈抟、张伯端、陈景元、贾善翔等,都是道教史上或学术史上有较大影响的人物。他们或者创为论著以阐述自己的学说,或者通过整理注释其他道教经书以发挥自己的思想,研究范围相当广泛,成就也是多方面的。在道教的教理、历史、修持方法和医学、药物学、养生学以及哲学思想、政治思想、军事思想等许多方面,都做出了贡献。其中不少著作不仅对当时道教思想的发展有重大意义,且对中国古代学术文化的发展也有相当的影响。隋唐时候,道教的外丹方术特别盛行,出现了不少的炼丹家和丹书。但由于统治者和士大夫服丹致死者较多,服食者与炼丹道士皆吸取教训,此后遂转向于内丹方术的研究。北宋张伯端作《悟真篇》,从理论上总结了当时内丹修炼的成就,为南宋以后的金丹道派所继承和发展。

(三) 道教的宗派纷起与融合和继续兴盛发展与变革时期

南宋以后至明代中叶,封建统治者对道教仍然继续支持,道教也仍然继续发展。但由于出现了南宋偏安,形成与金、元南北对峙的局面,民族矛盾异常尖锐。在这种形势下,道教内部也随之宗派纷起和进行变革,并互争教会的领导权,从而形成了与上一阶段显著不同的特点。在南方,除旧有的龙虎天师、茅山上清、阁皂灵宝等三山符箓派仍然受到南宋统治者的尊崇而外,自称独得异传而先后别立宗派者也甚多,如神霄派、清微派、天心正法派、东华派、净明派等,多系从三山符箓派分化而来,但都各有自己不同的变化。还有所谓金丹派南宗者,奉张伯端为祖师,专主内丹修炼之说,在这点上与全真道有些相似,后来归入全真。这些派别大多倡导道教与儒、释的三教同源一致,大量融合儒、释思想,特别是以援引、融摄理学思想为其特色,这与当时南方理学思想的影响愈来愈大有关。在北方,则有金大定七年(1167)由王重阳创立的全真道,亦认为三教同源,尤以更多地援引、融摄佛教思想为其特色。这个道派在过去原有道派的基础上进行了一系列的改革,可称为道教发展史上的一个革新派。此外,还有金熙宗天眷(1138—1140)初萧抱珍创立的太一道,皇统二年(1142)刘德仁创立的大道教,后称为真大道教,皆一度在北方流传,曾盛极一时,但历时不久,即衰落下去了。唯有全真道,由于受到元代统治者的支持,经久兴盛不衰。天师道为了与新起的全真相抗衡,遂与上清、灵宝、净明等各符箓派逐渐合流。到元成宗大德八年(1304),三十八代天师张与材被授为正一教主,主领三山符箓,符箓各派遂统一为正一派。此后,道教遂正式分为正一和全真两大宗派,在明代继续流传。明代统治者对道教特别是正一道十分重视，尤以明世宗为甚，自号"玄都境万寿帝君"，亲自斋醮，任命邵元节、陶仲文等道士担任朝廷官职，深入宫廷，参与朝政，使政教发生了更为密切的关系。其时道教的社会地位之高，影响之大，前所未有。明代统治者对道教经书的整理也十分重视，正统十年（1445）和万历三十五年（1607）所编纂的正、续《道藏》，共五千四百八十五卷，对道教经书的保存和传播起了较大的作用。南宋以后，特别是明代，道教的各种劝善书逐渐盛行，元代反映道教神仙人物的戏剧为数不少，元末明初宣扬道教法术的神魔小说也日益增多，道教文学较为兴盛是这个时期道教活动的又一特点。

（四）道教社会地位日益低下，道教组织日益分裂，道教进入逐渐衰落的时期

明中叶以后，也就是明嘉靖至万历以后，随着封建社会内部资本主义因素的萌芽和商品经济的发展，启蒙思想和市民运动日益兴起，封建社会便进入它的逐步衰落时期，处于一个缓慢解体的过程之中，到了一个所谓"天崩地解"①的时代，正如毛泽东同志所说："中国封建社会内的商品经济的发展，已经孕育着资本主义的萌芽，如果没有外国资本主义的影响，中国也将慢慢地发展到资本主义社会。"② 作为长期依靠封建统治者的崇奉和扶植而发展兴盛的道教，也随着它的社会地位的逐步低下而不得不逐渐走向衰落。因此，从明代中叶以后，特别是经过鸦片战争使整个中国社会沦为半殖民地半封建社会以后，到中华人民共和国成立之前，便是道教逐步进入一个派别丛生、内部四分五裂而不断走

---

① 〔清〕黄宗羲：《南雷文定前集》卷一《留别海昌同学序》，四库备要本，第12页。
② 毛泽东：《毛泽东选集》第2卷，人民出版社，1952年，第620页。

向衰落的时期。这一时期的主要特点是，道教逐渐失去封建统治者的有力支持，其社会地位逐步下降。明世宗以后，明穆宗鉴于世宗崇道过甚，即对道教采取了打击和压制的措施。神宗时虽略有好转，但仍抑制甚严，到他的晚年至明熹宗、思宗时，明代的统治已进入末世，阶级矛盾和民族矛盾均十分尖锐，内外交困，国力衰弱，明统治者已自顾不暇，无暇顾及道教。清代统治者"起自关外，承袭萨满教传统，对道教不感兴趣"①，对它采取了抑制政策。清初顺治、康熙、雍正三朝，从笼络汉人的需要出发，对道教虽仍沿明例加以保护，到乾隆时，即一再加以贬抑，禁止正一真人差遣法员往各地开坛传度，限天师率领龙虎山的本山道众。及宣宗即位，已面临鸦片战争，内忧外患已日趋紧张，便立即于道光元年（1821）敕令张天师"停其朝觐，著不准来京"②，从此断绝了清王朝与道教的一切联系，"听其自生自息于天地之间"③。辛亥革命后，"真人"封号亦被取消。但是道教在上层的地位日趋衰落的时候，民间各种通俗形式的道教仍很活跃。以各种宗教互相融合为特点的民间宗教和秘密结社达二百余种，虽然派别繁多，思想渊源也极其复杂，政治观点和政治态度亦很不一致，但其中有些派别在思想上乃至组织上，同道教仍有一定的关系，属于变相的道教。如清初出现的八卦教便是属于这类组织之一，后来的义和拳也和道教有一定的关系，这类通俗形式的民间道教以及民间秘密组织虽然在民间很活跃，但始终各自不断分裂，

---

① 任继愈主编：《道藏提要》，中国社会科学出版社，2005年，第8页。
② 《清朝续文献通考》卷八十九《选举考六》，〔清〕刘锦藻：《清朝续文献通考》第1册，上海商务印书馆，1936年，第8494页。
③ 〔清〕黄钧宰：《金壶七墨·浪墨》卷七，《笔记小说大观》第2编第7册，新兴书局，1984年，第3999页。

山头众多，形不成一个统一而强大的社会力量；道教的命运总是和国家与民族的命运紧密地联系在一起的，道教的兴衰和国家与民族的兴衰是分不开的。"皮之不存，毛将安傅？"特别是鸦片战争以后，中国社会外受帝国主义的侵略和掠夺，内有封建军阀的割据，整个神州大地烽火连天，社会动荡不安，广大人民处于水深火热之中，民族存亡已经危如累卵，在国运如此式微的情况下，尽管教内也有少数有识之士为振兴道教曾企图组建一个跨宗派的全国统一的道教协会组织而做过一些努力，但始终未能实现，这便是这个时期道教的另一个基本特点。随着道教活动的重点从上层转向民间，它对少数民族宗教信仰的影响也愈来愈大，许多少数民族宗教信仰的道教化，亦是这个时期的一个显著特点。

以上便是从道教产生之后到中华人民共和国建立之前的道教发展史的分期和各个时期的基本特点。

（五）道教在中华人民共和国建立后的新生和改革开放以来的全面发展

1949年10月，中华人民共和国建立。历尽苦难的中国人民从此摆脱了帝国主义、封建主义和官僚资本主义的反动统治，整个中国社会的性质，在政治、经济、文化等各个方面均发生了翻天覆地的大变化，古老的中国焕发出耀眼的青春光彩，从而也不能不直接影响到整个道教的面貌。在中国共产党的领导下，人民政府实行了宗教信仰自由政策，对道教界上层爱国人士和下层广大教徒采取了团结的方针，尊重他们的宗教信仰和宗教感情，并在思想上给以关心和教育，在生活上给以帮助和照顾，在政治上让他们与各界人民一样享有参政议政的平等权利，为繁荣祖国共理国家大事当家做主。广大教徒皆衷心拥护人民政府的宗教政策，以主人翁的态度与全国人民一道投入社会主义建设的行列，使道教从过去日益衰落的困境下走出来获得了新生,古老的道教也开始"旧貌换新颜",并为适应社会发展的需要,在经济生活、政治思想和政治态度以及宫观管理体制等各个方面均发生了许多重大的变化。特别是历史上第一个跨宗派的全国道教组织——中国道教协会,也由此诞生,改变了过去道教内部那种四分五裂的状况,形成了与过去四个时期均不相同的一些基本特点,从而使道教发展的历史进入一个崭新的历史时期,翻开了道教历史的新篇章。虽然在"文化大革命"的十年中,由于林彪、"四人帮"等肆意推行极"左"路线,践踏国家宪法,破坏党和政府的各项方针政策,道教也遭受了严重的挫折和打击,但在党中央先后粉碎林彪、"四人帮"等反革命集团,确立了改革开放的路线以后,于1978年12月召开党的十一届三中全会,提出了全面地拨乱反正、落实宗教政策,并于1982年3月专门就宗教问题制定了中共中央《关于我国社会主义时期宗教问题的基本观点和基本政策》,认真总结和汲取了党在宗教工作中的历史经验,全面阐述了党对宗教问题的基本观点和基本政策,从而成为党和政府正确对待和正确处理我国社会主义历史条件下宗教问题的纲领性文件,同时也是宗教界和学术界共同的行动指南。在这个承前启后、继往开来的重要文件精神的指引下,中国道教协会的各项工作均步入正轨。在中国道教协会的统一领导下,全国有关各省市的地方道教协会均陆续建立,并高举爱国爱教旗帜,积极参与社会政治生活,不少道教徒被选为中央或地方的各级人民代表大会的代表或常务委员会的委员;还有不少道教徒被选为中央或地方的各级人民政治协商委员会委员或常委,共同参与国家管理和社会主义现代化的建设;建立宫观管理制度,努力办好教务活动;恢复传统的"传戒"与"授箓"仪典;大力发展宫观经济,促进道教"自养"事业的发展；创办全国或地方的各种道教学院，加强道教内部各类人才的培养；创办道教文化研究所以及全国或地方的各种道教专业的学术期刊，为加强道教的理论研究和弘扬道教文化开创了新局面；与学术界相互交往合作，共同探讨有关教理教义的各种理论问题，并共同举办全国性的和国际性的各种学术研讨会议，不仅使内地的道教出现了许多新气象，而且加强各种对外交流，扩大了道教对港、澳、台地区和海外的影响力，推进了道教文化的向外发展，迎来了百年来道教发展的黄金时期。

改革开放以来，我国的道教研究工作也被提上了党和政府的议事日程，并采取各种有力措施从各个方面加以大力推进，先后在中国社会科学院系统和高等学校系统建立专门的道教研究机构和硕士与博士学位的授权点，面向国内外公开招收道教专业的研究生，使具有高等学历和高等学位的专门人才不断地、成批地从这些机构培养出来，分配到全国各地；并在全国有组织、有计划地开展道教学术文化的研究工作，各类道教研究的学术成果不断地、成批地涌现出来，数量甚多，所涉及的范围也非常广泛，从而使道教的学术文化也得到前所未有的蓬勃的大发展，受到海内外广大同行学者的高度关注。港、澳、台地区和海外均有不少学者前来进修、访问或攻读道教专业的硕士或博士学位，还有更多的专家学者应邀前来参加我们各单位所召开的有关道教文化的各种学术会议；我们的道教学者也经常应邀前去港、澳、台地区和海外访问、讲学和参加各种道教文化的学术会议。海内外各种道教文化学术交流活动之频繁、出席的专家学者人数之众多、研讨议题之广泛，均达到前所未有的局面，表明"道教发源在中国，道教研究中心在西方"的说法已经过时，这也是这个时期道教发展史上的一个重要特点。

三、研究中国道教史的科学方法

要做好任何一件事情,都必须懂得如何去做的方法,如果不懂得方法,无论如何也是做不好的。所谓"工欲善其事,必先利其器",就是说的这个道理。所谓的"器",也就是方法。方法既是一种工具,也是一种武器。工具要力求精良,武器要力求锐利。只有这样,才能有利于做好我们的工作,完成我们的任务,达到我们的目的。科学研究,也是如此。特别是研究道教史,这是一项艰巨而复杂的任务。

首先,道教史研究所涉及的知识范围非常广泛,涉及许多学科。不仅涉及许多社会科学的学科,而且又多学科相互交叉。它还涉及许多自然科学,而且和多种自然科学学科也相互交叉。

其次,经历的时间比较长,从张陵创教时起,至今已有一千八百多年的历史。若从它的前身方仙道和黄老道算起,那就几乎把整个古代都包括进去了。

再就是需要阅读的文献资料非常之多,仅是《道藏》所收的道书就有几千卷,在《道藏》之外还有更为大量的文献资料也需要考察,对于研究者的治学能力有较高要求。而且其内容又往往是精华与糟粕杂陈,科学与谬误交织,加之过去我国对它的系统研究不够,积累下来的有价值的资料比较少,基础比较薄弱,可以说它还是一块正待开垦的处女地。

由于存在着这种艰巨性和复杂性,所以方法论的问题就显得特别重要。没有一个正确的方法论作指导,在这样复杂的问题面前,就可能沉埋在文献故纸的海洋里,迷失方向;只有依靠正确的方法作指导,才能帮助我们走上正确的道路。在这里,最正确最根本的方法,就是马克思主义的唯物辩证法,恩格斯把这种方法称作"我们最好的劳动工具和最锐利的武器"①,毛泽东同志称它是我们工作中"应该借助"的"望远镜和显微镜"②。这个方法也就是一分为二的两点论的方法,它的最本质、最核心的东西就是从实际出发、实事求是,对于具体的情况作具体的分析。毛泽东同志指出:"列宁说,对于具体情况作具体分析,是'马克思主义最本质的东西、马克思主义的活的灵魂'。"③ 又说:"马克思主义叫我们看问题不要从抽象的定义出发,而要从客观存在的实际出发,从分析这些事实中找出方针、政策、办法来。"④ 从实际出发,实事求是、对具体问题作具体分析这一个马克思主义的原则,是"放之四海而皆准"的,对于道教史的研究当然也是完全适用的。为什么在道教史研究工作中需要以这个原则作指导呢?下面我们就联系道教史的具体实际来说明这个道理。

一切宗教,在本质上都是唯心的,道教自然也不会例外。就它的整个思想体系来说,本质上也是唯心的,是客观现实在人们头脑中的虚幻的和颠倒的反映。但是,当我们分析历史上某一个具体的道教徒或某一部具体的道教著作时,就不能仅仅停留在"抽象的概念"上,不能"从抽象的定义出发",对于具体的问题还需要从具体的实际出发,进行实事求是的具体分析,否则就不能做恰当的科学的结论。因为任何事物都包含有内部矛盾,都是

---

① 《路德维希·费尔巴哈和德国古典哲学的终结》,[德] 马克思、恩格斯:《马克思恩格斯选集》第 4 卷,人民出版社,1972 年,第 239 页。
② 毛泽东:《中国革命战争的战略问题》,《毛泽东选集》,人民出版社,1967 年,第 196 页。
③ 毛泽东:《学习和时局》,《毛泽东选集》,第 893 页。
④ 毛泽东:《在延安文艺座谈会上的谈话》,《毛泽东选集》,第 810 页。

矛盾的统一体，都是对立的统一体，是复杂的，不是单纯的。古代历史上的一个人或一部著作，其思想内容大体也是如此，往往比较复杂，包含着对立的成分，其中既有正确的合理的因素，也有错误的糟粕的东西，二者互相交织在一起，这就需要我们对它采取科学的具体分析，看它的思想哪些是正确的，哪些是错误的，正确与错误究竟是三七开还是四六开，即使绝大部分是错误的，只有很少部分是合理的，也应把正确与错误区分开来，而不能笼统地一锅煮。这才符合唯物辩证法思想，这才叫作从实际出发、实事求是，对于具体问题的具体分析。如果不是从实际出发，不实事求是地对具体问题作具体的分析，而只是从抽象的定义出发，按照"是一是""否一否"的方法办事，认为"所谓坏的就是绝对的坏，一切皆坏；所谓好的就是绝对的好，一切皆好"①；不是否定一切，就是肯定一切，而不按照一分为二的两点论的方法看待问题，那就不可能对历史上的宗教人物和宗教著作进行恰如其分的合理的分析和评价。

以早期道教经典《太平经》的研究为例。这部书并不是一时、一地、一人的作品，其内容是十分庞杂的，其中有许多互相矛盾的言论，反映了不同阶级和阶层的思想，既有维护统治阶级根本利益的言论，又有揭露并批判豪门贵族黑暗统治的言论，也有部分反对残酷剥削和财物私有、主张自食其力和救穷周急等反映人民群众愿望和要求的言论；在它的宗教神学的体系里，还往往放射出唯物主义和辩证法的光芒。我们在研究它的时候，首先就应当从这本书的这样一个实际出发，尊重原来的本来面目，实事求是地对这些互相抵触的思想进行全面梳理和具体分析，这样才有

---

① 《毛泽东选集》，第789页。

可能做出科学的结论和合理的评价。有些人不从这本书里客观存在的实际出发，仅仅抓住其中维护统治阶级利益的部分言论，便把它随意鼓吹膨胀起来，从而一概否定和抹杀其他方面的合理思想，其结果便是以偏概全、以主观代替客观、以随心所欲代替实事求是，以致得出荒谬的结论。例如，他们对《太平经》中所有的"此财物乃天地中和所有，以共养人也。此家但遇得其聚处，比若仓中之鼠，常独足食，此大仓之粟，本非独鼠有也；少（小）内之钱财，本非独以给一人也；其有不足者，悉当从其取也。愚人无知，以为终古独当有之，不知乃万尸（户）之委输，皆当得衣食于是也"① 等这类明显地主张财物公有、反对私人独占的言论，认为只不过是代表中、小地主和非当权派的大地主的"共同要求"，而并不反映当时农民群众的愿望，这就违反了从实际出发、实事求是、对具体问题具体分析的科学方法。因为在古代社会里，一切地主阶级，不管是当权的和不当权的，也不管是大的和小的，其共同特点就是靠占有土地以剥削农民为生，怎能设想他们的"共同要求"是自动放弃其所独占的财物，主张他们的私有财物是用以供养众人的，凡有不足者都可以到他们那里去取用呢？这种"善良"的所谓中小地主和非当权派的大地主，事实上古今中外是不会有的。同样，他们还把《太平经》中主张人人应当"各自衣食自力"的言论，说成仅仅代表地主要求而并不反映当时农民群众的愿望。这样一来，于是依靠自己劳动为生也成了地主阶级的"共同要求"了，古代社会里农民与地主两个阶级的本质区别和阶级对抗也不见了。这只能是对《太平经》的一种曲解，也反映了持这种观点的人对中国古代社会历史实际的愚昧无

---

① 王明：《太平经合校》，第247页。

知。由此可见，我们在研究某些宗教著作的时候，如果不能从实际出发、实事求是地对具体问题作具体分析，不按照唯物辩证法的"两点论"的方法办事，而是按照"是一是""否一否"的形而上学的方法办事，不承认《太平经》这一早期道教经典中也有反映当时农民群众愿望和要求的合理因素，就会得出不太恰当的结论。

对于历史上某些道教人物的评价也是如此。以东晋时候著名的道教人物葛洪为例，他是士族上层道教理论的奠基人，是两晋时候道教向上层化方向发展的一个关键人物，在道教历史上有着重大的影响。他站在维护统治阶级利益的立场，对民间道教徒抱着非常仇视的态度，把他们视为异端，称之为"妖道"，因为他们不"以忠孝和顺仁信为本"，常常为农民起义所利用，便诅咒他们"诳眩黎庶，纠合群愚，进不以延年益寿为务，退不以消灾治病为业，遂以招集奸党，称合逆乱，……威倾邦君，势凌有司"①，主张对他们进行镇压和禁止。葛洪早年曾经参加镇压石冰领导的农民起义。从这些方面来看，他的政治立场的确是反动的。然而，并不能因此就否定他在中国学术思想发展史上的重要地位，也不能因此就抹杀他的著作中所包含的一些合理因素。他所阐发的社会进化论思想和知人善任思想，还是很有价值的，特别是其中有关古代化学和古代医学的材料，至今仍然是中国科技史上的宝贵遗产。绝不能因为他是道教信徒或上层道教的狂热鼓吹者，就把他这些合理的东西也一概加以否定，认为"毫无价值"，"没有研究的必要"。在这种思想的影响下，长期以来，对于葛洪与鲍敬言关于究竟是"今胜昔"还是"昔胜今"的一场辩论，没有做出公

---

① 王明：《抱朴子内篇校释》，第173页。

正的评价,往往过分赞扬鲍敬言的"昔胜今"的复古主义思想,而过分贬低葛洪的"今胜昔"的社会进化论思想。这样一来,就不能实事求是地如实反映葛洪这个人的客观实际。葛洪这个人,既有反动的一面,也有进步的一面,既站在维护统治阶级利益的立场,力图使道教向上层化的方向发展,为道教建立了一套成仙的理论体系,鼓吹长生成仙的宗教思想,同时又在化学、药物学、医学等许多自然科学方面做出了重要贡献。对于同一个人来说,是不是互相矛盾呢?是的,是互相矛盾的,但这种互相矛盾正是葛洪本身的实际情况。因为葛洪本身具有两重人格。他既是一个虔诚的宗教家,又是一个科学实验家。就前一方面说,他信仰神仙,是长生成仙的狂热鼓吹者,是唯心主义者;就后一方面说,他又尊重客观事实,尊重客观规律,倾向唯物主义。两重人格反映出来的两重思想,不免前后左右互相矛盾,这就是他的实际情况。葛洪思想,就是这样一个矛盾的统一体。因此,我们在研究葛洪的时候,就应当从这样一个客观实际出发进行实事求是的具体分析,一分为二地看待问题,这样才能全面认识葛洪以及类似人物的本来面貌,给出恰如其分的评价。如果只是抓住某一个方面而否定另一个方面,企图把本来很复杂的事情简单化,结果就会离开历史的复杂的真实性,犯主观片面的毛病,违背唯物辩证法。

在研究道教史的时候,不但对某些人物或某些著作的研究需要贯彻从实际出发、实事求是、对具体问题具体分析的原则,对于一个具体道派的研究,也应贯彻这些原则。一般说来,在阶级社会里,宗教往往是为处于统治地位的统治阶级服务的,是它们用以维护其统治地位的重要工具。但在分析一个具体的宗教派别时,就不能从这样一个抽象的概念出发,停留在抽象的概念上。

在历史上,"每个不同的阶级都利用它自己认为最适合的宗教"①。这是因为社会的阶级斗争,也必然反映到宗教内部来。宗教之间的斗争,也是社会阶级斗争的反映。因此,对于具体的宗教派别和宗教观念,也应当作具体的阶级分析。有一些民间的原始的宗教派别,在历史上也曾经为被统治的下层劳动群众所利用,发挥过一定的积极作用。奴隶社会的奴隶、封建社会的农民,都曾经通过宗教形式来表达他们争取解放的意愿,在他们反对阶级压迫和民族压迫的斗争中,都曾利用过宗教组织作为他们实现自己的阶级团结和民族团结的纽带和斗争的旗帜。早期资产阶级革命,也是在宗教的旗帜下进行的,其中最著名的就是西欧所谓的宗教改革运动。可见,在过去,在世界各国的封建社会中,各个阶级之间的斗争、社会上进步势力和反动势力之间的斗争,常常是穿着宗教的外衣,在一种宗教观念反对另一种宗教观念的口号声中进行的。恩格斯曾经指出:"中世纪把意识形态的其他一切形式——哲学、政治、法学,都合并到神学中,使他们成为神学的科目。因此,当时任何社会运动和政治运动都不得不采取神学的形式;对于完全受宗教影响的群众的感情来说,要掀起巨大的风暴,就必须让群众的切身利益披上宗教的外衣出现。"② 中国的情况和西欧中世纪的情况略有不同。中国的宗教在社会上的势力没有西欧中世纪那么强大,宗教思想对社会的影响也没有像西欧中世纪那么深,但是不同阶级都曾利用他们自己认为适合的宗教这一点,却是相同的。道教在历史上,既长期被统治者所利用,同时在很多时候不少民间的道教派别又为农民起义者所利用。在为统治者

---

① 《马克思恩格斯选集》第4卷,第253页。
② 《马克思恩格斯选集》第4卷,第251页。

服务的上层道教中，又有不少人在文化和科学方面对社会做出了有益的贡献。而且道教和道教的各种派别，并不是一成不变的，而是发展变化的；其成员结构不仅有上下层之分，各个成员的具体情况往往也不尽相同。对于所有这些不同的情况，都应当联系当时的历史条件，实事求是地对它们进行具体分析，才能揭示隐藏在宗教观念背后的社会的内容，区分不同宗教派别的本质，从而对它们进行正确的评价。

我们在研究道教发展史的时候，还常常碰到道教与中国古代自然科学的关系问题。一般来说，宗教与自然科学在本质上是不相容的，在西欧中世纪的时候，不少著名的自然科学家如哥白尼（Nicolaus Copernicus，1473—1543）、布鲁诺（Giordano Bruno，1548—1600）、伽利略（Galileo Galilei，1564—1642）等均曾受到过宗教的迫害，他们为维护科学真理均同宗教进行过针锋相对的斗争。但对于我国历史上的道教，却不能如此简单地不加分析地来看待，而应当从道教这样一个具体的实际情况出发，实事求是地、一分为二地对它进行具体的分析。就以它所追求的长生不死、即身成仙这个最终目标来说，也应抱这样一种具体分析的态度。虽然有生必有死是一种自然规律，所以不死成仙只是一种幻想，是不可能实现的，但它所追求的长生不老，却有一定的合理之处。因为一个人的生命的长短，与他所生活的社会环境、自然环境和医疗保健水平，以及他本人是否善于养生等各个方面均有非常密切的关系。随着这些方面的不断进步和发展，人们的平均寿命也在不断地延长，古人常说的"人生七十古来稀"，而今七十至八十岁的老人却并不稀罕了，九十至一百岁的人也逐渐地增多了，甚至一百多岁的老人也有了。所以，随着社会的进步和科学技术的发展，人们所追求的长生不老还有向前拓展的可能。据有关报道，现今有些科学家已发现人体的长寿基因和导致衰亡的基因,并试图通过基因改编和纳米技术以及器官替换等方式,来诊断和治疗人体疾病,追踪早期癌症并及时予以治疗等,从而使人类的生命得以大大延长。世界著名科学家雷蒙德·科兹威尔(Raymand Kurzweil)著有《奇点迫近》(*The Singularity is Near*)一书,预言不久的将来科学家们将最终实现"长生不老"的梦想。由此可见,道教所追求的"长生不老"这一最终目标,是具有合理的科学价值的,与当代科学技术的发展目标是一致的。再从道教本身的发展历史来看,过去许多道教徒为了实现"长生久视""即身成仙",在"我命在我不由天"的精神鼓舞下,便积极从事各种修炼活动,如相信外丹服食者,便积极从事炼制各种"长生不死"之药;相信内丹修炼者,便积极从事人体精、气、神的各种修炼,而探讨医学养生和防病治病,则都是彼此共同的。通过他们的长期实践,从而积累了许多很有价值的科学材料,对我国古代许多科学技术的发展均产生了深刻的影响,他们所留下的各种有关著作都是具有一定科学价值的宝贵遗产。如果仅以他们是道教徒,其世界观是宗教唯心主义的,就一概抹杀他们在科学技术方面的贡献,不承认这个事实,这也是违反从实际出发、实事求是、对具体问题具体分析的原则的。这种态度的本身就是违反科学的,因此,也就不能对道教与自然科学的关系问题做出正确的结论。

总而言之,马克思主义的唯物辩证的方法、一分为二的两点论的方法,是我们研究道教发展史的最根本的方法。因此,我们在研究道教史的时候,应该而且必须以这种方法为指导,才能在复杂的事物面前,按照事物的本来面目去认识它们,"从迷离混沌的状态中发现规律性"。当然,由于道教发展史的研究,乃是一种跨越诸多领域的学术研究工作,因此,我们除了必须坚持这个最根本的方法作为总的指导原则之外，同时还应该借鉴和吸纳其他学科的各种有效的具体研究方法，如中国哲学、宗教学、历史学、文献学、史讳学、考古学、人类学、社会学、伦理学、语言学、民族学、文化地理学、文化比较学和经典解释、田野调查、有关出土文物的研究，以及相关的各种自然科学及其实验技术等各种方法，力求多角度、多层次地来探讨与说明和"中国道教史"相关的各种问题，以便我们能够从不同的观察角度对中国道教这一"杂而多端"的非常复杂的社会现象和文化现象有一个更清楚的认识。再者，我们在坚持古为今用、洋为中用的原则下，还应尽可能地吸取和借鉴古今中外一切适用的相关优秀成果及其宝贵经验，在前人的基础上努力把道教文化的研究工作推向前进，为全面弘扬中华传统文化、建设中华民族共同精神家园而努力奋斗！

［本文是作者为《中国道教史》增订版（五卷本）所撰导言，属2012年度教育部人文社会科学重点研究基地重大项目"《中国道教史》修订工程"（项目批准号：12JJD730003）阶段性成果之一］

道与三清关系刍议

（一）

道教是中华民族的传统宗教，在其长期的发展过程中，对中国社会生活的各个方面都曾产生过深刻的影响。鲁迅先生说"中国的根柢全在道教"，表明道教在中国传统文化当中占有极其重要的地位，是中国传统文化的主要组成部分之一。可是，长期以来，一谈到中国传统文化，往往仅以儒家文化为代表，对道教文化甚为鄙视，总以为道教没有自己的理论体系，许多思想都是从儒释那里抄袭而来，甚至连它所奉的最高尊神三清，也是模仿佛教而创立的，按照他们的说法，道教根本没有存在的价值，可以取消。代表这种思想的，除韩愈而外，还有一位大名鼎鼎的儒者朱熹。朱熹指责道教说："道家有老庄书却不知看，尽为释氏窃而用之，却去仿效释氏经教之说，譬如巨室子弟，所有珍宝悉为人盗去，却去收拾他人家破瓮破釜。"① 这就是说，按照朱熹的观点看来，

---

① 《古今图书集成》第二百一十六卷《道教部》，第 50 册，中华书局、巴蜀书社，1987 年，第 61997 页。

道教徒尽是一些愚昧无知的蠢人，不识自己家里的珍宝，让这些珍宝都被佛教偷光了，却去佛教那里收拾一些破烂东西来作为自己的家产，真像一个破落户。朱熹又说："道家之学，出于老子。其所谓三清，盖仿释氏三身而为之尔。佛氏所谓三身，法身者，释家之本姓也；报身者，释家之德业也；肉身者，释家之真具而实有之人也。今之宗其教者，遂分为三像而骈列之，则既失其指矣，而道家之徒欲仿其所为，遂尊老子为三清——元始天尊、太上道君、太上老君，而昊天上帝反坐其下，悖戾僭逆，莫此为甚。且玉清元始天尊既非老子之法身，上清太上道君又非老子之报身，设有二像，又非与老子为一，而老子又自为上（太）清太上老君，盖仿释氏之失而又失之者也。"① 因而他得出的结论是："释老之学，尽当毁废。"② 即是说，应当同韩愈所主张的那样，"人其人，火其书，庐其居"③，彻底消灭之。不过，在我们看来，朱熹对道教的这些指责，才真是有点"愚昧无知"，他不仅对古代中国学术思想发展的规律和特点不甚了解，且对道教的三清及其思想来源，也有些无知。今特试申其说，以就教于方家。

（二）

道教所谓的"三清"，一是指玉清、上清、太清等神仙居住的"三境"，此三境又名"三天"，即清微、禹余、大赤，这"三天"

---

① 《古今图书集成》第二百一十六卷《道教部》，第50册，第61997页。
② 《古今图书集成》第二百一十六卷《道教部》，第50册，第61997页。
③ 〔唐〕韩愈：《原道》，载屈守元、常思春主编，《韩愈全集校注》，第5册，四川大学出版社，1996年，第2665页。

均系由大罗天的玄、元、始三气所化生而成。二是指居住于三清天或三清境的三位尊神，即天宝君（亦称元始天尊），治在玉清境即清微天，其气始青；灵宝君（亦称太上道君、灵宝天尊），治在上清境即禹余天，其气元（玄）黄；神宝君（亦称太上老君、道德天尊），治在太清境即大赤天，其气玄白。"此三君各为教主，即是三洞之尊神也。"① 道教以这种三合一的"三清"为最高尊神，这是它和其他宗教迥然不同的一个鲜明特点。

然而，这个"三清"尊神的建立，却经历了较长的发展过程。道教初创时，是以老子为其始祖，称之为太上老君，尊奉为最高神灵。例如于吉等人所编的《太平经》和张陵等人所造作的道书，皆托名为老君所授，直至北魏寇谦之所撰的《云中音诵新科之诫》和《录图真经》以及他的"天师"称号，皆托名老君所赐。这是包括太平道和五斗米道在内的早期道教的一个共同特点。及至东晋中后期上清、灵宝等道派出现后，对道教最高尊神的观念便发生了变化。这些新起的道派，便不再尊奉太上老君为最高尊神了，而是以元始天王或元始天尊与太上道君的地位最尊。这两派的经书中也提到太上老君，但往往把它摆在一个次要的地位，有些经书甚至把他作为元始天尊或元始天王和太上道君的弟子看待。这种分歧在《魏书·释老志》和《隋书·经籍志》对道教的介绍中，便可明显地看出来。《魏书》卷一百一十四《释老志》说："道家之原，出于老子。其自言也，先天地生，以资万类。上处玉京，为神王之宗；下在紫微，为飞仙之主。"② 这显然是反映了天师道以老子为最高尊神的思想。《隋书》卷三十五《经籍志》四则称：

---

① 《云笈七签》卷三《道教三洞宗元》，《道藏》第22册，第13页。
② 《魏书》，第8册，中华书局，1974年，第3048页。

"道经者,云有元始天尊,生于太元之先,禀自然之气,冲虚凝远,莫知其极……以为天尊之体,常存不灭,每至天地初开,或在玉京之上,或在穷桑之野,授以秘道,谓之开劫度人。所度皆诸天仙上品,有太上老君……"① 这明显是以元始天尊为最高尊神,太上老君也是元始天尊所传度的弟子之一,代表上清派的思想。

天师道与上清、灵宝等三个主要道派在道教最高尊神的观念方面,分歧既然有如此之大,那么,如何将它们统一起来,合三为一,形成道教最高尊神的整体呢?我想,为保持道教这个统一整体,只有在道教的发展过程中依靠它们彼此之间的思想交融来逐步解决。在这三个主要道派的思想交融当中,有些道教学者便将"三清"与"三洞"互相联系起来,用"三洞"来说明"三清"各自的地位和相互的紧密关系。

所谓"三洞",即指洞真、洞玄、洞神,也有两层含义。一是指仙境,即洞真玉清境、洞玄上清境、洞神太清境。二是指道教经籍的分类名目,指洞真、洞玄、洞神三部经书。南朝刘宋道士陆修静"总括三洞",将道书分为洞真、洞玄、洞神三大部类,洞真部以《上清经》为首,号称上乘;洞玄部以《灵宝经》为首,号称中乘;洞神部以《三皇经》为首,号称下乘。陆修静创立的三洞分类法,使名目繁多的道教经书得以归类,奠定了后世修纂《道藏》的基础。有些道教学者认为,这三类道教经典分别是由三清的教主所立。如《洞玄灵宝自然九天生神章经》说:"天宝君者,则大洞之尊神,天宝丈人则天宝君之祖炁也,丈人是混洞太无元高上玉虚之炁……至龙汉元年化生天宝君,出书时号高上大有玉清宫;灵宝君者,则洞玄之尊神,灵宝丈人则灵宝君之祖炁

---

① 《隋书》,第4册,中华书局,1973年,第1091页。

也，丈人是赤混太无元玄上紫虚之炁……至龙汉开图，化生灵宝君，经一劫，至赤明元年出书度人时，号上清玄都玉京七宝紫微宫；神宝君者，则洞神之尊神，神宝丈人则神宝君之祖炁也，丈人是冥寂玄通元无上清虚之炁……至赤明元年化生神宝君，经二劫，至上皇元年出书时号三皇洞神太清太极宫。此三号虽年殊号异，本同一也，分为玄元始三炁而治，三宝皆三炁之尊神。"①《云笈七签》卷三《道教三洞宗元》在引述了《九天生神章经》"此三号虽殊，本同一也，此三君各为教主，即是三洞之尊神也"以后，更明确地加以解释说："其三洞者，谓洞真、洞玄、洞神是也。天宝君说十二部经，为洞真教主；灵宝君说十二部经，为洞玄教主；神宝君说十二部经，为洞神教主。故三洞合成三十六部尊经，第一洞真，为大乘；第二洞玄，为中乘；第三洞神，为小乘。"② 这就是说，三清尊神乃是三洞经书的创制者，证明三清尊神的形成和三洞经书的创制神话有密切关系。

三洞经书的创制神话虽把三清尊神紧密联系起来，形成一个整体了，但随之而来又产生了一个问题，即道教经书既有大中小之分，则造说这些经书的教主也势必会有先后等级的差别，《云笈七签》卷六《三洞经教部》之《三洞并序》即称："三洞既降，遂有大小中乘、初中后法三种分别。"③ 那么，在三洞尊神之间，如何划分先后等级的差别呢？故道教又有"一气化三清"之说。上引《九天生神章经》即含有三清皆由道炁所化之意，《三洞并序》中说："又三洞之元，本同道气；道气惟一，应用分三，皆以诱俗修仙，从凡证道，皆渐差别，故有三名。"④ 即是说，三洞的本元，

---

① 《道藏》第5册，第843页。
② 《道藏》第22册，第13页。
③ 《道藏》第22册，第33页。
④ 《道藏》第22册，第32页。

都是来自同一的道气，只是应用不同，才分为三个不同的名称。尽管如此，但究竟是由谁一气化三清呢？这又有不同说法。一种意见是认为，道教的三清是由大罗天的玄、元、始三气所化而成。如大约为东晋或南北朝初年出世的《太真科》就说："三天最上号曰大罗，是道境极地，妙气本一，唯此大罗生玄元始三炁，化为三清天也。一曰清微天玉清境，始气所成；二曰禹余天上清境，元气所成；三曰大赤天太清境，玄气所成。"① 这种说法并未解决三清尊神之间先后等级的实质问题，而且还会引来大罗天的尊神是谁，三清尊神是否为这位尊神所化而成等一系列的问题，故道教通常又有另外两种说法，一种说法认为，三清是由元始天尊一气所化，上清派道士多主张之。《三洞并序》引证《业报经》和《应化经》说："天尊曰：吾以道气，化育群方，从劫到劫，因时立化。吾以龙汉元年，号无形天尊，亦名天宝君，化在玉清境，说《洞真经》十二部，以教天中九圣，大乘之道也。……吾以延康元年，号无始天尊，亦名灵宝君，化在上清境，说《洞玄经》十二部，以教天中九真，中乘之道也。……吾以赤明之年，号梵形天尊，亦名神宝君，化在太清境，说《洞神经》十二部，以教天中九仙，小乘之道也。"② 这就是说，三洞尊神都是元始天尊在不同时期的化身，三洞经书也都是元始天尊在不同时期所说，这样便不会对道教各派产生等级高下之分而导致教派之间的矛盾了。不过这很明显是代表上清派的说法，《隋书·经籍志》采用之。道教的另一种说法是，三清是由老子一气所化，这主要是以天师道为代表的道士们的思想。这种思想，其渊源甚早。早在道教正式

---

① 《道藏》第24册，第829页。
② 《道藏》第22册，第32—33页。

产生之前,对老子的神化就开始了。东汉明帝(57—75 在位)、章帝(76—88 在位)之时,益州太守成都人王阜所作《老子圣母碑》即称:"老子者,道也。乃生于无形之先,起于太初之前,行于太素之元,浮游六虚,出入幽冥,观混合之未别,窥清浊之未分。"① 这里便把老子与道合而为一,而道是天地万物的根源,因而老子也就自然成为造物主,当然也就是至高无上的神灵了。早期道教继承并继续发挥了这一思想。道教早期经典《太平经》便说:"老子者,得道之大圣,幽明所共师者也。应感则变化随方,功成则隐沦常住。住无所住,常无不在。……周流六虚,教化三界,出世间法,在世间法,有为无为,莫不毕究。"② 传为张陵(或张鲁)所作的《老子想尔注》,也把老子作为道的化身,称"一者,道也","一散形为气,聚形为太上老君"③。《云笈七签》卷一《道德部》之《总叙道德》引葛玄《五千文经序》说:"老君体自然而然,生乎太无之先,起乎无因,经历天地,终始不可称载,穷乎无穷,极乎无极也,与大道而轮化,为天地而立根,布气于十方,抱道德之至纯,浩浩荡荡,不可名也。……堂堂乎为神明之宗,三光持以朗照,天地禀之得生……故众圣之所共宗。"④ 其后南宋谢守灏所撰编的《混元圣纪》《太上老君年谱要略》《太上混元老子史略》等著作更反复地说:"太上老君者,大道之主宰,万教之宗元,出乎太无之先,起乎无极之源,经历天地,不可称载,终乎无终,穷乎无穷者也。其随方设教,历劫为师,隐显有无,罔得而测。然垂世立教,应现之迹,昭昭然若日月。"⑤

---

① 〔清〕严可均校辑:《全上古三代秦汉三国六朝文》,中华书局,1958 年,第 7 页。
② 王明:《太平经合校》,中华书局,1960 年,第 10 页。
③ 饶宗颐:《老子想尔注校笺》,香港大学出版社,1956 年,第 13 页。
④ 《道藏》第 22 册,第 4 页。
⑤ 《道藏》第 17 册,第 780 页。

又说:"太上老君,乃大道之宗祖,三才之本根也。"① 又说:"太上老君,乃元气之祖,万道之宗,乾坤之根本,天地之精源。"② 又引唐尹文操的话说:"老子者,即道之身也,迹有内外不同,由能应之身或异也。"③ 并称他"秉生成之柄,镇造化之原,故在天为众圣之尊,在世为万教之主。谓之老子者,道之形也,应既不一,号亦无量,或三十六号,或七十二名"④。又说:"老君在天皇时,号玄中大法师,亦曰通玄天师,出《洞真经》一十二部,以无极大道下教人间。在地皇时,号有古大先生,出《洞玄经》一十二部,化人以无上正真之道。在人皇时,号盘古先生,出《洞神经》一十二部,化人以太平无为之道。"⑤

按照这种说法,则是三洞经书,皆由老子所造作。不仅如此,甚至还说:"老君于三皇时说经,世谓之《三坟》之书,久失其传,兼累世所说经,多藏琼室瑶台,或秘龙宫海藏,神真保护,世莫得闻,今所传者,太山一毫芒尔。"⑥ 这就是说,三洞之外的众多经书,也系老子所造。我们知道,道教是以道为最高信仰,以修道成仙为最终目的,这是一切道派的共同思想,也是道教和其他宗教的根本区别。天师道一系从东汉以来即将老子看作道的化身,老子与道是一是二、二而一的。"道"是天地万物的根源,因而作为"道"的化身的太上老君老子,自然也就成为"混沌之祖宗,天地之父母,阴阳之主宰,万神之帝君",当然也就是道教的最高神灵了。那么,老子一气化三清之说,也就不言而喻了。

---

① 《道藏》第17册,第793页。
② 《道藏》第17册,第895页。
③ 《道藏》第17册,第805、900页。
④ 《道藏》第17册,第795页。
⑤ 《道藏》第17册,第797页。
⑥ 《道藏》第17册,第798页。

但在《太上混元老子史略》卷下又有"老君曰：夫三洞宝经，皆三清之上道也，吾昔受之于元始天尊"①的一段话，表明上清派的观点在南宋时仍有影响。不过，唐宋以来，一般道教宫观建筑的中心都是"三清殿"，供奉着元始天尊、灵宝天尊、道德天尊三清尊神，这是无论哪个道派都无例外的，表明这已是道教各派的共识。

　　三清尊神究竟是在什么时间出现的，其具体年代尚待考定。从道教发展史来看，可能是先出现三清境或三清天，然后才有居住于三清境或三清天的三位尊神。大约在南朝的宋齐间，便出现了"三清"之说，如《南史》卷七十五《顾欢传》称，欢"将终，赋诗言志曰：五涂无恒宅，三清有常舍"②。梁沈约《酬华阳陶先生》诗有"三清未可觌，一气且空存"③。在其《桐柏山金庭馆碑》中又有"此盖栖灵五岳，未驾夫三清者也"④。这里所说的"三清"，都是就三清境而言的，梁陶弘景所撰的《洞玄灵宝真灵位业图》，虽然编列了七个中位的五百多的庞大神仙谱系，但仍未明确"三清尊神"的概念。对"三清尊神"较为完整的叙述，则始于上引的《洞玄灵宝自然九天生神章经》。此书曾为《笑道论》和《无上秘要》所引。《笑道论》成书于北周武帝宇文邕天和五年（570），故此书的成书应当在这之前。表明三清尊神的出现，应在南北朝的中后期。但《九天生神章经》所讲的天宝君、灵宝君、神宝君，与后来流行的元始天尊、灵宝天尊、道德天尊等三清尊神的名称，还略有差异。当时三个主要道派对三清尊神的具体说

---

① 《道藏》第17册，第904页。
② 《南史》，第6册，中华书局，1975年，第1880页。
③ 《古今图书集成·神异典道教部》，第51册，第62006页。
④ 《古今图书集成·神异典道教部》，第51册，第62616页。

法也还略有不同。通过彼此交融逐步形成共识，明确地把三清尊神固定为元始天尊、灵宝天尊、道德天尊，其时间可能略晚一些。

三清尊神既是融合三个主要道派最高神灵的产物，是三个主要道派的共同代表，因此，从形体上看，它是三身；从思想内容来看，它是由玄、元、始三气所化成。但这个"三"，又是由"一"或"道"所派生的，所以这个"三"又同源于"一"或就是"一"。因此，元始天尊的一气化三清也好，太上老君的一气化三清也好，这"三清"的来源都是"道"或"一"，这一点是各派都相同的。从这个意义上讲，三清的形体虽分为"三"，而实则"一"，是三位一体的三合一，也就是"三一"。这种"三一"的观念在道家和道教中，是由来已久的。《老子》说："一生二，二生三，三生万物。"① 又说："视之不见，名曰夷；听之不闻，名曰希；搏之不得，名曰微。此三者不可致诘，故混而为一。"② 这里都包含了"三一"的思想。道教循用此概念并加以衍化，成为它的宇宙生成论的哲学依据。如葛洪在《抱朴子内篇·地真》中说："道起于一，其贵无偶，各居一处，以象天、地、人，故曰三一也。"③ 意即道至高无比，起源于一，而化生为天、地、人三者。以此理论为根据，主张"子欲长生，守一当明"，"守玄一，并思其身，分为三人"④，方可长生久视。《太上洞玄宝元上经》中又说："入道之由，由于抱一；抱一无贰，三一可明；明三一者，与道合真。"⑤ 故道教的由一炁化生玄、元、始三炁，再化为三清，

---

① 《道德经》第四十二章。
② 《道德经》第十四章。
③ 王明：《抱朴子内篇校释》，中华书局，1980年，第296页。
④ 王明：《抱朴子内篇校释》，第296、298页。
⑤ 《道藏》第6册，第255页。

这是道教思想自身发展的结果。证明道教三清尊神的产生，既是当时道教主要三派思想互相交融的产物，又是道家道教"三一"基本观念以及三境、三天、三洞等思想发展的结果，并不是模仿佛教而来的。弄清了道教三清的来龙去脉，则朱熹对道教的指责便不攻自破了。当然，道教与儒释之间的相互关系，本来即是一方面互相对立，互相斗争，另一方面又互相吸收，互相渗透，从而推动整个学术思想的向前发展。因此，在很多问题上都是你中有我，我中有你，谈不上谁偷窃了谁的东西，这是学术思想发展的客观规律，完全是十分正常的现象。如果没有它们彼此之间的这种既相互对立、相互斗争，又相互吸取、相互渗透的关系，那整个中国学术思想的发展就会停滞不前了。道教中的有些学者，在对三清尊神的解说上，也提出过"三代天尊"的说法，宣称"三代天尊者，过去元始天尊，见在太上玉皇天尊，未来金阙玉晨天尊"，认为"太上即是元始天尊弟子，从上皇半劫以来，元始天尊禅位三代天尊"①。这种"三代天尊"的说法，从形式上看，与佛教"三身"说有些类似，但其实质仍大不同。而且"三代天尊"的说法，在道教中流传不广，影响甚微，远不如"一气化三清"的"三一"之说重要，它在道教史上一直占据主流的地位。

（"道教思想与中国社会发展进步研讨会"论文）
（原载《道教神仙信仰研究》上册，台湾中华道统出版社，2000年10月）

---

① 《道藏》第22册，第14页。

道教在巴蜀初探[*]

巴山蜀水，雄奇秀丽，不仅灿烂多姿，而且源远流长，特别是道家道教之学在这里的底蕴十分丰富，值得我们发掘，这里试就道教在巴蜀的问题做一个初步的探讨，以就教于方家。

一、巴蜀文化是道教思想的重要源头之一

道教思想"杂而多端"，它的源头也并不单一，过去我们对此也曾做过一些考察。这里，我想专门就巴蜀文化与道教思想的渊源关系谈一点个人的初步认识。首先，我想以《山海经》为例，来说明一下巴蜀文化乃是道教思想的重要源头之一。

根据我国著名的历史学家和思想家、四川大学历史系原教授蒙文通先生的考证，《山海经》乃是"先秦时代的古籍"[①]，并且

---

* 卿先生关于地方道教史的研究，另有《有关道教发源于四川的几个问题》《瓦屋山道教文化考察刍议》《关于峨眉山佛道兴衰的历史演变刍议》等论文。本书限于篇幅，不一一收录。
① 蒙文通：《蒙文通文集》第一卷，巴蜀书社，1987年，第55页。

是"巴蜀地域所流传的代表巴蜀文化的典籍"①。在这部"代表巴蜀文化的典籍"中有关我国上古社会的神话和宗教信仰的记载,非常丰富和系统,除《楚辞·天问》以外,没有任何其他古籍可以与之相比。而《山海经》的许多神话和宗教信仰的内容,都直接为后来的道教所吸取,成为道教的重要思想渊源之一。朱越利先生曾专门写了《从〈山海经〉看道教神学远源》一文,对此做过探讨②。这里便在朱先生探讨的基础上提出几点说明:

第一,关于昆仑仙境问题。道教称神仙所居之胜境为仙境。仙境之说,源于古代神话。这类神话,开始乃是以昆仑山为中心的。而有关昆仑山的神话,最早而又比较完整的记录,便是来自《山海经》。例如《山海经》第二《西山经》说:"西南四百里,曰昆仑之丘,是实惟帝之下都,神陆吾司之。其神状虎身而九尾,人面而虎爪;是神也,司天之九部及帝之囿时。"③"帝",即"天帝",也就是黄帝,表明黄帝的神宫就在此山之巅。"神陆吾"即《海内西经》所说的开明兽。在《山海经》第十一《海内西经》说:"海内昆仑之虚,在西北,帝之下都。昆仑之虚,方八百里,高万仞。……面有九门,门有开明兽守之,百神之所在。"④ 又说:"开明北有视肉、珠树、文玉树、玗琪树、不死树。"⑤ 所谓"珠树、文玉树、玗琪树",皆属琼玉之树。《河图括地象》云:"昆仑上有琼玉之树。"参照《列子·汤问篇》"珠玕之树皆丛生,华实皆有滋味,食之不老不死"的说法,则琼玉之树似皆属不死树之

---

① 蒙文通:《蒙文通文集》第一卷,第 65 页。
② 李养正主编:《道教综论》,香港道教学院,2001 年,第 164—184 页。
③ 袁珂:《山海经校注》,巴蜀书社,1993 年,第 55—56 页。
④ 袁珂:《山海经校注》,第 344—345 页。
⑤ 袁珂:《山海经校注》,第 350 页。

类。又说:"开明东有巫彭、巫抵、巫阳、巫履、巫凡、巫相,夹窫窳之尸,皆操不死之药以距之。"①《山海经》第十六《大荒西经》又谓:"西海之南,流沙之滨,赤水之后,黑水之前,有大山,名曰昆仑之丘。有神——人面虎身,有文有尾,皆白——处之。……有人,戴胜,虎齿,有豹尾,穴处,名曰西王母。此山万物尽有。"② 根据以上这些记载,昆仑山有"不死树""不死之药","是百神之所在""万物尽有",是西王母所居,是黄帝神宫所在处。而黄帝和西王母,后来便成为道教所崇奉的重要神仙。《山海经》中的这些神话,后来在《淮南子》卷四《墬形训》中,也有系统的描述。这里除宣称此山有不死树,又有"丹水,饮之不死",还把此山描绘成可以由此登天的天梯:"昆仑之丘,或上倍之,是谓凉风之上,登之而不死;或上倍之,是谓玄圃之山,登之乃灵,能使风雨;或上倍之,乃维上天,登之乃神,是谓太帝之居。扶木在阳洲,日之所曊;建木在都广,众帝所自上下,日中无景,呼而无响,盖天下之中也。"③ 道教吸收了这类神话,把昆仑山作为道教仙境"三岛"之一。据《云笈七签》卷二十六《十洲记》:上有阆风巅、玄圃堂、昆仑宫、天庸城;天庸城上有金台五所,玉楼十二所,为"西王母之所治",是"真官仙灵之所宗",此乃"天地之根纽,万度之纲柄"④,是群仙聚居的地方。

那么,《山海经》所说的这个神仙胜境的海内昆仑,究竟是在什么地方呢?蒙文通先生对此考证说:"考《海内西经》说:'河水出(昆仑)东北隅以行其北。'这说明昆仑当在黄河之南。又考

---

① 袁珂:《山海经校注》,第352页。
② 袁珂:《山海经校注》,第466页。
③ 刘文典撰,冯逸、乔华点校:《淮南鸿烈集解》,中华书局,1989年,第135—136页。
④ 《道藏》第22册,第197页。

《大荒北经》说：'若木生昆仑西。'（据《水经·若水注》引）《海内经》说：'黑水、青水之间有木名曰若木，若水出焉。'这说明了昆仑不仅是在黄河之南，而且是在若水上源之东。若水，即今雅砻江，雅砻江上源之东、黄河之南的大山——昆仑，当然就舍岷山莫属了。因此，我们认为《海内经》四篇所说的'天下之中'，是指今四川西部地区。"① 既然《山海经》所说的昆仑仙境就是指的四川西部地区，因此，从这个意义上说，昆仑文化也可以说就是巴蜀文化。

蒙先生考证《海内经》四篇所说的"天下之中"的昆仑仙境是指四川西部地区的这一说法，还可以找到一些旁证。如《山海经》卷十八《海内经》说："西南黑水之间，有都广之野，……灵寿实华，草木所聚。"② 所谓"都广"，袁珂注引王念孙云：或作"广都"，杨慎《山海经补注》说："黑水广都，今之成都也。"《华阳国志·蜀志》云："广都县，郡西三十里，元朔二年（前127）置。"曹学佺《蜀中名胜记》则谓广都在今成都附近双流县境。郭璞注云："其城方三百里，盖天下之中，素女所出也。"所谓"素女"，盖古之神女。徐锴《说文系传》说："黄帝使素女鼓五十弦琴，黄帝悲，乃分之为二十五弦。"杨慎云："素女在青城天谷，今名玉女洞。"所谓"灵寿"，郭璞云："木名也，似竹，有枝节。"亦称寿木。《吕氏春秋·木味篇》说："菜之美者，寿木之华。"高诱注称："寿木，昆仑山木也；华，实也，食其实者不死，故曰寿木。"综上所述，黑水之间，都广之野，即昆仑山所在之处，在今四川西部，为天下之中，这便从旁证明了蒙先生的说法是有根据

---

① 蒙文通：《蒙文通文集》第一卷，第48页。
② 袁珂：《山海经校注》，第505页。

的。既然这个位居天下之中的神仙胜境就在四川西部,那么,巴蜀文化后来发展成为道教思想的重要源头,也就是非常自然的事了。

第二,长生不死,是道教最为重要的基本信仰,而这种思想的源头,也应追溯到以《山海经》为代表的巴蜀文化。杜而未先生在《山海经神话系统》和《昆仑文化与不死观念》二书中已正确指出了我国原始社会时期以来的昆仑文化与不死观念有不解之缘。他说:"昆仑文化中含有仙意,不死观念也离不开昆仑文化。"① 袁珂先生在《中国神话史》一书中,也专门列出章节剖析了《山海经》的不死观念。如《海外南经》说:"不死民在其东,其为人黑色,寿,不死。"②《海内经》说:"流沙之东,黑水之间,有山名不死之山。"③ 郭璞注云:"即员丘也。"④ 又说:"有员丘山,上有不死树,食之乃寿;亦有赤泉,饮之不老。"⑤《大荒南经》又说:"有不死之国,阿姓,甘木是食。"⑥ 郭璞注云:"甘木即不死树,食之不老。"⑦ 故所谓"不死之山""不死之国",均指不死之民;不死树,亦即不死之药。如前所述,在昆仑神话中,这种不死之药除甘木外,还有多种不死之药。其中有种不死药名为玉膏。《山海经》卷二《西山经》说:崇吾西北有一座山名曰峚山,"丹水出焉,西流注于稷泽,其中多白玉,是有玉膏,其原沸沸汤汤,黄帝是食是飨"⑧。关于玉膏,这里只说黄帝以之为食,

---

① 杜而未:《昆仑文化与不死观念·序》,台湾学生书局,1962年。
② 袁珂:《山海经校注》,第238页。
③ 袁珂:《山海经校注》,第504页。
④ 袁珂:《山海经校注》,第239页。
⑤ 袁珂:《山海经校注》,第239页。
⑥ 袁珂:《山海经校注》,第425页。
⑦ 袁珂:《山海经校注》,第425页。
⑧ 袁珂:《山海经校注》,第48页。

未说其性质。但郭璞注引《河图玉版》则说:"少室山,其上有白玉膏,一服即仙矣。"① 可见,它是一种长生不死的仙药。朱越利先生指出:早期道教不仅以玉膏为仙药,而且还有化玉为膏的方法,大概也是受黄帝以玉膏为食的启发②。

第三,与长生不死信仰相联系,肉体可以升天的思想,也是早期道教最为重要的思想之一。这种思想在《山海经》里也可以发现其源头。在《山海经》中谈到上天的道路有两种,一为山,一为树。《大荒西经》说:"有灵山,巫咸、巫即、巫盼、巫彭、巫姑、巫真、巫礼、巫抵、巫谢、巫罗十巫,从此升降,百药爰在。"袁珂注谓:此"灵山",疑即巫山,即是山中升天的天梯,十巫踏着这天梯从地上升到天上,又从天上下到地上,上达民情,下宣神旨,在神与人之间起着沟通作用;同时采集包括不死之药在内的百药,这便是这些神巫觋的职责。《海内经》又说:"华山青水之东,有山名曰肇山,有人名曰柏高,柏高上下于此,至于天。"③"柏高"即柏子高,一作伯高。郭璞注云:"柏子高,仙者也。"袁珂注谓:"柏高上下于此,至于天者,言柏高循此山而登天也,此山盖山中之天梯也。"

在《山海经》中,除有由山上天的记载外,还有由树上天的记载。《海内经》说:"有九丘,以水络之:……有木,青叶紫茎,玄华黄实,名曰建木,百仞无枝,有九欘,下有九枸,其实如麻,其叶如芒。大暤爰过,黄帝所为。"④ 关于建木,在《淮南子·墬

---

① 袁珂:《山海经校注》,第49页。
② 朱越利:《从〈山海经〉看道教神学的远源》,载李养正主编,《道教综论》,第167页。
③ 袁珂:《山海经校注》,第505页。
④ 袁珂:《山海经校注》,第509页。

形训》说:"建木在都广,众帝所自上下。"这就是说"众帝"是从都广山上的建木到天上去的,又从建木下地来,故云上下。"都广"在何处,前已说明是在今成都的双流县境。"大暤爰过",袁珂注云:"谓庖牺亦首缘此建木以登天也。"①"黄帝所为","言此天梯建木,为宇宙最高统治者之黄帝所造作,施为者也。"② 此乃是以树为天梯而登天的明确记载。早期道教受此影响,相信人可以即身成仙,冲举飞升,登天而去。其登天的工具有龙,有白云等等,不一而足。并以昆仑仙境为蓝本,想象天上神仙世界的种种动人景象,以鼓励人们学道修仙。

此外,在《山海经》中还有一种"羽民"的记载。如《大荒南经》说:"有羽民之国,其民皆生羽毛。"③《海外南经》亦称:"羽民国在其东南,其为人长头,身生羽。"④ 这个"羽民",为后来道教塑造神仙人物提供了很好的资料。当然这中间还有一个演变过程。《山海经》中的"羽民",只是殊方的一个族类,并非仙人。在《楚辞·远游》中有"仍羽人于丹丘号,留不死之旧乡"。这个丹丘之"羽人",便已经是仙人了。《史记·封禅书》在谈到"五利将军"栾大为汉武帝"道天神"时说:"于是天子又刻玉印曰'天道将军',使使衣羽衣,夜立白茅上,五利将军亦衣羽衣,夜立白茅上受印,以示不臣也。而佩'天道'者,且为天子道天神也。"⑤ 表明神仙方士在扮演神仙人物时,亦利用了"羽民"思想。道教中有羽士、羽客、羽人等称谓,盖亦由《山海经》的

---

① 袁珂:《山海经校注》,第512页。
② 袁珂:《山海经校注》,第513页。
③ 袁珂:《山海经校注》,第423—424页。
④ 袁珂:《山海经校注》,第228页。
⑤ 《史记》,第4册,中华书局,1959年,第1391页。

"羽民"脱胎而来,且谓修道者的逝世为羽化,则含有冲举飞升、登天而去之意。

第四,道教的许多神灵,在《山海经》中也可以找到其前身,最著名的有西王母和黄帝。《山海经》中屡次提到西王母。除《大荒西经》的叙述已见前引而外,《西次三经》又说:"又西三百五十里,曰玉山,是西王母所居也。西王母其状如人,豹尾虎齿而善啸,蓬发戴胜,是司天之厉及五残。"①《海内北经》又说:"西王母梯几而戴胜杖,其南有三青鸟,为西王母取食。在昆仑虚北。"② 根据这些记载,西王母实为穴居蛮人的酋长,其形象还有些像兽类。经过演变,在《汉武帝内传》中遂变成年约三十的绝代佳人。道教将她奉为尊神,并尊为女仙之首。

在《山海经》里,黄帝是一位"天帝",又是一位常食白玉膏的神人,并有各种神奇的能力。如前所述,他不仅能种建木作为上天的天梯,而且还能种玉。《西山经》说,"黄帝乃取峚山之玉荣,而投之钟山之阳",以为玉种。所结之玉,"坚栗精密,浊泽而有光。五色发作,以和柔刚。天地鬼神,是食是飨;君子服之,以御不祥"③。此后,黄帝又经历了由神话中的神演变成为一个历史人物的过程,被描绘成为古圣君之一。道教将这位集"天帝"与"圣君"于一身的黄帝奉为道教之宗,这对民族凝聚力的形成和发展具有重大的意义。朱越利先生还认为,远古的"天帝",对道教三清及玉皇大帝的塑造,也会有启发④。

---

① 袁珂:《山海经校注》,第59页。
② 袁珂:《山海经校注》,第358页。
③ 袁珂:《山海经校注》,第48页。
④ 朱越利:《从〈山海经〉看道教神学的远源》,载李养正主编,《道教综论》,第173页。

龙，是中华民族的图腾，也是道教所崇奉的神物。这种思想在《山海经》中也有其源头。如道教向有祭龙祈雨的宗教活动，在《山海经》中亦有"旱而为应龙之状，乃得大雨"①。这与道教的祭龙祈雨的宗教活动，是完全一致的。

此外，道教所崇拜的风伯、雨师、雷祖等神灵，在《山海经》里也有其源头。如《大荒北经》说："蚩尤请风伯雨师，从大风雨。"②《海内东经》说："雷泽中有雷神，龙身而人头，鼓其腹，在吴西。"③

我国古代有女娲造人的神话，道教亦崇奉女娲，尊为"九天玄女"。这种思想在《山海经》中亦有源头。如《大荒西经》说："有神十人，名曰女娲之肠，化为神，处栗广之野，横道而处。"④

总而言之，《山海经》中具有道教渊源的因素甚多，不再一一列举了。仅从以上这些事例，也就充分说明了这部"代表巴蜀文化的典籍"所显示的内容与后来的道教思想的关系是非常密切的。由此我们可以判定：巴蜀文化乃是道教思想的重要源头之一。

二、巴蜀地区是道教的发源地

中国道教究竟发源于何处？这是一个非常值得探讨的问题。要弄清这个问题，就必须从探明早期道教的发源地着手。

道教是在东汉中后期产生的，最早的道派有两个：一是张角

---

① 袁珂：《山海经校注》，第413页。
② 袁珂：《山海经校注》，第491页。
③ 袁珂：《山海经校注》，第381页。
④ 袁珂：《山海经校注》，第445页。

于汉灵帝熹平（172—178）年间所创立的太平道，一是张陵于顺帝（126—144 在位）时所创立的五斗米道。从时间上看，张陵创立五斗米道的时间比张角创立太平道的时间略早，而且太平道因发动黄巾起义而遭到东汉王朝的残酷镇压之后，便情况不明。五斗米道却一直传承不绝，并愈来愈强大。故教内外学者在研讨道教发展的历史时，均以张陵创立五斗米道的时间作为道教创立的开端。故问中国道教发源于何处，亦即五斗米道发源于何处的问题①。

五斗米道究竟发源于何处，至今主要有两种不同的说法，一是认为在江西龙虎山，一是认为在四川鹤鸣山。为要弄清这个问题，就有必要考察一下张陵其人及其创教地方的问题。

关于张陵其人，正史的记载十分简略，不详其生平及生卒年代。其较早的有关叙述有如下的几种：

1. 陈寿《三国志·张鲁传》说："张鲁字公祺，沛国丰人也。祖父陵，客蜀，学道鹄鸣山中，造作道书以惑百姓，从受道者出五斗米，故世号米贼。陵死，子衡行其道。衡死，鲁复行之。"②

2. 范晔《后汉书·刘焉传》的说法与陈寿《三国志》的记载基本相同，唯"鹄鸣山"作"鹤鸣山"，"道书"作"符书"。其

---

① 中国道教协会主编《道教大辞典》"道教"条称："中国本土宗教。东汉顺帝年间（126—144）沛国丰人张陵（尊称张道陵）创立。"（华夏出版社，1994 年，第 925 页。）胡孚琛主编《中华道教大辞典》"天师道"条称："张陵于汉顺帝汉安元年（142）在鹤鸣山声称受太上老君之命，封为天师之位，得新出正一盟威之道，创立天师道。""天师道创立是中国道教创立之始。"（中国社会科学出版社，1995 年，第 55—56 页。）陈撄宁："东汉张陵创教以前，只有'道家'而无'道教'。"（《道教与养生》，华文出版社，1989 年，第 81 页。）近人任乃强先生在《华阳国志校补图注》一书中提出"张角与张鲁祖孙间之关系，旧史家咸认为鲁与张角无关，兹判张角只是陵之徒孙"，并做了论证。（上海古籍出版社，1987 年，第 75 页。）

② 《三国志》，第 1 册，中华书局，1959 年，第 263 页。

文说："鲁字公旗。初，祖父陵，顺帝时客于蜀，学道鹤鸣山中，造作符书，受其道者辄出米五斗，故谓之米贼。陵传子衡，衡传子鲁。"①

3. 常璩《华阳国志·汉中志》，也与上面的记载大同小异，其文称："汉末，沛国张陵学道于蜀鹤鸣山，造作道书，自称'太清玄元'，以惑百姓。陵死，子衡传其业；衡死，子鲁传其业。"②

以上这些史书的记载，均认为张陵是沛国丰人，今江苏北部丰县。创教地点是在四川鹄鸣山。按"鹄"与"鹤"，音近相假，实指同一地方。《三国志》作者陈寿（233—297）西晋四川南充人；《华阳国志》作者常璩，东晋四川崇庆人；《后汉书》作者范晔（398—445），南朝刘宋河南淅川人，皆去张陵的时间未远，特别是陈寿与常璩，不仅时间相近，居地也均在四川，其所记载有关四川的事实应属可信。且较早的道书所载，亦与之基本相同。只不过在道书中的张陵，常被称为张道陵。如葛洪《神仙传》即记载说：

> 张道陵者，字辅汉，沛国丰人也。本太学书生，博通《五经》，晚乃叹曰："此无益于年命。"遂学长生之道。得黄帝九鼎丹法，欲合之，用药皆糜费钱帛。陵家素贫，欲治生，营田牧畜，非己所长，乃不就。闻蜀人多纯厚，易可教化，且多名山，乃与弟子入蜀，住鹤鸣山，著作《道书》二十四篇，乃精思炼志，忽有天人下，

---

① 《后汉书》，第 9 册，中华书局，1965 年，第 2436 页。
② 任乃强：《华阳国志校补图注》，第 72 页。据陶弘景《登真隐诀》等书载，五斗米道徒上章时称其道为"太清玄元无上三天无极大道"，故此云"自称'太清玄元'"。

……授陵以新出正一盟威之道。陵受之，能治病。于是百姓翕然奉事之，以为师，弟子户至数万。即立祭酒，分领其户，有如长官。并立条制，使诸弟子随事轮出米绢、器物、纸笔、樵薪、什物等，领人修复道路；不修复者，皆使疾病。县（音悬）有应治桥道，于是百姓斩草除溷，无所不为，皆出其意。而愚者不知是陵所造，将（以）谓（为）此文（按：谓所悬示之文）从天上下也。陵又欲以廉耻治人，不喜施刑罚，乃立条制，使有病者皆疏记生身已（以）来所犯之罪，乃手书投水中，与神明共盟约，不得复犯，法当以身死为约。于是百姓计念，邂逅疾病，辄当首过，一则得愈，二使羞惭，不敢重犯，且畏天地而改。从此之后，所违犯者，皆改为善矣。陵乃多得财物，以市其药合丹。丹成，服半剂，不愿即升天也；乃能分形作数十人。……其治病，皆采取《玄素》（按：谓《玄女素书》），但改易其大较，转其首尾，而大途犹同归也。行气服食，故用仙法，亦无以易。①

由此可见，葛洪《神仙传》亦明言张陵创教地方是在四川鹤鸣山。葛洪（282—344）为西、东晋间丹阳句容（今属江苏省）人，时间去陵亦未远，但居地离四川则相去万里，而知其事翔实如此者，盖因洪素慕道，其有关张陵创教事迹，或许是从询访道徒而得。既是传闻，难免会有附会夸张部分，且《神仙传》还因版本的不同，所载张陵事迹亦有繁简之别，但不管怎样，其创教地方在四川鹤鸣山这一基本事实，则都是相同的。既然葛洪生活

---

① 《神仙传》卷四，据湖南艺文局光绪二十年刊本。

的时代去陵不远，且为江苏句容人，去江西龙虎山亦不远，若张陵是在江西龙虎山创教，则为何葛洪《神仙传》不仅未提此事，却反而断定创教地点是在四川鹤鸣山呢？这是一个值得思考的问题。

至于这个"鹤鸣山"，究竟在四川境内的什么地方？也有不同的说法。有人主张是在四川的剑阁。我们的《宗教学研究》杂志曾刊载其文，但加了编者按。笔者也曾到剑阁的鹤鸣山做过实地考察，那里确系早期道教活动的范围，留有一些较早的道教遗迹，还有非常宝贵的唐代道教石刻。但若说它是张陵创教的鹤鸣山，则"文献不足征"。相反，从早期文献记载来看，这个"鹤鸣山"应当是在四川的另一个地方。《后汉书·刘焉传》对"鹤鸣山"有一条唐李贤注说："山在今益州晋原县西。"① 卢弼《三国志集解》卷八引："《元和志》'鹤鸣山在晋原县西北十九里，绝壁千寻。'《一统志》'鹤鸣山在四川成都府崇庆州西北。'李兆洛曰：'晋原县，今四川成都府崇庆州东十里。'《方舆纪要》卷六十七：'崇庆州有鹤鸣山。州西八十里，绝壁千寻。'"按：唐咸亨二年（671），割晋原县之西界置大邑县，鹤鸣山实划入其境内，不当在崇庆县。龚煦春《四川郡县志》卷七"大邑"条引《元和郡县志》："本汉江原县地。咸通二年，割江原县西界置。治今大邑县治。"同书卷一"江原"条又引"《元和志》晋原下云：'本汉江原县地，属蜀郡。'《寰宇记》同。""通"同"亨"，因避唐肃宗李亨讳而改②。故知鹤鸣山在大邑县境内。另据《云笈七签》卷二十八《张天师

---

① 《后汉书》第9册，第2436页。
② 唐代也有咸通年号，但咸通（860—874）在元和（806—820）之后，按：今《元和郡县志》亦作"咸亨"。

二十四治图》"第三鹤鸣神山上治":"山与青城天国山相连,去成都二百里,在蜀郡临邛县界。"①北宋贾善翔《犹龙传》卷五《度汉天师》引《南斗经序》称:"太上降蜀之临邛往大邑至鹤鸣山,初授天师《正一盟威秘箓》……天师先在中岳已获《黄帝九鼎丹书》,而后在鹤鸣山隐居。"②南宋陆游(1125—1210)《老学庵笔记》卷六说:"予游大邑鹤鸣山,所谓张天师鹤鸣治也。"笔者也曾到这里做过实地考察,确信张陵创教的鹤鸣山是在今四川省成都市大邑县北12.5公里处。此地位于大山之麓,当川西大冲积平原尽头,有两溪河合流,为林牧与农田接界处。汉时,为临邛县边隅。其地状如仙鹤。传说山有石鹤,鸣则仙人出,秦马成子、汉张道陵、明张三丰均到此修道成仙。鹤鸣山天柱峰顶,相传为张道陵修道和感降老君之处,过去有太清宫。太清宫后山的迎仙阁前方,有一戒鬼坛,据说是张陵作法处。山麓有三官庙,至今尚存。

综上可知,张陵创教的地方,是在四川大邑县的鹤鸣山,而不是在江西的龙虎山,这在南宋以前,无论是正史或道书等各种文献资料,均有明确的记载。从这些文献资料的记载来看,张陵根本就没有到过江西的龙虎山,更谈不到在那里创教的问题。到元明时期,在《历世真仙体道通鉴》和《汉天师世家》等道书中,方出现张陵曾在龙虎山炼丹的传说,但创教地方仍然承认是在四川的鹤鸣山。主张江西龙虎山是张陵创教地方的说法,就比此更晚了,这是一种缺乏文献根据的说法,是不足为信的。再者,张陵创教时,建立了二十四治,即二十四个教区,这可以说是五斗米道最早的发祥地。这二十四治中,只有一个北邙山治的具体地

---

① 《道藏》第22册,第205页。
② 《道藏》第18册,第24页。

点，说法有些不同：《受箓次第法信仪》引张天师十三世孙梁武陵王府参军张辩《天师治仪上》"第八北邙治"条说："在京兆府长安县。"① 北周武帝宇文邕时候所纂的《无上秘要》卷二十三引《正一炁治品》"北邙治"条说："在京兆郡界。"② 中唐道士王悬河所撰《三洞珠囊》卷七引《二十四治品》在谈到北邙治时，则未具体说明在何处，晚唐杜光庭所撰《洞天福地岳渎名山记》的《灵化二十四》"北邙化"条则说："属东都城北。"③ 东都当指东汉的都城洛阳。可见南北朝较早的道书是认定在京兆地区；而晚唐时的道书则认为是在洛阳城北。但除北邙治外，其余二十三治则均在当时的巴蜀境内，为什么仅仅一个北邙治单独处于那样远呢？故杜光庭的记载似有可疑。且现今所见到的有关五斗米道最早的碑刻《张道陵碑》（有"熹平二年三月一日"字样）也在四川省洪雅县的易俗乡，《汉故领校巴郡太守樊府君碑》（建安十年三月上旬造）在今四川省芦山县。所有这些，就进一步证明了五斗米道的发源地是在四川，而不是在江西。

在探讨了五斗米道发源于四川之后，还必须进一步探讨为什么四川地区会成为五斗米道的发源地这个问题。关于这个问题，在拙著《中国道教思想史纲》第一卷和拙著《道教文化新探》中，曾对此做过一些探讨。我认为主要有以下两个方面的原因：

第一，是由于当时四川地区今文经学的风气很盛和黄老道术的甚为流行。汉代方术之风，本来就很盛。《后汉书·方术传》

---

① 《道藏》第32册，第223页。
② 《道藏》第25册，第65页。京兆郡，汉代置，治所在长安（今西安市西北），辖境约当今秦岭以北，西安市以东，渭河以南地，因地属畿辅，故不称郡而称尹，三国魏改称郡，西魏、周、隋仍称郡。唐开元初，改雍州为京兆府。
③ 《道藏》第25册，第330页。

称:"汉自武帝颇好方术,天下怀协道艺之士,莫不负策抵掌,顺风而届焉。后王莽矫用符命,及光武尤信谶言,士之赴趣时宜者,皆骋驰穿凿,争谈之也。"① 这种风气,在当时的四川地区尤其浓厚。在《后汉书·方术传》中所列的方术之士,属于四川地区者不少。例如:

  任文公,巴郡阆中人也②。
  杨由字哀侯,蜀郡成都人也③。
  段翳字元章,广汉新都人也④。
  折像字伯式,广汉雒人也⑤。
  董扶字茂安,广汉绵竹人也⑥。
  郭玉者,广汉雒人也⑦。

这些人中,多有异术,据称他们可以"妙占未来"之事,有的还长于医术,而折像还"能通《京氏易》,好黄老言"⑧。

此外,还有:"李郃,字孟节,汉中南郑人也。"⑨ "樊志张者,汉中南郑人也。"⑩ 而当时的汉中南郑,属于益州,系巴蜀文化地区,也是四川的范围⑪。故从总体上看,《后汉书·方术传》

---

① 《后汉书》第 10 册,第 2705 页。
② 《后汉书》第 10 册,第 2707 页。
③ 《后汉书》第 10 册,第 2716 页。
④ 《后汉书》第 10 册,第 2719 页。
⑤ 《后汉书》第 10 册,第 2720 页。
⑥ 《后汉书》第 10 册,第 2734 页。
⑦ 《后汉书》第 10 册,第 2735 页。
⑧ 《后汉书》第 10 册,第 2720 页。
⑨ 《后汉书》第 10 册,第 2717 页。
⑩ 《后汉书》第 10 册,第 2732 页。
⑪ 见《后汉书·志第二十二》郡国五,第 12 册,第 3505 页。

所列方术士总共是三十二人，而属于巴蜀地区的便有八人，占总数的四分之一，表明各种方术之风在巴蜀地区的盛行。而《华阳国志》所载巴蜀地区的方术士比这个数字还多，且巴蜀地区的儒生通图谶术数者亦不少，其中以杨厚、任安、景鸾等为最著。而杨厚、任安，更是当时的"内学权威"，"朝廷待若神明"①。据《后汉书·杨厚传》载："杨厚字仲桓，广汉新都人也。祖父春卿，善图谶学……临终戒子统曰：'吾绨帙中有先祖所传秘记，为汉家用，尔其修之。'统感父遗言，服阕，辞家从犍为周循学习先法，又从同郡郑伯山受《河洛书》及天文推步之术。建初（76—83）中为彭城令，一州大旱，统推阴阳消伏，县界蒙泽。太守宗湛使统为郡求雨，亦即降澍。自是朝廷灾异，多以访之。统作《家法章句》及《内谶》二卷解说，位至光禄大夫，为国三老，年九十卒。……厚少学统业，精力思述。……每有灾异，厚辄上消救之法。"及至晚年，因不愿与权臣梁冀交往，"称病求退"，汉顺帝"许之"，"赐车马钱帛归家。修黄老，教授门生，上名录者三千余人"。"年八十二，卒于家（《华阳国志》作"年八十三卒"）。策书吊祭。乡人谥曰'文父'。门人为立庙，郡文学掾史春秋飨射常祠之。"②说明杨厚祖孙三代皆长于图谶，以黄老之道"教授门生"，其徒众有三千多。死后，人们立庙祠之。其行径，和道徒方士也相差不远了。《华阳国志》卷十中称：其"弟子雒昭约节宰，绵竹寇欢文仪，蜀郡何苌幼正、侯祈升伯，巴郡周舒叔布，及任安、董扶等，皆征聘辟举，驰名当世"③。《后汉书·任安传》说："任安字定祖，广汉绵竹人也。少游太学，受《孟氏易》，兼通数

---

① 《后汉书》第10册，第2724页。
② 《后汉书》第4册，第1047—1050页。
③ 任乃强：《华阳国志校补图注》，第562页。

经。又从同郡杨厚学图谶,究极其术。……学终,还家教授,诸生自远而至。"① 足见其影响甚大,门徒亦不少。在他们的影响下,蜀中的今文道术之风,非常盛行。如何英(字叔俊,郫县人)、孙汶(字景由)、何宗(字彦英,任安弟子,郫县人)、杜琼(字伯瑜,成都人,任安弟子)、杨宣(字君纬,什邡人)、冯颢(字叔宰,鄾人,杨厚弟子)、翟酺(字子超,广汉雒人,段翳弟子)、谅(一作梁)辅(字汉儒,新都人)、景鸾(字汉伯,梓潼人)、杜微(字国辅,梓潼涪人,任安弟子)、周群(字仲直,巴西阆中人)、张裕(字南和,蜀郡人)、李譔(字钦仲,梓潼涪人)等,皆一时之彦。故《三国志·蜀志·尹默传》与《华阳国志》卷十下均说:"益部多贵今文,而不崇章句。"② 足见当时四川地区的风气所在。其中,如杨厚及其弟子冯颢以及折像、翟酺等,不仅以图谶术数著称,且修黄老之道,其徒众甚多。这二者的结合,正是道教产生的最佳的气候和土壤。因此,五斗米道在这样的环境中诞生,绝非偶然。事实表明,今文经学乃是儒学的宗教化,它和神仙方术一样,与宗教在本质上已经没有多大的差别,均为道教的形成提供了方便。这个情况,从汉武帝时的董仲舒开始,就已经非常明显。董仲舒《春秋繁露》一书,便是以神秘的阴阳五行思想附会儒家的经典,与道教的经典非常相似,并创造求雨止雨仪式,登坛祈祷作法,弄神说怪,简直分辨不出他是儒生还是巫师或道士。近人章太炎在谈到这个问题时说:"及燕齐怪迂之士兴于东海,说经者多以巫道相糅。故《洪范》旧志之一耳,犹相与抵掌树颊,广为抽绎。伏生开其源,仲舒衍其流。是时适用

---

① 《后汉书》第 9 册,第 255 页。
② 《三国志》第 4 册,第 1026 页;《华阳国志校补图注》,第 613 页。

少君、文成、五利之徒，而仲舒亦以推验火灾，救旱致雨，与之校胜；以经典为巫师豫记之流，而更曲傅《春秋》，云为汉氏制法，以媚人主而棼政纪。昏主不达，以为孔子果玄帝之子，真人尸解之伦。谶纬蜂起，怪说布彰……则仲舒为之前导也；……夫仲舒之托于孔子，犹宫崇、张道陵之托于老聃。"① 在董仲舒之后，到西汉末年和东汉时候，谶纬之学更为繁炽，造谶已成为儒生的专业，他们以阴阳五行学说为根据，集合古今一切神怪说法和妖妄言辞，索隐行怪，荒诞离奇，并云孔子所作，把孔子神化为超人的教主。谶以辅纬，纬以配经，故谓之纬书或秘经，也就是所谓的"内学"。其中许多内容，都直接为道教所承袭，为道书所吸取，是形成道教的思想渊源之一。东汉时候的四川，既是"内学权威"的所在地，也是出产神仙方士较多的地方，因此，五斗米道在这里发源，便一点也不奇怪了。

第二，是和当时西南地区少数民族中的神仙方术和巫术的盛行有关。在巴蜀的少数民族中，本有长生修仙思想。据《后汉书》卷八十六《南蛮西南夷列传》载称："莋都夷者，武帝所开，以为莋都县（治所在今汉源县东北）。……土出长年神药，仙人山图所居焉。"② 这位居住在有"长年神药"的少数民族地区的"仙人山图"，在刘向《列仙传》里也有记载。同书注引《列仙传》说："山图，陇西人。好乘马，马蹋折脚，山中道士教服地黄、当归、羌活、玄参，服一年，不嗜食，病愈身轻。追道士问之，自云：'五岳使人，之名山采药。能随吾，汝便不死。'山图追随，人不复见。六十余年，一旦归来，行母服于冢间。期年复去，莫知所之也。"③

---

① 《太炎文录二·驳建立孔教议》。
② 《后汉书》第10册，第2854页。
③ 《后汉书》第10册，第2854页。

巫术是道术的一部分。《后汉书·方术列传》所载樊英含水扑灭成都市火①，实为模拟巫术；费长房等人役使鬼神，左慈的变现鲈鱼，均起于交感巫术。以符咒为主要道术的五斗米道，也带有浓厚的巫术色彩，这与巴蜀地区少数民族盛行的巫术有着密切的关系。据《后汉书·南蛮西南夷列传》记载，当时西南一带的少数民族"俗好巫鬼禁忌"②，巴郡南郡蛮"俱事鬼神"③；《华阳国志》卷九《李特雄期寿势志》称：賨人（即巴人）"俗好鬼巫"④，而五斗米道也被人称"米巫"或"鬼道"。"建安十年（205）三月上旬造"的《汉故领校巴郡太守樊府君碑》⑤即称五斗米道为"米巫"。《后汉书·灵帝纪》称巴郡五斗米道首领张修为"妖巫"或"巫人"⑥。《华阳国志》卷二《汉中志》说：张鲁"以鬼道见信于益州牧刘焉"，又"以鬼道教"⑦。《后汉书·刘焉传》也说：张鲁的母亲"兼挟鬼道"⑧。正因为这里巫术盛行，所以，《晋书·李特传》说："汉末，张鲁居汉中，以鬼道教百姓，賨人敬信巫觋，多往奉之。"⑨ 这便说明：一方面，巴蜀地区少数民族盛行巫术，为方士活动和五斗米道的创立提供了很好的条件；另一方面，五斗米道采取"鬼道"的某些方式传教，易为广大少数民族群众所接受，从而扩大了教势。《后汉书·刘焉传》在谈到张鲁的五斗米道时说："民夷信向。"⑩《三国志·张鲁传》在谈到他的五斗米

---

① 《后汉书·樊英传》，第10册，第2722页。
② 《后汉书》第10册，第2845页。
③ 《后汉书》第10册，第2840页。
④ 任乃强：《华阳国志校补图注》，第483页。
⑤ 陈垣：《道家金石略》，文物出版社，1988年，第5页。
⑥ 《后汉书》第2册，第349页。
⑦ 任乃强：《华阳国志校补图注》，第72页。
⑧ 《后汉书》第9册，第2432页。
⑨ 《晋书》，第10册，中华书局，1974年，第3022页。
⑩ 《后汉书》第9册，第2436页。

道时亦说：" 民夷便乐之。"①《华阳国志·汉中志》在谈到张鲁的五斗米道时也称："巴、汉夷民多便之。"② 正是说的后一种情况。向达先生认为："张陵在鹤鸣山学道，所学的道即氐羌族的宗教信仰，以此为中心思想，而缘饰以老子之五千文。"③ 蒙文通先生亦认为，"五斗米道，又称天师道……盖原为西南少数民族之宗教"。他又说："五斗米道，原流行于西南少数民族。"④ 由此可见，五斗米道的创立和传播，都与巴蜀地区少数民族的宗教信仰是分不开的。事实表明，五斗米道不仅在汉民族中传播，也在少数民族中传播，而且都同时受到了欢迎和拥护。所以张鲁在汉中利用五斗米道起义时，少数民族也积极参加了起义。《华阳国志·汉中志》说："鲁率巴夷王杜濩、朴胡、袁约等叛。"⑤ 在汉中建立了政教合一的地方政权。建安二十年（215），曹操率十万大军进攻张鲁，三月至陈仓，"将自武都入氐，氐人塞道，先遣张郃、朱灵等攻破之"。夏四月，自陈仓以出散关，"至河池，氐王窦茂众万余人，恃险不服"，曹操攻屠之⑥。表明当时少数民族为捍卫张鲁政教合一的政权，曾进行过英勇的斗争。这些事实，也说明了张陵的五斗米道，对于少数民族是平等看待的，这从许多道书中都可看到这一点。例如《正一法文天师教戒科经·天师教》说："今故下教作七言……走气八极周复还，观视百姓夷胡秦，不见人种但尸民。"⑦ 在这里，"夷胡秦"是同等并列的。这个思想，在

---

① 《三国志》第 1 册，第 263 页。
② 任乃强：《华阳国志校补图志》，第 72 页。
③ 向达：《南诏史略论》，见氏著《唐代长安与西域文明》，生活·读书·新知三联书店，1957 年，第 175 页。
④ 蒙文通：《蒙文通文集》第一卷，第 315—316 页。
⑤ 任乃强：《华阳国志校补图注》，第 72 页。
⑥ 《三国志》卷一《武帝纪》，第 1 册，第 45 页。
⑦ 《道藏》第 18 册，第 238 页。

《五斗经》中也同样反映出来。如在《太上玄灵北斗本命延生真经》里指出，对于"或……生在中华，或生夷狄之中，或在蛮戎之内"的"众生"，都是一体对待的，同样使他们"心修正道，渐入仙宗"，即都可以"超升成道"①。又《正一法文太上外箓仪》也说："四夷云：'某东西南北四方荒外，或某州郡县山川界内夷狄羌戎姓名，今居某处，改姓某，易名某，年岁某月日时生，叩搏奉辞：先因丑恶，生出边荒，不识礼法，不知义方，矗秽之中，善根未绝。某年月日时，为某事，随某事得来中国，闻见道科，弥增喜跃，含忎愿活，凭真乞生，依法赍信，奉辞以闻。伏愿明师特垂矜副，谨辞。'"② 这也证明"四夷"亦可入道受箓。故五斗米道不仅是汉民族的宗教，它也吸收了西南少数民族原始宗教的成分，并同样吸收少数民族入道，因而也是西南少数民族所信仰的宗教之一。这也是它在巴蜀地区发生和发展的一个重要原因。

三、巴蜀地区是早期道教两次政治实践的根据地

道教有很丰富的政治思想，非常值得我们系统地研究。王明先生在晚年所留下的遗作《道家与传统文化研究》一书的《自序》中即明确地指出，"道教与政治思想的关系"，是一个"首先值得特别注意"的问题。他说："东汉早期道教的形成，像太平道、五斗米道，都与当时的社会政治密切相关。汉末农民起义军黄巾的领袖就是太平道的创始人张角。五斗米道也参加当时的反抗封建

---

① 《道藏》第17册，第5、9页。
② 《道藏》第32册，第207页。

统治的活动。这些绝不是偶然发生的现象。早期道教经典《太平经》里还保存着一些宝贵史料，反映当时农民的愿望，如主张自食其力，反对残酷剥削，劝人救穷周急等。这是道教典籍里极其罕见的思想言论，在尔后神仙道教的发展史上，再也不见这样类似的进步议论了。"① 王先生的这些语重心长的话，可说是给我们道教研究者留下的宝贵遗嘱，应当认真对待。特别是，早期道教在政治思想方面，不仅留下有丰富的思想言论，而且还有将他们的思想言论付诸行动的政治实践。在这些政治实践中，他们凭借其前后两次所建立的政教合一的地方割据政权用以全面推行他们的政治主张，并取得了成效，更具有十分重要的典型意义，是我们研究道教政治思想的活样板和宝贵资料。这两个政教合一的地方割据政权，就是指由张鲁于东汉末年在汉中地区所建立的政权和由李雄于西晋末年在成都地区所建立的政权。据《后汉书·郡国志》的记载：东汉时候的汉中地区，乃是属于益州②，故二者均在巴蜀的范围。

　　据史书记载，东汉末年，张鲁据守汉中以后，即"以鬼道教民，自号'师君'。其来学道者，初皆名'鬼卒'。受本道已信，号'祭酒'。各领部众，多者为治头大祭酒。皆教以诚信不欺诈，有病自首其过"。"不置长吏，皆以祭酒为治。"③ 实行政教合一，即以五斗米道来推行其治理，并十分注重对民众的道德伦理思想的培养和教育，要求他们要以"诚信不欺诈"作为自己的信条。此外，他还叫"诸祭酒各起义舍于路"，在大路上设立公共宿舍，供过路的人住宿，里面备有义米、义肉，让"行路者量腹取足"，

---

① 王明：《道教与传统文化研究》，中国社会科学出版社，1995年，第8页。
② 《后汉书·志第二十三》"郡国五"，第12册，第3505页。
③ 《三国志》卷八《张鲁传》，第1册，第263页。

不收任何费用。民有不老实隐瞒了自己的小过的，罚修路一百步就算了①。犯了法的，以说服教育为主，先原谅三次，不给处分，再不改正，仍继续犯法的，然后乃行刑。"又依月令，春夏禁杀"生物，又禁止酿酒②。东汉后期，在封建统治者残酷的剥削和压迫下，广大农民大批破产，流离失所，痛苦不堪，对比之下，张鲁这些政治和经济的措施，不仅深深地受到广大汉族人民群众的拥护和支持，而且还得到巴夷少数民族的拥护和支持。所以，范晔和陈寿也不得不同声称赞说"民夷信向"③或"民夷便乐之"④"朝廷不能讨"⑤。张鲁以五斗米道雄踞汉、川将近三十年，汉中成了人民群众避难的"乐土"，关西人民逃来避难的前后达数万家之多。建安二十年（215），曹操亲自率领十万大军西征张鲁，遭到当地少数民族氐人的顽强抵抗，最后终于寡不敌众，全部被曹操所屠杀。尽管最后张鲁是向曹操投降了，但从当时他的那些政治和经济措施所取得的实际效果来看，应当说这是早期道教所进行的一次成功的政治实践。

西晋时在汉川地区领导流民起义的李特、李雄，其祖辈本属信奉张鲁五斗米道的巴西宕渠（故城在今四川渠县东北）之賨民。"张鲁居汉中，以鬼道教百姓，賨人敬信；值天下大乱，自巴西之宕渠移入汉中。"在曹操消灭张鲁的汉中政权以后，其曾祖李虎即与张鲁之教的信奉者"杜濩、朴胡、袁约、杨车、李黑等移于略阳北土，复号曰巴氐"⑥。永宁元年（301）十月，当李特起义时，

---

① 《太平经》有"修道路，取兴大道，以类相占，渐置（至）太平"（王明：《太平经合校》，中华书局，1960年，第15页）的说法，可用以说明修路补过的宗教意义。
② 在《太平经》里，也有"禁酒"的主张，这可能与当时粮荒这一社会现实有关。
③ 《后汉书·刘焉传》，第9册，第2436页。
④ 《三国志》第1册，第263页。
⑤ 《后汉书·刘焉传》，第9册，第2436页。
⑥ 任乃强：《华阳国志校补图注》，第483页。

即"与蜀民约法三章,施舍赈贷,礼贤跋滞,军政肃然,蜀民大悦"①。与当时西晋王朝的平西将军益州刺史罗尚的专横跋扈、为非作歹、无恶不作,到处"杀流人首领,取其资货",并"于诸要施关,搜索宝货"②,为蜀所恨的状况,形成了鲜明的对比。故蜀民称:"尚之所爱,非邪则佞;尚之所憎,非忠则正。富拟鲁卫,家成市里;贪如豺狼,无复极已。"李特起义后,他们又为歌谣说:"蜀贼尚可,罗尚杀我;平西将军,反更为祸。"③ 在广大四川人民的支持下,李特所率领的起义军于太安二年(303)正月即攻占了成都少城。"惟取马以供军,余无侵掠"④,纪律严明,居民安堵。在李特壮烈牺牲之后,其子李雄统领部众,继续坚持斗争,经过浴血奋战,于同年闰十二月攻入成都,罗尚弃城夜遁,李雄遂占领益州。永兴元年(304)冬十月,李雄自称成都王。永兴二年(305)六月称帝⑤,国号大成。传至三世李寿,改国号为汉,故史称成汉。这次起义之所以胜利,巴氐李氏之所以建国,与青城天师道首领范长生的积极支持是分不开的。李范二氏之间,本有宗教信仰的联系,当李特于新繁战败被杀,义军处于官军几路进攻之中,加上义军粮食匮乏,士众饥困,情况非常危急之际,范长生便及时出来支持义军,对于挽救这一危机,起了极为重要的作用。李雄在范长生的支持下继续率领义军攻入成都建立政权之后,本欲迎立范长生为君"而臣之",但因"长生固辞",并"劝雄称尊号",而"诸将"亦"固请雄即尊位",雄乃"即帝

---

① 《资治通鉴》卷八十四"晋惠帝永宁元年十月"。
② 《晋书》卷一百二十《李特载记》,《晋书》第10册,第3025页。
③ 《晋书》卷五十七《罗宪传附尚传》,《晋书》第5册,第1552也。
④ 《资治通鉴》卷八十五"晋惠帝太安二年正月"。
⑤ 《华阳国志》《资治通鉴》为光熙元年六月。——编者

位",尊范长生为"四时八节天地太师",拜为丞相。李雄在位三十年,在范长生的辅助下,刑政宽和,事役稀少,甚得人民的拥护。史称其"虚己受人,宽和政役。远至迩安,年丰谷登,乃兴文教,立学官。其赋,男丁一岁谷三斛,女丁一斛五斗,疾病半之。户调,绢不过数丈,绵不过数两。事少稀役,民多富实。至乃闾门不闭,路无拾遗,狱无滞囚,刑不滥及"①。而且"国无威仪,官无禄秩,班序不别,君子小人服章不殊"②,废除了封建王朝那一套繁文缛节的朝仪和森严的等级,保持了劳动人民平等质朴的作风。特别是他不仅"兴学校,置史官",而且还在"听览之暇,手不释卷"③。足见他对文化教育事业的高度重视,并能够以身作则。"由是夷夏安之,威震西土。时海内大乱,而蜀独无事,故归之者相寻。"④ 可见,这个从农民起义中产生出来的成汉政权,完全和张鲁雄踞汉川时的"民夷便乐"情况一样,成了当时全国战乱纷争之中的乐土,为少数民族和汉族广大人民所共同向往,这可说是早期道教所进行的又一次成功的政治实践。这次政治实践,从李特以西晋永宁元年(301)起兵,至东晋穆帝永和三年(347)三月李势为晋大司马桓温所灭,凡经六世四十七年,故成汉政权存在的时间比张鲁政权存在的时间还长。特别值得注意的是,早期道教前后两次政治实践所推行的一些具体措施,都和《太平经》的一些主张颇为相似,这一些情况说明王明先生嘱咐我们在研究道教思想史的时候,道教的政治思想是一个"首先值得特别注意"的问题,的确是非常正确的。

---

① 任乃强:《华阳国志校补图注》,第485页。
② 《晋书》卷一百二十一《李雄载记》,《晋书》第10册,第3040页。
③ 《晋书》卷一百二十一《李雄载记》,《晋书》第10册,第3040页。
④ 《晋书》卷一百二十一《李雄载记》,《晋书》第10册,第3040页。

四、巴蜀地区历代神仙人物的传说与著名道士和道教学者甚多

自古以来，即有蜀国多仙山之称，在巴山蜀水之间，历代神仙人物的传说甚多，除前面所介绍的《山海经》中各种有关巴蜀地区的神仙人物的传说之外，在记载四川古代历史的一些著作中，还有不少关于巴蜀开国君主的一些神话故事。如《蜀王本纪》说："蜀王之先名蚕丛，后代名曰柏濩，后者名鱼凫。此三代各数百岁，皆神化不死，其民亦颇随王化去。王猎至湔山便仙去，今庙祀之于湔。"① 关于蚕丛，民间还传说他在位期间曾教民蚕桑，死后遂成为青衣神。《三教搜神大全》卷七对此记载说："青衣神即蚕丛氏也，按传，蚕丛氏初为蜀侯，后称蜀王，尝服青衣巡行郊野，教民蚕事。乡人感其德，因为立庙祀之，祠庙遍于西土，罔不灵验，俗概呼之曰青衣神，青神县亦以此得名。"② 按照当地的传说，青神县乃蚕丛的出生之地，他主要活动的地带叫青衣江。他死后，青羌人民将其葬于瓦屋山，并修建了巨大的庙堂以祀奉之，叫作"青衣之祀"。

《蜀王本纪》又说："后有一男子名曰杜宇，从天坠止。朱提有一女子名利，从江原地井中出，为杜宇妻。宇自立为蜀王，号曰望帝，治汶山下邑郫，化民往往复出。望帝积百余岁，荆有一人名鳖灵，其尸亡去，荆人求之不得。鳖灵尸至蜀复生，蜀王以为相。时玉山出水，若尧之洪水，望帝不能治水，使鳖灵决玉山，

---

① 〔宋〕李昉等编：《太平御览》卷八百八十八《妖异部四·变化下》，第4册，中华书局，1960年，第3944页。
② 胡道静等主编：《藏外道书》，第31册，巴蜀书社，1984年，第749页。

民得陆处。……帝自以薄德不如鳖灵,委国授鳖灵而去,如尧之禅舜。鳖灵即位,号曰开明。"①

关于巴蜀开国君主的一些传说,在晋人常璩所撰的《华阳国志》里亦有类似的记载:"周失纪纲,蜀先称王。有蜀侯蚕丛,其目纵,始称王。死,作石棺、石椁。国人从之。故俗以石棺椁为纵目人冢也。次王曰柏灌。次王曰鱼凫。鱼凫王田于湔山,忽得仙道。蜀人思之,为立祠于湔。后有王曰杜宇,教民务农,一号杜主。时朱提有梁氏女利,游江源。宇悦之,纳以为妃。移治郫邑,或治瞿上。巴国称王,杜宇称帝,号曰望帝,更名蒲卑。……会有水灾,其相开明,决玉垒山以除水害。帝遂委以政事,法尧舜禅授之义,禅位于开明。帝升西山隐焉。时值二月,子鹃鸟鸣,故蜀人悲子鹃鸟鸣也。巴亦化其教而力农务。迄今巴蜀民,农时先祀杜主君。"② 杜,古与土同音。1949年前四川各县城乡皆有土主庙,或称川主庙,其神即杜宇,大都为农民所敬奉。民间又传说,子鹃鸟为杜宇死后魂魄所化,故又称杜鹃,或直称杜宇,又名子规,又叫蜀魄,一名布谷,盖以此鸟为农候之鸟,其鸣声乃系此王教民务农,故有此称。杜甫曾作《杜鹃行》,中有"君不见,昔日蜀天子,化作杜鹃似老乌"之句。又作《杜鹃》诗云:"我昔游锦城,结庐锦水边。有竹一顷余,乔木上参天。杜鹃暮春至,哀哀叫其间。我见常再拜,重是古帝魂。"可见,这类神话故事,在民间是十分广泛而持久的。根据以上这些记载,可知巴蜀的开国历史,即与神仙人物是分不开的。

此外,还有一些直接或间接地与天师道历史相关的神话传说,

---

① 〔宋〕李昉等编:《太平御览》卷八百八十八《妖异部四·变化下》,第4册,第3944—3945页。
② 任乃强:《华阳国志校补图注》,第118页。

如《一统志》称：黄帝时人的宁封，"隐居青城山丈人峰下，黄帝从之问道。自唐以来号五岳丈人储福宣命真君"①。刘向《列仙传》亦载其事说："世传为黄帝陶正，……积火自烧，而随烟气上下，视其灰烬，犹有其骨，时人共葬于宁北山中，故谓之宁封子焉。"②《列仙传》里，还有一个陆通和一个葛由，都是较早在峨眉山的长生成仙者，据称："陆通者，云楚狂接舆也。好养生，食橐庐木实及芜青子，游诸名山，在蜀峨眉山上，世世见之，历数百年去。"又云："葛由者，羌人也。周成王时，好刻木羊卖之。一旦骑羊而入西蜀，蜀中王侯贵人追之上绥山，绥山在峨眉山西南，高无极也，随之者，不复还，皆得仙道。……山下立祠数十处云。"前已说明，这种羌族的宗教信仰，与后来张陵的创教当有一定的关系。《蜀王本纪》又说："老子为关令尹喜著《道德经》，临别曰：'子行道千日后，于成都青羊肆寻吾。'"北宋乐史编著的《太平寰宇记》亦称：老子为关尹喜作《道德经》上、下二卷之后，"老子与关尹喜别，约曰：'千日外，寻我于蜀中青羊之肆。'今为青羊观"。所谓青羊观，即是现今成都的青羊宫。唐乐朋龟所题《四川青羊宫碑》则说："青羊肆者，按本纪则太上玄元大帝第二降生之所。"在巴蜀地区，不仅有老子与关尹喜相约于成都市青羊肆的传说，还有老子与张陵相会于成都玉局治的传说。如编纂于北周宇文邕建德六年（577）的《无上秘要·正一炁治品》称："玉局治，上应鬼宿。昔永寿元年（155）正月七日，太上老君乘白鹿，张天师乘白鹄来此，坐局脚玉床，即名。玉局治，在成都南门左。"中唐道士王悬河所修《三洞珠囊》卷七"二十四治品"亦称："玉

---

① 转引自〔清〕常明等纂修：《四川通志》卷一百六十六，第7册，巴蜀书社，1984年，第4935页。
② 〔汉〕刘向：《列仙传》，上海古籍出版社，1990年，第1页。

局治,在成都南门左二里,以永寿元年(155)正月七日,太上老君乘白鹿,张天师乘白鹄来此,坐局脚玉床,即玉局治也。"玉局治是张陵创教时所建的二十四治之一,地点在今成都南门外万里桥(原名长星桥)附近。唐代在玉局治所在的地方修建了玉局观,宋真宗大中祥符七年(1014)重修。大中祥符八年(1015)十二月,彭乘《修玉局观记》说:"益州玉局化者,二十四化之一也。传云后汉永寿中,老君与张道陵至此,有局脚玉座自地而出,老君升坐为道陵演正一之法,既去而座隐入地,因成洞穴,故以玉局名之。"这里应当指出,在《无上秘要》和《三洞珠囊》等中唐以前的道书中,仅有老子与张陵相会于此的记载,并无其他内容,而北宋彭乘则称这次会见是老子"为道陵演正一之法",到南宋祝穆所编《方舆胜览》卷五十一"成都府"在介绍"玉局观"时,则云:"老君升坐,为张道陵说《南斗北斗经》。"其余记载大体相同。

四川地区不仅是五斗米道的发源地,而且还是李家道的发源地,故这里的许多神话传说,不仅与早期天师道有关,而且还和李家道也有密切的关系。据葛洪《抱朴子内篇·道意卷第九》的记载,李家道是由蜀中传到江南的,时间是在吴大帝时(222—252)。为首者是李阿和李宽,他们崇拜"李八百",或号八百岁公,或径称李八百。葛洪《神仙传》卷三《李阿传》说:"李阿者,蜀人也。蜀人传世见之,不老如故。常乞食于成都市,而所得随复以拯贫穷者。夜去朝还,市人莫知其所宿也。或问往事,阿无所言,但占阿颜色。若颜色欣然,则事皆吉;若颜色惨戚,则事皆凶;若阿含笑者,则有大庆;微叹者,则有深忧。如此之候,未曾不审也。"此与《道意篇》的记载完全相同。接着又说:"有古强者,疑阿是异人,常亲事之,试随阿还所宿,乃在青城山中。……强年十八,见阿色如五十许人;至强年八十余,而阿犹如故。后语人云:被昆仑山召,当去,遂不复还耳。"另据《云笈七签》卷二十八《二十四治》下八品第五平冈治注:"山在蜀州新津县,去成都一百里,昔蜀郡人李阿于此山学道得仙。"又《道意篇》谓李阿"号为八百岁公",并称:"后有一人姓李名宽,到吴而蜀语,能祝水治病颇愈,于是远近翕然,谓宽为李阿,因共呼之为李八百,而实非也。自公卿以下,莫不云集其门,后转骄贵,不复得常见,宾客但拜其外门而退,其怪异如此。于是避役之吏民,依宽为弟子者近千人,而升堂入室高业先进者,不过得祝水及三部符、导引、日月行炁而已,了无治身之要、服食神药、延年驻命、不死之法也。"又说:"吴曾有大疫,死者过半。宽所奉道室,名之为庐,宽亦得瘟病,托言入庐斋戒,遂死于庐中。而事宽者犹复谓之化形尸解之仙,非为真死也。"从其"到吴而蜀语",显然这个李宽也原本是蜀人后来到吴地去传道的。又从其传道方式是以祝水神符为人治病和设置"道庐"等情况来说,这个李家道与张陵的天师道颇相类似,与葛洪主张的以炼丹服食求长生不死、成为神仙的金丹道派不同,故葛洪甚鄙视之,称"其术至浅",并指责其为"妖道","亦皆宜在禁绝之列"。从葛洪的叙述来看,李宽死后,李家道在东晋葛洪时候仍在江南盛行,因此他说:"余亲识多有及见宽者。"又说:"宽弟子转相教授,布满江表,动有千许。"足见其信从者不少。这里值得注意的是,李阿与李宽均为蜀人,均号称李八百,尽管后者是被人误认,但说明了李家道是发源于四川,并与四川的李八百这个神仙人物有密切的关系。这个李八百或许就是这个道派的始祖,故其信徒皆打着李八百的旗号,或以此为号召。李八百又作李八伯,《云笈七签》卷二十八《二十四治》中八品第一昌利治注云:"山在怀安军金堂县东四十里,去成都一百五十里,昔蜀郡李八伯初学道处。八伯,唐公房之师也,游行蜀中诸名山,常自出戏于成都市,暮宿于青城山上,故号李八伯也。"将这一条与上引平冈治注联系起来看,可知李阿与李八伯学道之处,均属张陵"二十四治"之一,这说明李家道与天师道当有一定的联系。另据葛洪《神仙传》卷三《李八伯传》说:"李八伯者,蜀人也。莫知其名,历世见之,时人计之,已年八百岁,因以号之。或隐山林,或在廛市。"并述其以"度世之诀"和"《丹经》一卷"传授其弟子唐公房(一作昉)等事。由于他的行踪不定,关于他的神话传说也愈来愈多,且愈来愈离奇。《四川总志》又称:"李八百,蜀人,初居筠阳之五龙冈,历夏商周,年八百,一云动则八百里,时人因号李八百。……周穆王时,居金堂山,号紫阳真君,其遂得仙。封妙应真人。"这里对"八百"之号,除云"年八百"之外,又提了因"动则八百里"而来,此与南宋陈葆光《三洞群仙录》卷十二所引《神仙传》佚文的说法相同,在这里亦说:"神仙李八百,动则八百里。"但与今本《神仙传》有异。按《瑞州府志》称:"李八百,《续仙传》云蜀人,后来高安,名真,尝得仙术,自称年八百余岁,故人以为号。又相传白鹿先生谓陈抟曰:神仙李八百,动辄八百里,二说未详孰是。"由此可知,关于"李八百"称号的来历,历来即说法不一,因本系神话传说,固不足以详究其实也。或许本为"李八伯",传为"李八百",于是"八百里"与"八百岁"的附会,因以滋生。但不管"八百里"与"八百岁"的分歧如何,其为蜀人所崇奉的一位神仙人物,则是一致的。而这些说法不一的传说,也许正是四川地区对这位神仙人物的各种偶像崇拜的反映。据《集仙录》载:"李真多神仙,李脱妹也。脱居蜀金堂山龙桥峰下修道,蜀人历代见之,约其往来八百余年,因号曰李八百焉。……真多随兄修道，居绵竹中，今有真多古迹犹在。"《瑞州府志》又说："李明香，李八百女弟也。初修行于华林山之元秀峰，后于五龙冈冲举，苏诗有'弟妹还应共一家'之语。"这个与李脱有关的李八百的神仙故事，究竟有无真实性，难于考定。但东晋初年，确有道士名李脱，号称李八百者。《晋书》卷五十八《周札传》对此有详细的记载，而且还说，这位李脱有个"弟子李弘，养徒灊山（今安徽霍山），云应谶当王"，因与李脱"谋图不轨"，准备起义，失败被诛。这个李弘是否为托名，因史无明文，故不得而知。如果按照道书的记载，则李弘是"真君"，又称"木子弓口"，且已成为当时利用道教领导农民起义之领袖的代名词，为数甚众。这些李弘，显然并不一定都是李脱的弟子，但和道教却有一定的联系。北魏时，寇谦之在《老君音诵诫经》里假借老君的口吻指责说："世间诈伪，攻错道经，惑乱愚民，但言老当治，李弘应出，天下纵横返逆者众，称名李弘，岁岁有之。"据史书所载，以李弘名义起事者，上起东晋，下迄于隋，上下二百余年之间，遍及安徽、山东、四川、湖北、陕西、甘肃、河南各地，时间如此之久，地域如此之广，且从汉族到少数民族皆有之。可见，这个发源于四川、最早是以四川神仙人物李八百为崇拜对象的李家道，在当时群众中的影响是非常广泛的。

巴蜀地区除有上面所介绍的众多神仙人物的传说和道派领袖人物的一些活动外，历代著名的道士和道教学者的数量更是非常众多，不胜枚举，这里仅选介部分如下：

1. 李意其。据《三国志》卷三十二《先主传第二》注引葛洪《神仙传》说："仙人李意其，蜀人也。传世见之，云是汉文帝时人。先主欲伐吴，遣人迎意其。意其到，先主礼敬之，问以吉凶。意其不答而求纸笔，画作兵马器仗数十纸已，便一一以手裂坏之；

又画作一大人,掘地埋之,便径去。先主大不喜。而自出军征吴,大败还,忿耻发病死,众人乃知其意。其画作大人而埋之者,即是言先主死意。"① 今本《神仙传》卷十有传,但作"李意期",其行迹与李阿类似,或许也属李家道的道士。

2. 邵硕。据《南史》卷四十三《齐始兴简王鉴传》载:"自晋以来,益州刺史皆以良将为之。宋泰始(465—471)中,益州市桥忽生小洲,道士邵硕见之,曰:'当有贵王临州。'刘亮为刺史,斋前石榴树陵冬生华,亮以问硕,硕曰:'此谓狂华,宋诸刘灭亡之象。后二年君当终,后九载宋当灭。灭后有王胜意来作此州,冀尔时蜀土平。'硕始康人,元徽二年(474),忽告人云:'吾命终。'因卧而死。后人见硕在荆州上明,以一支故履缚左脚,而行甚疾,遂不知所之。永明二年(484),(南齐)武帝不复用诸将为益州,始以鉴为益州刺史、都督益宁二州军事,加鼓吹一部。'胜意'反语为'始兴',硕言于此乃验。"②

3. 李珏、赵昱。据《一统志》载:隋李珏,"蜀人,隐青城山,为道士,后仙去。唐明皇时封祐应保慈先生"。又据柳宗元《龙城录》称:赵昱"字仲明,与兄冕俱隐青城山,事道士李珏,炀帝知其贤,征召不起,督让益州太守强起。昱至京师,縻以上爵,不就,乞为蜀太守,帝从之,拜嘉州太守。时犍为潭中有老蛟为害日久,人患之"。昱莅政之后,即"持刀没水,顷刻江水尽赤,石岸半崩,吼声如雷,昱左手持蛟首,右手持刀,奋波而出,州人事为神明。隋末大乱,以隐去,不知所终。太宗时,嘉陵涨溢,水势汹然,蜀人思昱。顷之,见昱青雾中,骑白马,从数猎

---

① 《三国志》第4册,第891页。
② 《南史》,第4册,中华书局,1975年,第1086页。

者,见于波面。眉山太守上章,赐封神勇大将军,庙食灌江口,岁时民疾病祷之,无不应。上皇幸蜀,加封赤城王,又封显应侯。昱斩蛟时,年二十六"。

4. 刘知古。字光玄,四川临邛(今邛崃)人,唐高宗龙朔(661—663)中出家为太清观三洞道士,修行上清大法。睿宗召见,问道家事,对答称旨。明皇开元(713—741)中,以治疫而功垂天下。天宝十五年(756),诏知古于大内建醮,久之,乞还蜀,以其居改名大千秋观,上亲书额赐之。知古兄业儒,弟崇信佛教,因设三教像于观内,供奉事之,燕国公张说作《三教铭》以赞之。遇异人于蜀中,授以《上清隐文》《高奔上道》之要。又得魏伯阳《周易参同契》,较早地将《参同契》理论用于指导内修。结合成丹体验,撰《日月玄枢篇》,阐述丹道秘法,载《全唐文》第三百三十四卷。《历世真仙体道通鉴》卷三十二有传。

5. 程太虚与谢自然。据《历世真仙体道通鉴》卷四十二《程太虚传》称:程太虚为四川果州西充人,幼好道,节操不类于常人。年十五,登所居之东山,飘然有凌虚意。年十八,恃怙俱失,弃资产,居南岷山,"绝粒坐忘,动逾岁月"。"得碧玉印两钮,每岁农人乞符箓祈年,以印印之,则授者愈丰阜。""有女道士谢自然授法箓印讫,则密收之。一日失所在。"唐宪宗元和四年(809)卒。程太虚的道法中,既有上清经法的"坐忘"之类,又有天师道的符印,可见他已经融合了各家的道法。

又据《太平广记》卷六十六引《集仙录·谢自然传》说:谢自然,其先兖州人。父寰,居四川果州南充。其家在大方山下,顶有古像老君,自然因拜礼,不愿却下。母从之,乃徙居山顶。自此常诵《道德经》《黄庭内篇》。贞元三年(787)三月,于开元观诣绝粒道士程太虚,受五千紫灵宝箓。另据《历世真仙体道通鉴后集》卷五《谢自然传》说他年四十,出游青城、大面、峨眉、三十六靖庐、二十四治。不久离蜀,历京洛,抵江淮,凡有名山洞府灵迹之所,无不辛勤历览。后闻天台道士司马承祯居玉霄峰,有道孤高,遂诣之,师事承祯三年,遂传授上清法。后归蜀,于果州南充金泉山修道功成,唐德宗贞元十年(794)去世。

如果说,隋及初唐,巴蜀一带尚有浓郁的张鲁米道遗风,那么,从刘知古所行上清大法以及程太虚的道法和谢自然所传授的法箓来看,至迟在唐玄宗时,上清经法已在蜀中流传,并和原有的道法交融在一起了。

6. 杨通幽。据《仙传拾遗》载:杨通幽"本名什伍,什邡人,驱毒厉,翦氛邪,禳水旱,致风雨,是皆能之,而木讷疏傲,不拘于俗,其术数变异,远近称之"。及杨贵妃死于马嵬坡之后,唐玄宗"属念贵妃,往往辍食忘寝。或云什伍有考召之法,征至,行朝置场,以行其术。九地之下,九天之上,遍访不知其处。至三日夜,奏于东海蓬莱之顶,有上元女太真者,即贵妃也,谓什伍曰:'圣上此后一纪,自当相见,愿善保圣体,无复念也。'取开元中所赐金钗钿盒各一半、玉龟子一,寄以为信。什伍引进,上赐名通幽,问其所受。曰:'臣师乃西城王君,青城真人。'又问升天入地。曰:'得道之人,入火不热,入水不濡,蹑虚如履实,触实如蹈虚。所以然者,形与道合,道无不在,毫芒之细,万物之众,道皆居之。'上善其对。居数载,登后城山,葺静室于其顶。一旦与群真俱去"。白居易的《长恨歌》亦称引其事,内容与此基本相同。

7. 李荣。道号任真子,绵州巴西(今四川绵阳)人,生卒年不详,蒙文通先生疑其为成玄英弟子,他和成玄英均是唐代重玄学的代表人物,对道教理论的发展均具有重大的贡献。曾受唐高宗的征召，进京后主要活动于长安、洛阳，并作为道教方面的代表参加与佛教辩难，被称为"老中魁首"。主要著作为《老子注》，收入《道藏》第14册，但已残缺不全。蒙文通先生根据《道藏》残本及敦煌写本辑成李荣《老子注》，基本恢复了它的原貌。在本书中，李荣进一步发挥了成玄英的重玄思想。经成、李等人的努力，使重玄学派成为道教老学中的重要流派。唐玄宗注释《老子》亦采其说，王玄览的《玄珠录》，亦明显受其思想方法的影响。

8. 王玄览（626—697）。俗名晖，法名玄览，广汉绵竹人。被尊为"洪元先生"。对佛道经教，均曾研讨，其思想体系的特点是渊源于道教，而杂有佛教色彩。他的一些著作均已亡佚。其门人王太霄根据诸人私记所汇集的《玄珠录》，是研究他道教思想的重要资料，收入《道藏》第23册。

9. 薛季昌。据《南岳总胜集》载，为广汉绵竹人，家世官显，自不好荣，不茹荤，衣常布素。酷好山水，一日游青城，遂南如桃源，"后遇正一先生司马承祯于南岳，授三洞经箓，研真穷妙，勤久不懈"①。唐玄宗召入禁掖，延问道德，乃谈及精微，玄宗甚喜，恩宠优异。寻即还山。尝撰《道德玄枢》，以上清大洞秘法传田应虚。属南岳天台派。

10. 杜光庭（850—933）。字宾至（一云字宾圣），号东瀛子，处州缙云（今属浙江）人（一曰长安人，或云括苍人），为天台道士应夷节之弟子，唐僖宗曾召见之，赐以紫服象简，充麟德殿文章应制，为道门领袖。中和元年（881），随僖宗入蜀，遂留成都。后事前蜀王建，封为光禄大夫尚书户部侍郎上柱国蔡国公，赐号广成先生。王衍立，受道箓于苑中，以为传真天师，崇真馆大学

---

① 《历世真仙体道通鉴》卷四十，《道藏》第5册，第327页。

士。晚年隐居青城山白云溪,年八十四卒,葬于青城山清都观后。光庭学识渊博,精通儒、道经典,平生著述甚多,收入《道藏》的就有二十余种,主要有《道德真经广圣义》五十卷、《太上老君说常清静经注》、《广成集》十七卷、《历代崇道记》、《洞天福地岳渎名山记》、《道教灵验记》十五卷、《神仙感遇传》五卷、《墉城集仙录》六卷、《录异记》八卷、《道门科范大全集》八十七卷、《太上黄箓斋仪》五十八卷,以及其他斋忏科仪十余种。

11. 张素卿。据《十国春秋》卷一百一十五《拾遗》记:"西蜀道士张素卿,神仙人也,曾于青城丈人观绘画五岳四渎真形,并十二溪女数堵,精彩欲活,实画中之奇绝也。蜀主(孟昶)累遣秘书少监黄筌,令取模样,及下山,终不类。因生日,或有收得素卿所画八仙真形八幅以献,孟昶叹赏久之,且曰:'非神仙之人,无以写神仙之质也。'赐物甚厚。令伪学士欧阳炯次第赞之,又遣水部郎黄居宝八分题之,亦谓之二绝。"八仙者,李耳、容成、董仲君、张道陵、严君平、李八百、范长生、尔朱先生。为区别"八仙过海"的八仙,后人称此为"蜀中八仙"。

12. 申天师。据《十国春秋·后蜀本传》称:"唐元(玄)宗之裔也。修道青城山,有奇验,广政(938—965)末,后主颇耽情苑囿,天师辄进红栀子种两粒,其花班红六出,香气袭人,后主甚爱重之,会图写于团扇,绣于衣服。诏赐束帛,天师随手散尽,竟不知其所之。著有《怡神论》若干卷、《服气要诀》一卷。"

13. 彭晓。据《十国春秋·后蜀本传》:"字秀山,永康(今四川崇庆)人也,善修炼养生之道,别号真一子,尝辑魏伯阳《参同契》为九十章而注之,以应火候九转,且为图八环,谓之《明镜图》,今有《参同契分章通真义》三卷行世。"均存《道藏》,所撰《还丹内象金钥匙火龙水虎论》已佚,《云笈七签》卷七十有节录，含《黑铅水虎论》《红铅火龙论》两部分。这些是研究彭晓内丹思想的重要资料。

14. 中、晚唐至五代十国期间，在西南巴蜀地区的道士中，有传《镇元策灵书》一派。据《历世真仙体道通鉴》卷四十二《舒虚寂传》说："舒虚寂，字得真，开州人也。世业农。虚寂独喜林泉，好黄老术。事建阳翟乾祐天师。天师尝溯江游仙都观洞中，得《镇光（按"光"字为"元"字之误）策灵书》，乃葛稚川于罗浮山神仙降授之文也。乾祐谓虚寂曰：吾先师宋冲元所秘得者……此书昔西灵金母授汉武帝，武帝传李少君，而后太极左仙公得之。葛稚川又得之于罗浮山。先师于洞庭君山复得之于葛仙公。因戒曰：镇元之道，乘大魁，履比极，视瑶光，蹑丹元，倚灵田，蹈阆阳，运元纲，握天枢，执持六气，指挥万灵，外可以召神，内可以延生。虚寂如所戒而修之，无不神验。"① 这说明《镇元策灵书》，是假托神仙降授，与二葛一派有关的修炼之书。此书的传人中，宋冲元事迹不详。翟乾祐，名法言，夔州云安人，少喜老子说，志清修，不食五辛，唐玄宗天宝十四年（755年），翟乾祐年四十一，传说遇真人"授以宝笈灵文三科：一曰三将军秘术；二曰紫虚秘术；三曰太上正一盟威秘法"②。后召入京，唐代宗赐号通灵大师。这个三科秘术说明，它与正一道有渊源关系。翟乾祐晚年有弟子"佯狂道士"者，气功有成。《仙鉴》卷四十三说："蜀有道士佯狂，俗号为灰袋郎，翟乾祐晚年弟子也。乾祐每戒其徒曰：'勿欺此人，吾所不及。'尝大雪中衣布褐入青城山，暮投兰若，求僧寄宿。僧曰：'贫僧一衲而已，天寒如此，恐不能相

---

① 《道藏》第5册，第339页。
② 《历世真仙体道通鉴》卷四十一，《道藏》第5册，第338页。

活.'道士但言容一床足矣。至夜半,雪深风起。僧虑道士已死,就视之,去床数尺,气蒸如炊,流汗袒寝,僧始知其异人,未明不辞而去。"① 这说明《镇元策灵书》一派,很讲究内炼功夫。《仙鉴》卷四十二说:道士向道荣,"事(舒)虚寂,授《镇元策灵书》而名闻于蜀"②。后向道荣以《镇元策灵书诀》付道士任可居。戒曰:"十八年后方可以示人灾福之验。勿窥荣利,毋妄传授,此道得之者神仙,泄之者夭柱。昔宋冲元传翟乾祐,乾祐传舒虚寂,虚寂传予,予今传汝五世矣。必付人则当察其志行而后授之,毋自贻咎。"同书又说,可居遂秘之,"凡二十年,渐言人休咎,或为禳醮。每占先令人斋戒,向壁列灯,为斗魁之像,坐其前,祸福吉凶历历如见"。可居于唐昭宗大顺(890—891年)去世,"其《镇元策灵书》不复传焉"③。这说明,由宋冲元开始传授的《镇元策灵书》一派,经翟乾祐、舒虚寂、向道荣到任可居,共传五世而止。

15. 张伯端(987—1082)。一名用成(诚),号紫阳,天台(今浙江境)人。《一统志》说:"尝入成都,遇刘海蟾,得金丹术,著秘诀八十一首,号《悟真篇》。年九十九而尸解,国朝雍正十一年(1733)敕封大慈圆通禅仙紫阳真人。"这位被尊为金丹派南宗祖师的张伯端,是在成都遇"真人"指点而得道的,这在《悟真篇序》中也有他的自述,并称其具体时间是"熙宁己酉岁"(1069),但这里并未具体指明这位"真人"的姓名。薛道光《悟真篇注》则称:"仙翁(指张伯端)游成都,遇青城丈人,得金液还丹之妙道。"而《山西通志》与《历世真仙体道通鉴》卷四十

---

① 《历世真仙体道通鉴》卷四十三,《道藏》第5册,第351页。
② 《历世真仙体道通鉴》卷四十二,《道藏》第5册,第339页。
③ 《历世真仙体道通鉴》卷四十二,《道藏》第5册,第340页。

九《张用成传》则均谓"遇刘海蟾,授以金液还丹之道",与《一统志》的记载相同。

16. 勾台符。成都青城人。受业青城丈人观为道士,与白云溪隐士张愈为诗友。自号"岷山逸老",自云:"左扑范贤袂,右拍薛昌肩,举头傲白日,长啸揭青天。嚣嚣者,安知华夏之内有此逸乐乎!不知岷山之逸老于我,抑我之逸老于岷山乎?"明代文士杨升庵《青城五隐赞》,台符为其一。著有《岷山集》、《岷山异事》三卷、《卧云编》三卷、《青城山方物志》五卷。

17. 四川涪陵人谯定。字天授,《历世真仙体道通鉴续编》卷四《谯定传》谓其"深于易学,隐青城大面山中得道。宋高宗建炎(1127—1130)初,以经行召至扬州,欲留之讲筵,不可,拜通直郎直秘阁致仕"①。《宋史》卷四百五十九有传,谓其"少喜学佛,析其理归于儒。后学《易》于郭曩氏"。而郭"世家南平,始祖在汉为严君平之师,世传《易》学,盖象数之学也"。又谓定"闻伊川程颐讲道于洛,洁衣往见,弃其学而学焉。遂得闻精义,造诣愈至"。并称:"定《易》学得之程颐,授之胡宪、刘勉之,而冯时行、张行成则得定之余意者也。""其后袁滋入洛,问《易》于颐,颐曰:'《易》学在蜀耳,盍往求之?'滋入蜀访问,久无所遇。已而见卖酱薛翁于眉、邛间,与语,大有所得。"又谓"靖康初,吕好问荐之,钦宗召为崇政殿说书,以论弗合,辞不就。高宗即位,定犹在汴,右丞许翰又荐之,诏宗泽津遣诣行在。至惟扬,寓邸舍,窭甚,一中贵人偶与邻,馈之食不受,与之衣亦不受,委金而去,定袖而归之,其自立之操类此。上将用之,会金兵至,失定所在。复归蜀,爱青城大面之胜,栖遁其中,蜀人指

---

① 《道藏》第5册,第437页。

其地曰谯岩，敬定而不敢名，称之曰谯夫子，有绘像祀之者，久而不衰。……定后不知所终，樵夫牧童往往有见之者，世传其为仙云"①。按《宋史》的记载，则谯定始终未曾入仕，与《历世真仙体道通鉴续编》所记略异。据以上所载，谯定是一位融合了儒、释、道的思想而以道为主的学者。

18. 姚平仲。字希晏，据《历世真仙体道通鉴续编》卷四《姚平仲传》的记载，亦曾隐居青城大面山，"宋钦宗靖康（1126）初，在围城中，夜将死士攻敌营，不利，骑俊骡逸去。高宗建炎（127—1130）初，所在揭榜，以观察使召之，竟不出。孝宗淳熙甲午、乙未间（1174—1175），乃有人见之于青城山丈人观道院，年近九十，髭髯长委地，喜作草书，盖已得仙云"。这又是一位高宗赵构欲召之使仕而未果的隐者。

19. 在宋高宗时，受到特别重视的道士，当首推皇甫坦。坦字履道，四川夹江人，《江西通志》认为是"临淄人，避地入蜀"。《历世真仙体道通鉴续编》卷三《皇甫坦传》谓"其世代地里莫详，或云尝居临淄及瑕丘"。并称其"得三避五假之术，后遁迹于蜀之峨嵋"。又自称得"妙通真人"唐隐士朱桃椎虚坎实离之旨，遂传内外二丹之诀。宋高宗绍兴二十七年（1157），显仁皇太后目疾，国医不能疗，诏募他医，临安守张偁荐之，高宗召对于便殿，问何以治身？他回答说："臣之治身，犹陛下之治天下也，心无为则身安，帝王无为则天下治。"② 高宗善其言，即白太后。明日宣入，与俱至慈宁殿，即为皇太后嘘呵布气，良久，翳开目明。由是宫中皆呼之为师父。陛辞之日，两宫赐资甚厚，而坦仅受香茶

---

① 《宋史》卷四百五十九《谯定传》，第 38 册，中华书局，1985 年，第 13460—13461 页。宪、勉之、滋皆闽人，时行、行成蜀人，郭襄氏蜀之隐君子。

② 《历世真仙体道通鉴续编》卷三，《道藏》第 5 册，第 433 页。

衣服而已。因其行，高宗命赍御香，致祷于青城丈人观。次年，高宗又遣使赐手诏慰劳，且召之曰："先生清裸孤映，寄迹物外，秕糠尘俗，啸咏烟霞，信可乐也。去秋为别，俯仰周岁，兴怀晤言，驰神缅邈……秋凉甚迩，不知何日可相见，愿早践前言……虚怀结想久矣，专此为问。"① 皇甫坦得诏即行，比至，赐紫衫、皂衫、丝履，令阁门引见，从容问长生久视之道。坦对以"清虚寡欲为先，先损诸欲，莫令放逸。丹经万卷不如守一"②。高宗嘉叹久之。他日又问，坦回答说："仙人道士非有灵，积精累气以成真。"高宗深表赞同说："此其所以为真人也。"③ 因书其语于扇以赐，又写《道德经》《黄庭经》《阴符经》等道经以赐之。后坦一再乞求还山，高宗固留不可，乃命筑庵于庐阜，以便于宣召。御书"清静"二字以名其庵，仍岁赐敕牒度道士以奉香火，且绘其像，御题其上为"皇甫真人像"而赞之，留禁中，后移置于德寿宫道院。太后复赐金为建庵费，又命两府曹勋、白云处士邝守宁为坦置两庄于山之南北，北曰铜盘，南曰丹桂，收岁入以接云水之士。高宗退位之后，又于兴隆元年（1163）御札诏之说："自退处别宫，日以颐神养志为事，思见风采，款亲道话，幸早命驾，少同闲适，专信奉迓，用伸至怀。"④ 既至，宣见于康寿殿，乃命馆于西湖显应观西斋堂，赐宴至数次。乾道改元初（1165），方游武当，高宗遣德寿宫使臣陈球宣召追及于襄阳，继命两府曹勋迎劳于道。乾道二年（1166）二月，至行在所，复命馆伴于显应观。明日即宣入赐宴。又明日幸其馆，命登御舟泛湖游园。后屡侍燕，

---

① 《历世真仙体道通鉴续编》卷三，《道藏》第5册，第433页。
② 《道藏》第5册，第433页。
③ 《道藏》第5册，第433页。
④ 《道藏》第5册，第434页。

闲谈修真之旨,遂赐御书《灵宝度人经》,圣寿皇后书《清静妙经》。坦建阁宝藏所赐御书,高宗赐名"绍兴焕文之阁",亦命两府书榜。皇甫坦前后四赴召命,自高宗退居德寿,恩眷益加,每至宴劳,外赐上尊珍膳无虚日。坦再还青城,扫迹朝市,惟德寿宫岁时遗问不绝,屡遣中使至山宣唤,皆力辞不赴。淳熙五年(1178)卒。其弟子最著者有曹弥深、谢守灏等。《宋史》卷四百六十二有传。

20. 贾善翔。蓬州(今属四川仪陇)人,字鹏举,生卒年不详。曾任右街都监同签教门公事,赐号"崇德悟真大师",与苏东坡为方外之友。著有《太上出家传度仪》一卷、《南华真经直音》一卷、《犹龙传》三卷、《高道传》十卷等,可以看出,他对道教理论、道教人物、神仙、科仪等方面均有贡献。《历世真仙体道通鉴》卷五十一有传。

21. 陆墅。字子野,南宋人,为金丹派南宗阴阳丹法传人,被称为西蜀陆真人,著有《紫阳真人悟真篇注》传于世。

22. 清微派道士朱洞元、李少微、南毕道。据元初陈采所撰《清微仙谱》载:他们三人分别是南宋时清微派的第七、第八和第九代传人,皆隐居青城山。朱洞元,成都人,号"青城通惠真人";李少微,房州保峰一水人,号"云山保一真人";南毕道,本名东南珪,字西滨,眉山人,号"眉山混隐真人"。从他们三人的行迹,表明当时的清微派曾在巴蜀流传,但当时史料中不见记载,说明他们在社会上的影响不大。后来南毕道的弟子黄舜申,首次将清微法编辑成书,传之于世,于是清微派便走向兴盛。

23. 清初,先后有六个龙门派道士入川,在成都、青城山等地传教。他们是穆清风、陈清觉、张清夜、张清湖、张清云、张清仕等,其中以前面三个人对四川道教的影响最大,因此分别对他们简介如下：

穆清风，字玉房，四川忠县人，康熙四十八年（1709）受龙门第九代詹太林之传，为龙门第十代传戒律师。康熙五十三年（1714）始来成都梓潼宫，三次开坛传戒，收取弟子。

陈清觉（1606—1705），道号寒松，又号烟霞，湖北武昌人，也是詹太林的弟子。康熙八年（1669）入川（一说是康熙二十六年始入川），止杖青城山天师洞，将它整饰一新，即交道友张清湖经理，于康熙二十六年（1687）到成都青羊宫养静。三十四年（1695），因得赵良璧的捐助修建二仙庵，并任住持，开堂接众，大阐真风。康熙四十一年（1702）敕封"碧洞真人"，又赐御书"碧洞丹台"匾额。其弟子甚众，多为四川境内各地宫观的主持人。这些弟子又递相传授，逐渐形成了一个有较多徒众的龙门支派，尊陈清觉为开山宗师，以其碧洞真人号之"碧洞"二字名宗，称碧洞宗，成为清代民国时期巴蜀地区很有影响的一个宗派。

张清夜（1676—1763），字子还，号自牧道人，原名本尊，江南长洲（今江苏苏州）诸生。溯江入蜀，览峨眉、青城诸胜，遂易羽衣，结庐成都武侯祠之西偏。乾隆八年（1743），华阳令安洪德、成都令夏绍新，请其主持青羊宫，清夜以老辞，荐其徒汪一萃任之。而他自己则常往来于青羊宫、武侯祠之间。为"敷扬道要"，于乾隆十一年（1746）作《玄门戒白》；为阐释《阴符经》之秘，又于乾隆十九年（1754）作《阴符发秘》。乾隆二十八年（1763）卒，享年八十八。

24. 陈复慧（1736—1795）。字仲远，别号云峰羽客，青城道士，为全真道龙门派碧洞宗第十四代弟子，对道教斋醮仪式及音乐颇有研究，民国《灌县志》称其"淹博能文，曾校正《广成仪制》数十种，著有《雅宜集》。清乾隆（1736—1795年在位）间，邑人患疫，仲远为建水陆斋醮。会川督巡境临灌，闻于朝，敕赐南台真人"。

25. 傅金铨。字鼎云，号济一子，又号醉花道人，江西金溪珊城人，生卒年不详，生活于清嘉庆（1796—1820）、道光（1821—1850）年间，生平事迹仅见于零星记载，是属于净明道的著名道士，也是清代阴阳双修内丹派的代表人物之一，被称为清代东派内丹家。嘉庆二十二年（1817）入蜀，寄居巴县垂四十年，从游者甚众，合川知州纪大奎也曾拜他为师。阿应麟在为他所著《杯溪集》的序中，谓其自言"受训于纯阳祖师，应八百之谶，首先忠孝，若尧舜禹文周孔，道统相承。为君止仁，为臣止敬，为父止慈，为子止孝，各止至善，即各正厥修也"①。著述甚多，有《入药镜注》《天仙正理读法点睛》《道书试金石》《道书一贯真机易简录》《新刻道书椎阳经附集》《鼎器歌》《吕祖沁园春注》《真经歌》《采金歌》《心学》《赤水吟》《杯溪集》《性天正鹄》《新刻道书五篇注》《丹经示读》《金丹真传顶批》《康节邵子诗注》等。《藏外道书》第11册收录有《济一子道书十七种》和《济一子顶批道书四种》，大体包括了他的所有著作。

26. 刘沅（1767—1855）。字止唐，四川双流人，清代四川著名学者，生平著述甚多，后人编有《槐轩全书》。曾撰有《重修青羊宫记》《重修青羊宫三元殿碑记》《碧洞真人墓碑》等，记述了青羊宫及三元殿在嘉庆十九年至二十二年（1814—1817）间的重建情况。

27. 李西月（1806—1856）。四川乐山人，初名元植，字平泉，入道后更名西月，改字涵虚，又字团阳。其名号甚多，如长乙山

---

① 胡道静等主编：《藏外道书》第11册，第1页。

人、圆峤外史、紫霞洞主人、卷石主人、树下先生等,见于他撰写和编辑的各种著作中,还署名火西月、火涵虚。这些异名别号,不仅体现出他的个性特征,也反映了他的思想渊源;而最具有宗教意味的是,他在《收心法题词》中还自称已在天上被封为"善教大真人",张日章为《道窍谈》所作的序因此将他称为"善教真君"。著有《太上十三经注解》《大洞老仙经发明》《二注无根树》,合册称"道言十五种",又名"守身切要";又有《九层炼心》《后天串述》,俱刊行于世。李还编辑有《海山奇遇》《三丰全集》;另外尚有《圆峤内篇》《三车秘旨》《道窍谈》三书,李在世时均未刊行。上述各书,除《大洞老仙经发明》《圆峤内篇》外,我们今天都还能看到。他在内丹修炼方面,建立了一套独树一帜的理论体系,被称为内丹派别的"西派"。

28. 彭定求、蒋元庭、阎永和、彭瀚然。对道教丛书的编纂,是晚清民国时期道教发展史上所做贡献的一个重要方面,其中最主要的首先是《道藏辑要》的编纂,而这项工作也是四川道教学者所做的贡献,为首者是康熙(1662—1722)时一位自称"守纲道人"的彭定求。他从明本《道藏》中精选出道书二百种,编成丛书,按二十八宿字号分为二十八集。举凡道教重要经典,历代祖师、真人著作,修炼丹诀,科仪规戒,仙传谱记,悉有收录,实为《道藏》之辑本。因是从《道藏》选出重要道书编纂而成的道经丛书,故总名之曰《道藏辑要》。

到嘉庆(1796—1820)年间,有好道之士蒋元庭,在彭定求所编《道藏辑要》的基础上,增加了明本《道藏》失收道经及其以后新出道书共七十九种,按各书内容,分别补进二十八宿字号的有关字集,仍保持《道藏辑要》的书名,但总数已增为二百七十九种。

光绪（1875—1908）年间，成都二仙庵道院阎永和方丈与新津彭瀚然等，又在蒋本《道藏辑要》的基础上，增补了十七种道书和二十三种道经书目，共四十种，名之曰《重刊道藏辑要》。这样前后经过了三次制作，才成了现今世人所见的这部道教经籍汇编。这是一部道教典籍文化的缩影，其历史功绩不可磨灭。

保存于成都二仙庵的《重刊道藏辑要》木刻板，"文化大革命"中曾有部分损坏。1985年巴蜀书社将缺板补齐重印，1995年又将它缩印为十册出版，为弘扬中华传统文化做出了贡献。

29. 黄裳。清末道教学者，生卒年不详，字元吉，江西丰城人。道光（1821—1850年）、咸丰（1851—1861年）之交，曾在四川富顺乐育堂讲授内丹法诀。著有《道德经注释》，其门人将其讲道内容编为《乐育堂语录》（收入《藏外道书》第25册）、《道门语要》（收入《藏外道书》第26册），为"中派"正宗丹法。

30. 易心莹（1896—1976年）。俗名良德，字宗乾，道号理轮，四川遂宁人。1913年出家为道士，拜青城山道士魏至龄（松霞）为师，为全真龙门派丹台碧洞宗二十二代。1955年，选任青城山天师洞住持。1957年当选为中国道教协会副会长。又任四川省道教协会会长。与四川大学教授蒙文通有交往，著有《道学源流考》《道教三字经》等。

31. 刘咸炘（1896—1932年）。字鉴泉，号宥斋，四川双流人，为刘沅之孙。曾任敬业学院哲学系主任及成都大学、四川大学教授。著有《道教征略》上、中、下三册，对道教学术渊源、道教各个时期派别及道教经书，均有论述，其中不乏创见，为研究道教历史的宝贵文献。发表于四川省图书馆主办之《图书集刊》第5期（1946年10月）和第8期（1948年6月）。其学识渊博，著述甚丰，有二百三十一种、四百七十五卷，总为《推十书》上中下三巨册，1996年由成都古籍书店影印发行①。

32. 蒙文通（1894—1968年）。名尔达，四川盐亭人。1911年入成都存古学堂，受业于廖季平、刘师培等经、史大师。1923年南走吴越，到欧阳竟无大师"支那内学院"研习佛教哲学。先后教授于成都大学、成都师范大学、成都国学院、河南大学、北京大学、河北女子师范学院、四川大学、东北大学等。1940年后，任四川省图书馆馆长，兼华西大学、四川大学教授。在道教研究方面成果显著，撰有《校理老子成玄英疏叙录》，载1946年10月《图书集刊》第7期；《道家三考》，坐忘论考、杨朱学派考、晚周仙道分三派考，载1948年6月《图书集刊》第8期；《辑校老子李荣注跋》，载1948年6月《图书集刊》第8期；《陈碧虚与陈抟学派》，载1948年6月《图书集刊》第8期；此外还有《道书辑校十种》，即《〈老子〉征文》《严君平〈道德指归论〉佚文》《晋唐〈老子〉古注四十家辑存》《〈老子〉王弼本校记》《辑校成玄英〈道德经义疏〉》《辑校李荣〈道德经注〉》《王介甫〈老子注〉佚文》《校理陈景元〈老子注〉》《重编陈景元〈庄子注〉》《新校张清夜〈阴符发秘〉》。其遗著由其子蒙默教授汇编为《蒙文通文集》六巨册，由巴蜀书社出版发行。

33. 傅圆天（1925—1997）。俗名傅长林，四川简阳人，1955年到青城山天师洞拜易心莹为师。1964年任青城山上青宫主持。"文化大革命"中竭尽全力保护了青城山道教文化。"文化大革命"后，曾担任青城山和成都市道教协会会长，1986年9月，被选为全国道教协会副会长，1999年2月当选为会长，此后并担任中国

---

① 编者按：成都古籍书店影印的《推十书》为刘咸炘1949年前已出版刊行的著作，其子刘伯毅历数年又将其未刊手稿本约三百万字标点整理，增补入三巨册之后，终使《推十书》臻于完备。《推十书》的增补全本凡二十册。

道教协会创办的中国道教学院院长。在中国人民政治协商会议第八届委员会第一次会上,又当选为全国政协委员;1995年秋,全真派第二次传戒法会于青城山召开,傅圆天被推举为"全真律坛嗣天仙正宗第二十三代大律师"。

综上所述,可以得出下列几点认识。第一,古代的巴蜀文化,与道教有着极为密切的关系,它的许多内容均为道教所吸取,成为道教思想的重要源泉之一。第二,在道教的发生发展过程中,巴蜀地区既是早期道教五斗米道的发源地,又是他们先后两次在这里建立政治实践的重要根据地,将他们的政治主张在这里付诸实践,并取得了很大的成功,在汉族和少数民族中都产生了极大的影响,受到了人民群众的广泛支持。虽然这两个根据地都先后被统治者所摧毁了,但却使这里成为道教滋生和成长的沃土,后来,许多重要的道派均在这片道教的沃土上得到了传播和发展。第三,蜀中的许多神仙传说和神仙故事均可为道教所吸收,成为道教产生和发展的重要因素。第四,从古到今,蜀中的高道和道教学者不断涌现,许多外地出生的高道和道教学者也云集在巴蜀地区传道和著书立说,从而使巴蜀地区成为道教人才的荟萃之所,为弘扬道教文化、促进道教思想理论的发展,起了极为重要的作用。

根据以上情况,我们可以说:巴蜀文化在道教的发生和发展过程中曾经产生过重大的影响,起着重大的作用。在21世纪里,随着世界经济向全球化方向发展和各国人民相互往来的日益频繁,在文化发展方面,也将走向东西方文化的相互沟通、相互交流的局面。而道教文化乃是中华传统文化的主要支柱之一,借用鲁迅先生的话来说,它乃是中华传统文化的根柢,可称之为东方文化的瑰宝,其中许多的合理思想可以纠正西方文化中的严重失误,值得西方文化借鉴和吸取,并为全人类带来真正的幸福。因而,在当前大力加强道教文化的宣传，乃是非常必要的。为此，我希望巴蜀地区的广大学者能继续发挥巴蜀文化的传统，和全国全世界的学者一同为弘扬道教文化做出自己应有的贡献。

（原载《社会科学研究》2005年第5、6期）
（中国人民大学报刊复印资料《宗教》2005年第1期全文转载）

道教与古今社会政治

元代前期统治者崇道政策初探[*]

当南宋与金朝对峙之际，蒙古部族首领铁木真，在公元1196年（金章宗承安元年，南宋宁宗庆元二年）配合金军击败了塔塔儿（一名鞑靼）部，得到金朝授予的"扎兀惕忽里"的封号。此后，铁木真先后征服了蔑里乞、塔塔儿、克烈和乃蛮各部，从此，分散的草原各部落融合为一个民族的共同体，以"蒙古"为自己的名称，完成了统一草原各部的事业。公元1206年（金章宗泰和六年，南宋宁宗开禧二年），铁木真于斡难河源举行忽里勒台大会。在会上，他手下的军事将领拥戴他为蒙古大汗，称为"成吉思汗"[①]，正式建立蒙古政权。铁木真后来被尊为元太祖。蒙古政权的建立，是蒙古社会由氏族部落进入奴隶制阶段的标志。在政权建立以后，蒙古的奴隶制得到很大的发展，成为草原上一支新

---

[*] 卿先生十分注重研究道教与政治的联系，尤其是与历代统治者的关系。另有《宋高宗与道教》《宋孝宗与道教》《明太祖朱元璋与道教》等论文。本书限于篇幅，不一一收录。

[①] 关于"成吉思"的含义，各说不一，据成吉思汗同时代的著作《蒙鞑备录》称："成吉思者，乃译语天赐二字也。"

兴的强劲力量。

　　成吉思汗在政权建立之初，就以吞并金朝作为他的战略目标，为此而积极进行对金作战的各种准备。他首先解决周围的牵制，以壮大自己的力量。然后于公元1219年（元太祖十四年，南宋宁宗嘉定十二年），亲自率领蒙古军主力西征。六年之间，消灭了花剌子模等政权，大败斡罗思与钦察诸部联军，前锋抵达东印度。在成吉思汗西征时，蒙古对金的战争处于相持状态。成吉思汗回军以后，即亲率大军，大举南下，计划先取西夏，然后灭金。西夏在蒙古大军压境时，进行了顽强的抵抗。经过一年多的殊死战斗之后，终于因力量悬殊，夏主李睍不得不于公元1227年（元太祖二十二年，南宋理宗宝庆三年）六月投降。同年七月，"用兵如神""灭国四十"①的一代天骄成吉思汗，也病死于萨里川哈老徒之行宫。继承汗位的太宗窝阔台，按照成吉思汗临死前所嘱咐的作战方针，指挥蒙古军分三路向金朝发起进攻。公元1234年（元太宗六年，南宋理宗端平元年，金天兴三年），蒙古在与南宋的联合下消灭了金朝、统一了北方之后，又面临着与南宋南北对峙的局面。这时南宋的统治集团已十分荒淫腐朽，上下苟且偷安，一贯采取防御的策略，丧失人心。而蒙古统治集团在公元1241年太宗窝阔台去世之后，其内部也陷入争夺汗位的纠纷，"法度不一，内外离心"②。乃马真后、定宗贵由、海迷失后和宪宗蒙哥相继执政，均为时甚暂，也无力南顾。故南北之间相对平静了一段时间，没有发生大的冲突。公元1260年（元世祖中统元年，南宋理宗景定元年），元世祖忽必烈登上汗位，在平定了内乱、稳定了内部之

---

① 《元史》卷一《太祖本纪》，第1册，中华书局，1976年，第25页。
② 《元史》卷二《定宗本纪》，第1册，第40页。

后，就把注意力转到南方。公元1274年（元世祖至元十一年，南宋度宗咸淳十年），忽必烈决定大举伐宋。公元1276年（元世祖至元十三年，南宋端宗景炎元年），以伯颜为统帅的蒙古军在没有遇到任何有力抵抗的情况下顺利地进入南宋都城临安，南宋恭帝赵㬎被俘。文天祥、张世杰、陆秀夫等先后拥立恭帝两个弟弟赵昰、赵昺继续反抗，直到公元1279年（元世祖至元十六年，南宋祥兴二年），这支抵抗力量在元朝都元帅张弘范的追击下，在海上战败，全军覆没，南宋政权至此灭亡。从此结束了长达一个多世纪的南北对峙的分裂局面，形成空前规模的统一的多民族国家。这在我国历史发展过程中，具有极其深远的重大意义。

蒙古贵族原来处在文化、经济都比宋、金远远落后的阶段。开国初期，仍以游牧渔猎为主，尚不知农业的重要性，甚至主张"汉人无补于国，可以悉空其人以为牧地"[1]。初入中原和其他地区时，力图推行奴隶制的生产方式，使这些地区的生产受到严重损失，造成尖锐的社会矛盾，引起广大人民的强烈反抗。经过实践，蒙古统治者不得不适应当地的经济状况，逐渐采用封建的统治方式。成吉思汗和太宗窝阔台汗在耶律楚材的辅佐下，渐兴文治，开始对宋、金文化有所认识。据《元史》卷一百四十六《耶律楚材传》载：在成吉思汗率军西征之际，"夏人常八斤，以善造弓，见知于帝，因每自矜曰：'国家方用武，耶律儒者何用？'楚材曰：'治弓尚须用弓匠，为天下者岂可不用治天下匠耶？'帝闻之甚喜，日见亲用"[2]。可见，这时的成吉思汗，已和当年的汉高祖刘邦一样，逐渐懂得"马上得天下，不能以马上治之"的道理，

---

[1] 《元史》卷一百四十六《耶律楚材传》，第11册，第3458页。
[2] 《元史》第11册，第3456页。

故楚材得以日见亲用。及太宗窝阔台即位之后,对楚材更是言听计从。同书又记载说:公元1232年,当窝阔台率军南征,于次年攻入汴梁之时,大将速不台建议屠城,楚材奏请窝阔台勿对人民进行屠杀,从而使"避兵居汴者百四十七万人"得以保全身家性命。同时"又请遣人入城,求孔子后,得五十一代孙元措①,奏袭封衍圣公,付以林庙地。命收太常礼乐生,及召名儒梁陟、王万庆、赵著等,使直释九经,进讲东宫。又率大臣子孙,执经解义,俾知圣人之道。置编修所于燕京,经籍所于平阳,由是文治兴焉"②。同书又称,公元1237年(元太宗九年,南宋理宗嘉熙元年),楚材又向窝阔台上奏说:"制器者必用良工,守成者必用儒臣。儒臣之事业,非积数十年,殆未易成也。"窝阔台说:"果尔,可官其人。"楚材说:"请校试之。"窝阔台"乃命宣德州宣课使刘中随郡考试,以经义、词赋、论分为三科,儒人被俘为奴者,亦令就试,其主匿弗遣者死。得士凡四千三十人,免为奴者四之一"③。《元史》卷二《太宗本纪》亦载其事说:九年丁酉"秋八月,命术虎乃、刘中试诸路儒士,中选者除本贯议事官,得四千三十人"④。同书卷一百五十八《姚枢传》又称:"岁乙未(1235),南伐,诏枢从(杨)惟中即军中求儒、道、释、医、卜者。……拔德安,得名儒赵复,始得程颐、朱熹之书。"⑤ 后来太原路转运使吕振、副使刘子振,以贼抵罪。窝阔台责问楚材说:"卿言孔子之教可行,儒者为好人,何故乃有此辈?"楚材回答说:"君父教

---

① 《元史》卷二《太宗本纪》"措"作"楷",第1册,第32页。
② 《元史》第11册,第3459页。
③ 《元史》第11册,第3461页。
④ 《元史》第1册,第35页。
⑤ 《元史》第12册,第3711页。

臣子，亦不欲令陷不义。三纲五常，圣人之名教，有国家者莫不由之，如天之有日月也。岂得缘一夫之失，使万世常行之道独见废于我朝乎!"① 窝阔台乃表示理解。可见，在耶律楚材辅佐太祖、太宗三十余年之间，蒙古统治者逐渐采纳儒家的纲常名教，接受汉文化，推行封建制，使奴隶制度开始向封建制度逐步转化，从而使蒙古的统治得以日益巩固。窝阔台在一次"诸王大集"的时候，亲执觞赐楚材说："朕之所以推诚任卿者，先帝之命也。非卿，则中原无今日。朕所以得安枕者，卿之力也。"② 这是他的肺腑之言，也是符合实际的总结。

在忽必烈当政的时候，更是积极地"采取故老诸儒之言，考求前代之典，立朝廷而建官府"③。沿袭宋、金的封建传统，在政治、经济上采用"汉法"，并掺杂许多漠北"旧俗"，吸收历代统治的经验，实行一系列的改革。在思想文化领域，他对孔孟之道的作用也有较深的认识。因此，"信用儒术"，"以夏变夷"，④ 大力推尊孔子，提倡理学。在中央设立国子监，教授蒙古贵族子弟，后来又吸收各族官僚地主子弟入学。在各路、府、州、县也分别成立儒学。又给予儒户以免役的特权。明令宣布："孔子之道，垂宪万世，有国家者所当崇奉。"并加封孔子为"大成至圣文宣王"。⑤ 规定"非程朱学不式于有司"，以至于"海内之士，非程朱之书不读"。⑥ 于是程朱理学便成为元代的正统思想，与南宋相比，其势更盛。

---

① 《元史》第11册，第3462页。
② 《元史》第11册，3460页。
③ 《国朝文类》卷四十《经世大典序录·官制》。
④ 《元史》卷十七《世祖本纪》，第2册，第377页。
⑤ 《山右石刻丛编》卷二十七《勉励学校诏》、卷三十《加封孔子勒石碑》。
⑥ 〔元〕欧阳玄：《圭斋文集》卷五《赵忠简公祠堂记》、卷九《许文正公神道碑》。

元代统治者除信用儒术作为他们的统治工具外，还广泛利用各种宗教来为巩固他们的统治服务。从成吉思汗起，蒙古的历代统治者对各种宗教都采取兼容并包的政策，道、佛、也里可温（基督教）、答失蛮（伊斯兰教士）等各种宗教都得到政府的保护和支持，享有各种特权，可以不纳税，不应差役。在政府中还设置了专门管理各种宗教的机构，如宣政院管佛教，集贤院管道教，崇福司管理也里可温，哈的司（所）管理答失蛮等。各种宗教在政治上和经济上都有一定的影响，但以道、佛二教最盛。

在蒙古政权建立之前，草原各部大都信仰萨满教，这是一种认为万物有灵的原始宗教。蒙古政权建立之后，萨满教便得到政府的承认和尊重。成吉思汗给予萨满教的长老"别乞"以很高的地位。其目的是要利用他们制造各种神话，为他的政权涂上一层天命神意的色彩，借以加强他对被征服的草原各族人民的政治统治。从这样一个目的出发，所以他在利用和尊重的同时，对于萨满教的神巫们想要干预政治权力的企图，则严格地加以禁止。成吉思汗对佛教也采取保护的方针，专门颁布命令，要部属对临济宗僧侣中观、海云师徒"好与衣粮养活着，教做头儿。多收拾那般人，在意告天。不拣阿维休阿维欺负，交达里罕（蒙语自由自在之意——引者注）行者"①。对原金朝统治区内的全真道，也积极加以扶植。公元1219年，成吉思汗正在率军西征时，就迫不及待地从中亚派遣使臣前去山东登州，宣召当时全真道的领袖丘处机。丘处机率领弟子，经过长途跋涉，到达中亚，谒见成吉思汗，备受尊宠。《元史》卷二百二《释老传·丘处机传》具载其事说："岁己卯（1219），太祖自乃蛮命近臣札八儿、刘仲禄持诏求之。

---

① 〔元〕念常：《佛祖历代通载》卷二十一。

……既见，太祖大悦，赐食、设庐帐甚饬。"① 成吉思汗对丘处机只称"神仙"而不称名，并下令免除全真道宫观的差发赋税。据《长春真人西游记·附录》称：成吉思汗告诫诸处官员"每丘神仙应有底修行底院舍等，系逐日念诵经文、告天底人，每与皇帝祝寿万万岁者，所据大小差税赋，都休教著者，据丘神仙底应系出家门人等，随处院舍都教免了差发税赋者"②。关于丘处机晋谒成吉思汗的详细情况，不在这里叙述，但应当指出两点：第一，成吉思汗之所以在西征途中戎马倥偬之际就急于要召见丘处机，其根本原因乃是蒙古占领华北以后，金朝迁都河南，山东已成为蒙、金、宋三方面力量角逐之地，全真道在山东广大群众中很有影响，它的向背在政治上有相当重要的意义，故当时全真道的领袖丘处机也就成了三方争夺的对象，金、宋两国早已先后派遣使者对他发出邀请，而丘处机正在犹豫观望。《长春真人西游记》卷上载："戊寅岁（1218）之前，师在登州。河南（指金朝）屡欲遣使征聘，事有龃龉，遂已。明年住莱州昊天观，夏四月提控边鄙使至，邀师同往，师不可，使者携所书诗颂归。继而复有使自大梁来，道闻山东为宋人所据，乃还。其年八月，江南（指南宋）大师李公（全）、彭公（义斌）来请，不赴。"③《元史》卷二百二《释老传》亦称："金、宋之季，俱遣使来召，不赴。"④ 王恽《秋涧集》卷五十六《大元故清和妙道广化真人玄门掌教大宗师尹公道行碑铭并序》又说："先是金宋交聘，公坚卧不起。"⑤ 在这样一

---

① 《元史》第15册，第4524页。
② 《道藏》第34册，第500页，括号内注系引者所加。
③ 《道藏》第34册，第481页，括号内注系引者所加。
④ 《元史》第15册，第4524页。
⑤ 陈垣：《道家金石略》，文物出版社，1988年，第689页。

种背景下,所以成吉思汗尽管还在西征途中,也不得不立即采取行动。他召见和尊宠丘处机的目的,他自己也说得非常清楚,就是要丘处机及其门徒"恒为朕诵经祝寿"①,即站在支持蒙古这一方面。第二,丘处机对金宋交聘均犹豫观望,而成吉思汗的召书一到,便不辞"冒雪冲霜",万里跋涉,前去应召,其根本原因乃是当时在蒙、金、宋三方面力量的角逐当中,其优势是在蒙方面,丘处机为了全真道本身的发展,不得不依靠蒙古政权的支持,所以唯有立即前去应召,方为上策。这是每当改朝换代之际,道士们所常常采取的一种策略,其事例已屡见不鲜,② 丘处机当然也不例外。大概当时有部分人对丘处机这种决策还不太理解,故丘处机对此曾做过明白的解释。《辍耕录》十《陈情表》记载他的解释说:"丘处机近奉宣旨,远召不才,海上居民,心皆恍惚。处机自念谋生太拙,学道无成,辛苦万端,老而不死,名虽播于诸国,道不加于众人,内顾自伤,哀情谁恻?前者南京及宋国屡召不从,今者龙庭一呼即至,何也?伏闻皇帝天赐勇智,今古绝伦,道协威灵,华夷率服。是故便欲投山窜海,不忍相违,且当冒雪冲霜,图其一见。"可见丘处机是预见到金、宋的大势已去,蒙古必将取而代之,为华夏之主,所以才断然前去投靠成吉思汗的。丘处机在见到成吉思汗之后,便积极为成吉思汗征服山东、河北,进而一统天下献计献策。据耶律楚材《玄风庆会录》载,丘处机曾向成吉思汗建议说:"山东、河北,天下美地,多出良禾美蔬,鱼盐丝缯,以给四方之用,自古得之者为大国,所以历代有国家者唯争此地耳。今已为民有兵火相继流散未集,宜差知彼中子细事务

---

① 《道藏》第34册,第496页。
② 参见拙著《中国道教思想史纲》第二卷第五章第一节。

者能干官，规措勾当，与免三年税赋，使军国足丝帛之用，黔黎获苏息之安，一举而两得之，兹亦安民祈福之端耳，自天祐之，吉无不利也。"① 丘处机所献的这种政策带有战略意义，不仅对于巩固和发展蒙古势力、使之统一全国有利，也表明丘处机对于蒙古政权的赤胆忠心，所以博得成吉思汗的欢心，成吉思汗对他十分信任。丘处机还燕以后，成吉思汗下旨将他所居之太极宫改名长春宫，并遣使劳问，告诉他说："朕常思神仙，神仙毋忘朕也。"② 事实表明，成吉思汗与丘处机之间，是互相支持、互相利用的。成吉思汗对待宗教的态度和政策，为以后历代蒙古统治者所遵行。道教在蒙古历代统治者的扶植下得到很大的发展，有的学者甚至认为元代是道教发展史上的鼎盛时期。

太宗窝阔台在即位之前，即于公元1229年七月，在乾楼辇接见了全真道李志常；八月正式即位之后，李志常便一直受到他的尊宠，屡被征聘。以至于"虽清和（尹志平）掌教，而朝觐往来必以公，故公为朝廷所知，而数数得旨，玺书所称曰'孔仙八合识'，八合识译语，师也。"③ 戊戌（1238）正月，李志常嗣教后，太宗窝阔台即赐其封号为"玄门正派嗣法演教真常真人"，可谓优宠备至。窝阔台对营建全真道祖庭也非常重视，委派专人监修督工。据陕西都元帅详议孟攀鳞所撰《十方重阳万寿宫记》载称："杨氏妙贞以朝旨充监修之任，专令知观张志正、高志空克期以督工。甲午（1234），无欲李公承清和尹宗师之委以主观事。乙未（1235），清和自燕来秦，躬行祀礼，由是道众日集于是……戊戌（1238），清和嗣教于李尊师（李志常），尊师以道为己任，克自负

---

① 《道藏》第3册，第390页。
② 《元史》第15册，第4525页。
③ 《道藏》第19册，第746页。又陈垣：《道家金石略》，第579页。

荷,其于祖庭用力非一朝夕。是岁夏五月诣阙,以本宫事条奏,得旨……仍改凌虚为重阳宫。"在太宗窝阔台统治期间,不仅下旨对全真祖庭"大为营建",其他地方宫观得以兴修的也不少。据京兆府学教授少华李庭所撰《玄门弘教白云真人綦公道行碑》载:"戊戌(1238)春,太宗英文皇帝诏选高道,从掌教真常李公被诏赴阙。是岁冬,(綦志远)奉旨辅洞真于公、偕无欲李公复立终南祖庭,提点陕西教事。庚子(1240)春,遂入长安,从府僚之请也,建立大玄都万寿宫,若骊山之白鹿、终南之太一、樊川之白云、凤栖原之长生、兰田之金山,皆斥其旧而新之,其余宫观修废补弊,不可殚纪。"① 这说明当时对宫观的营建是全面展开的,没有朝廷的支持是难以实现的。

宪宗蒙哥"酷信巫觋卜筮之术,凡行事必谨叩之,殆无虚日"②。其对道教也十分尊敬。名为"蒙哥",本即道教"长生"之意。即位之后,对全真道李志常更加器重。据《元史》卷三《宪宗本纪》载,他一登基,便立即"以道士李真(志)常掌道教事"③。另据王鹗《玄门掌教大宗师真常真人道行碑铭》载,从辛亥(1251)蒙哥即位之年开始,至丙辰(1256)李志常去世之年为止,对李志常年年召见,赏赐殊多,并向他征求治国安民之术;乙卯(1255)十二月朔旦,"上谓公曰:'朕欲天下百姓安生乐业,然与我同此心者,未见其人,何如?'公奏曰:'自古圣君有爱民之心,则才德之士,必应诚而至。'因历举勋贤并用,可成国泰民安之效。上嘉纳之,命书诸册。自午未间入承顾问,及灯乃退"④。可见他们交谈的时间很长,从他们所交谈的情况来看,

---

① 《道藏》第19册,第766页。
② 《宋史》卷三《宪宗本纪》,第1册,第54页。
③ 《宋史》卷三《宪宗本纪》,第1册,第45页。
④ 《道藏》第19册,第746页。

彼此之间可谓亲密无间。不仅李志常本人受到宪宗的器重，而且李志常周围的人如綦志远、王志坦、李志柔等，均受到宪宗蒙哥的宠信。綦志远字子玄，号白云子，其受宠信的情况，据李庭《玄门弘教白云真人綦公道行碑》载："辛亥岁（1251）夏，宪宗皇帝即位，遣使唐古出持玺书，宣谕倚付掌管关中道教。癸酉（1253），皇太弟遣使脱懽驰驿谕旨，待以师礼。"① 王志坦受宠信的情况，后当另做叙述。李志柔，字谦叔，其先洺水人。世业农桑，以门地清白见称于乡里。其父志微，素嗜玄学，曾从赵州临城县太古高弟开玄真人李君参受全真教法，志柔亦事开玄执弟子礼。后来，丘处机以其有硕德宿望，曾赐号同尘子，教以立观度人、将迎往来道众为务。丁酉（1237）冬，李志常"署师（李志柔）大名、邢洺两路教门提点暨清真大师号，俾往来秦魏赵间以办其事，不十年，雄楼杰观，粲然一新。庚戌（1950），洺州牧石德玉慕师名节，诣阙保奏，赐黄金冠服，加号同尘洪妙真人。甲寅（1254）春，诏燕京大长春宫修普天大醮，师预高道之选"②。上述三人，有的曾跟随丘处机北上见过元太祖，有的则辅助李志常多年，宪宗蒙哥皆宠信之。

如上所述，从成吉思汗以来，全真道一直受到蒙古统治者的重视，因而到宪宗蒙哥时，便已有较大的发展。孟攀鳞在《十方重阳万寿宫记》中对此曾慨叹说："呜呼！历观前代列辟重道尊教，未有如今日之报，教徒蕃衍，道门广增，未有如斯之盛。兴作之日，四方奔走，而愿赴役者从之如云。"由此可见，在蒙古统一全国之前，全真道的势力已相当强大了。

---

① 《道藏》第19册，第766页。
② 《道藏》第19册，第781页。

除全真道而外，真大道的郦希诚，亦曾受到宪宗蒙哥的宠遇，故这个道派在宪宗蒙哥时亦有很大的发展。

世祖忽必烈当政，灭了南宋，统一了南北，不仅北方新道派继续受到崇奉，南方的新旧道派亦被扶植。这里首先介绍其对北方新道派的继续崇奉情况。首先，世祖忽必烈于至元六年（1269）下诏，对全真道的祖师进行全面的加封。据《甘水仙源录》卷一的记载，其诏书说："大道开明，可致无为之化；至真在宥，迄成不宰之功。朕以祖宗，获承基构，若稽昭代，雅慕玄风。自东华垂教之余，至重阳开化之始，真真不昧，代代相承，有感遂通，无远弗届。虽前代累承于褒赠，在朕心犹嫌于追崇，乃命儒臣，进加徽号。惟东华已称'帝君'，但增'紫府少阳'之字；其正阳、纯阳、海蟾、重阳，宜锡'真君'之名；丹阳以下七真，俱号'真人'，载在方册，传之万世。噫！汉世之张道陵，唐朝之叶法善，俱锡'天师'之号，永为道纪之荣，当代不闻异辞，后来立为定制。朕之所慕，或庶几焉。"① 从这个诏书来看，东华仍称"帝君"，钟离权、吕纯阳、刘海蟾、王重阳则封"真君"，各有区别。可知此时仅有"七真"之名，尚无"五祖"之称。但却是为后来"五祖""七真"之说张本。

其次，对全真道的其他一些道徒，也不断地赐赠封号，给以优宠。举例如下。

（1）据弋毂《清和妙道广化真人尹宗师碑铭并序》载：中统二年（1261），对全真道嗣教六祖尹志平"诏赠清和妙道广化真人"。②

（2）据姬志真《无为抱道素德真人夏公道行碑记》载：在清

---

① 《道藏》第19册，第722页。
② 《道藏》第19册，第743页。

贫道人夏志诚于乙卯（1255）去世之后，"辛酉（1261），王庭嘉其德"，遣使持旨追赠"无为抱道素德真人"。①

（3）据王鹗《栖云真人王尊师道行碑》载：对王志谨，中统二年（1261），因"中书丞相奏：全真老宗师王栖云，操行纯正，海内钦崇，宜降玺书，以彰宠数。制可，特赐号'惠慈利物至德真人'。命下之日，四方万里闻之，莫不感悦"②。

（4）据王鹗《玄门掌教大宗师真常真人道行碑铭》载：忽必烈即位时，李志常已去世数年，忽必烈仍于"中统辛酉（1261）秋八月，诏赠真常'上德宣教真人'号"③。

（5）据王磐《玄门掌教宗师诚明真人道行碑铭》载：中统三年（1262），忽必烈又为全真道掌教张志敬赐号，其"制书"说："玄门掌教真人张志敬，自童子身著道士服，志行修洁，问学淹该，甫逾不惑之年，纯作难能之事，增光前辈，垂法后人，可特赐号光先体道诚明真人。"④ 至元二年（1265），忽必烈又下"圣旨"，命张志敬就长春宫建金箓大醮三千六百分位。据说行事之日，有群鹤翔舞，下掠坛绷，去而复来者累日。忽必烈以为这是祥瑞之象，特为嘉奖，赐张志敬金冠云罗法服一袭，仍命翰林词臣作《瑞应记》，刻之碑石。

（6）据高鸣《崇真光教淳和真人道行之碑》载：至元七年（1270），全真掌教张志敬逝世之后，忽必烈诏王志坦袭位，并赐"崇真光教淳和真人"之号。⑤

---

① 《道藏》第19册，第764页。
② 《道藏》第19册，第775页。
③ 《道藏》第19册，第747页。
④ 《道藏》第19册，第758页。
⑤ 《道藏》第19册，第777页。

（7）据陈楚望《清虚大师把君道行录》载：把德伸，学仲直，世居唐邑。幼而好学，事亲以孝闻。学广闻多，而以老氏虚心体道之要为入道之门户。曾受道于无尘子卫君，无尘甚器重之。晚寓青社，养素于太虚宫，与同门高士王君于府城东南隅构建一观，以居云游之众。全真掌教李志常名其观曰"通玄"，仍付以金栏紫衣，号曰"清虚大宗师诚明真人"，特授益都路道录。至元十二年（1275），忽必烈"遣使征召，留长春宫，每事屡有咨访，特旨迁授提举诸路道教，以彰有德"①。

（8）据姚燧《洞观普济圆明真人高君道行碑》载：高氏讳道宽，字裕之，应之怀仁人，幼业读书，能通大义，长为吏长安，丁内外艰，始弃室为黄冠。其从受学三人，始则安蓬莱瀹其源，继则李冲虚大其流，终则于洞真会其融而导其归，故游洞真门最久，洞真亦恃其有受而克大其传也，既告以道德之微言，又授上清紫虚之箓，赐号"圆明子"，署知重阳万寿宫及提点甘河遇仙宫。后任京兆道录十年。中统二年（1261），张志敬荐之朝，以为提点陕西兴元等路道教兼领重阳万寿宫事。至元八年（1271），易"子"为"尊师"，并加"知常抱德"于"圆明"之上。至元十三年（1276），"天后皇子安西王各锡黄金云罗冠服一，被教令又益以西蜀道教，犹仍'圆明'，第易'知常抱德'为'洞观普济'、'尊师'为'真人'"②。

（9）据姚燧《牧庵集》卷三十《太华真隐褚君传》载："云台真隐褚君，幼业儒，长而遭时艰，求所以托焉而逃者，寄迹老子法中，受学刘真常……后由真常主华阴之云台宫，始从之西。

---

① 《道藏》第19册，第781页。
② 《道藏》第19册，第786页。

……君名志通，字伯达，名闻天聪，俾祷水旱有应，不为沴，赐号佑德真人，提点岳祠灏灵宫。……年八十，德益深，闻益彰，圣皇思见益急。当岁己卯至元十六年（1279），诏中使起之，北面受命，稽首曰："草莽之臣……言不足以资廊庙择，力不足以疆御侮，今老矣，先狗马填沟壑，晨夕虽蒙冒龙光，力疾以行，终不达，恐伤陛下仁及草木之化，是以冒死请中使竟虚车而返。"①

（10）据程文海《雪楼集》卷十八《徐真人道行碑》载："师讳志根，梁之扶沟人。父某，仕金至昭武将军。师沉质魁伟，弱冠为道士，学于王真人志谨。……至元某年，制授本宗掌教真人。乙酉（1285），赐号崇玄诚德洞阳真人。"② 大德八年（1304）六月"无疾而逝，年九十一"③。

根据上述事实，可知忽必烈曾于中统二年（1261）和至元六年（1269）集中地对全真道士及其祖师进行加封，除此而外，还有经常的召见封赐等，表明他对全真道是十分尊重的。不仅全真为然，太一道士也是备受其恩宠的。兹仅就《元史》所载，他与太一道李居寿的关系作为例证，列举如下：

（1）据《元史》卷二百二《释老传》载，世祖忽必烈还"在潜邸"时，即于壬子岁（1252）命史天泽将太一道四代度师萧辅道召至和林，"赐对称旨，留居宫邸。以老，请授弟子李居寿掌其教事"④。

（2）据《元史》卷五《世祖本纪》载：至元元年（1264）十

---

① 《道藏》第19册，第787—788页。
② 《长春道教源流》卷六《徐志根》，谓其"号洞阳子"，又谓其受赐封号的时间是"至元二十三年（1286），与程《碑》略有出入。见《藏外道书》第31册，第111页。
③ 陈垣：《道家金石略》，第712—713页。
④ 《元史》第15册，第4530页。

一月"辛卯,召卫州太一五代度师李居寿赴阙"①。

（3）同书又载,至元十一年十二月"癸亥,赐太一真人李居寿第一区,仍赐额曰太乙广福万寿宫"②。同书卷二百二《释老传》称："至元十一年,建太一宫于两京,命居寿居之,领祠事。"③

（4）同书《释老传》又称：至元"十三年（1276）,赐（李居寿）太一掌教宗师印"④。

（5）同书又载,至元十六年（1279）十月"辛丑,以月值元辰,命五祖真人李居寿作醮事,奏赤章,凡五昼夜。事毕,居寿请问曰：'皇太子春秋鼎盛,宜预国政。'帝喜曰：'寻将及之。'明日,下诏皇太子燕王参决朝政,凡中书省、枢密院、御史台及百司之事,皆先启后闻"⑤。《释老传》所载亦同,并称："其后诏太子参决朝政,庶事皆先启后闻者,盖居寿为之先也。"⑥

同年十二月,"敕自明年正月朔日,建醮于长春宫,凡七日,岁以为例。命李居寿告祭新岁"⑦。

（5）同书又载：至元十八年（1281）正月"丁巳,制以六祖李全祐嗣五祖李居寿祭斗"⑧。

以上说明,忽必烈不但为李居寿修建宫观,为之赐额,命他主领祠事,且对皇太子是否参预国政之类的大事,也都言听计从,其尊宠之隆可想而知。但《元史》所载是很不完备的,王恽所作

---

① 《元史》第1册,第100页。
② 《元史》第1册,第159页。
③ 《元史》第1册,第159页。
④ 《元史》第1册,第4530页。
⑤ 《元史》第1册,第217页。
⑥ 《元史》第1册,第4530页。
⑦ 《元史》第1册,第218页。
⑧ 《元史》第1册,第229页。

李居寿的《行状》，叙述忽必烈对李居寿"眷顾光宠"的始末更详，当于后面论及之。

忽必烈对真大道也很关怀和扶植。在他即位之时，正值六祖孙德福开始掌教。忽必烈对孙德福异常器重。以后对七祖李德和、八祖岳德文等均十分眷顾。真大道在忽必烈的支持下，这时也有很大的发展。由于金、元之际其内部发生派系纷争，以及在岳德文之后其掌教人也一度产生混乱等情况，故将留在后面另做叙述。

忽必烈除对北方新道派继续崇奉以外，他为了能够顺利地统一江南，对于争取江南儒、释、道的工作十分重视。在南宋恭帝赵㬎投降之前，便积极开展这种争取工作。据《元史》卷八《世祖本纪》载，至元十二年（1275）七月"癸未，诏遣使江南，搜访儒、医、僧、道、阴阳人等"①。在赵㬎降元以后，对江南道教的争取工作更是非常认真，各个新旧道派的道士都受到尊宠。对于净明道，据柳贯《待制集》卷十四《玉隆万寿宫兴修记》载："至元丙子（1276），宋社既屋，有司上江南名山仙迹所宜祠者于礼部，玉隆与居其一。故凡主是宫，率被受玺书如令。"②说明净明道士这时受到很高的礼遇。对于武当道，忽必烈也于至元二十二年（1285）亲自召见该派道士叶云莱，并于次年委任他为都提点，主持武当道教。③

忽必烈对符箓派的三大宗，即龙虎正一、阁皂灵宝、茅山上清，也十分礼敬。《元史》卷十一《世祖本纪》载：至元十七年

---

① 《元史》第1册，第169页。
② 陈垣：《道家金石略》，第931页。
③ 参见《道藏》第19册，第667页。

(1280）七月"己巳，遣中使咬难历江南名山访求高士，且命持香币诣信州龙虎山、临江阁皂山、建康三茅山，皆设醮"①。同书卷十四又载，至元二十四年（1287）"二月壬辰，遣使持香币诣龙虎、阁皂、三茅设醮"②。对茅山宗，则于至元十七年（1280）十二月，"以三茅山上清四十二代宗师许道杞祈祷有验，命别主道教"③。至元十八年（1281）三月，"诏三茅山三十八代宗师蒋宗瑛赴阙"④。该诏书称："闻汝年高德邵，法箓精严，思接道论。今遣使驰驿召赴阙廷，仍敕有司如法津遣便安就道，毋致艰虞，故兹诏示，想宜知悉。"⑤ 表明他对茅山宗师的关怀。

龙虎宗，是江南很有势力的一个道派。故龙虎宗的道士更是受到忽必烈的百般宠遇。据《元史》卷二百二《释老传》载，忽必烈在即位之前的己未岁（1259），即曾令人往访三十五代天师张可大，可大报以"后二十年天下当混一"。后来，忽必烈在南宋尚未灭亡之前，即亲自召见三十六代天师张宗演，和他一见如故，叙谈家常，异常亲密，并立即命他主领江南道教，其弟子张留孙也受到特殊的尊宠。现仅据《元史·世祖本纪》所载，列举如下：

（1）至元十二年（1275）四月庚午，"遣兵部郎中王世英、邢部郎中萧郁，持诏召嗣四十代天师张宗演赴阙"⑥。

（2）至元十三年（1276）四月"壬午，召嗣汉天师张宗演赴阙"⑦。

---

① 《元史》第1册，第225页。
② 《元史》第2册，第295页。
③ 《元史》第1册，第229页。
④ 《元史》第1册，第230页。
⑤ 《道藏》第5册，第573页。
⑥ 《元史》第1册，第166页。按张宗演应为三十六代天师，不是四十代天师，当为《元史》之误。
⑦ 《元史》第1册，第182页。

(3) 至元十四年（1277）正月丙申，"赐嗣汉天师张宗演演道灵应冲和真人，领江南诸路道教"①。己未，又"命嗣汉天师张宗演修周天醮于长春宫，宗演还江南，以其弟子张留孙留京师"②。

(4) 至元十五年（1278）五月"辛亥，制授张留孙江南诸路道教都提点"③。七月辛亥，"建汉祖天师正一祠于京城"④。十月"乙丑，正一祠成，诏张留孙居之"⑤。

(5) 至元十六年（1279）二月"壬辰，诏谕宗师张留孙悉主淮东、淮西、荆襄等处道教"⑥。五月丙子，"命宗师张留孙即行宫作醮事，奏赤章于天，凡五昼夜"⑦。

(6) 至元十七年（1280）冬十月"甲申，诏龙虎山天师张宗演赴阙"⑧。

(7) 至元十八年（1281）三月"甲辰，命天师张宗演即宫中奏赤章于天七昼夜"⑨。七月辛酉，"命天师张宗演等即寿宁宫奏赤章于天凡五昼夜"⑩。

(8) 至元二十四年（1287）二月壬辰朔，"召天师张宗演赴阙"⑪。

(9) 至元二十五年（1288）十二月，"命天师张宗演设醮三

---

① 《元史》第1册，第187页。
② 《元史》第1册，第188页。
③ 《元史》第1册，第201页。
④ 《元史》第1册，第203页。
⑤ 《元史》第1册，第205页。
⑥ 《元史》第1册，第209页。
⑦ 《元史》第1册，第212页。
⑧ 《元史》第1册，第227页。
⑨ 《元史》第1册，第230页。
⑩ 《元史》第1册，第232页。
⑪ 《元史》第2册，第295页。

日"①。

(10) 至元二十八年（1291）正月壬寅，"命玄教宗师张留孙置醮祠星三日"②。

(11) 至元二十九年（1292）正月癸卯，"以［嗣］汉天师张宗演男与棣嗣其教"③。"壬戌，召嗣汉天师张与棣赴阙。"④

根据以上这些记载，可以看出忽必烈在即位之前，即与天师道拉上关系。即位之后，特别是在准备平定江南的时候起，一直与天师道保持非常密切的关系。天师道在他的支持下也获得重大的发展，其势力已从南方扩展到北方。

忽必烈不仅对南北新旧道派的重要首领十分尊重，对其他不甚知名的道教人物，也给予礼遇。《元史》卷四《世祖本纪》载：中统二年（1261）秋七月"己丑，命炼师王道妇于真定筑道观，赐名玉华"⑤。王恽《中堂事纪》称"王道妇"又称"王老姑"，"有古烈妇之风"⑥。至元二十八年（1291）十二月辛卯，"遣真人张志仙持香诣东北海岳、济渎致祷"⑦。

世宗忽必烈在位期间，与道教有关的各种醮事活动也是十分频繁的。仅《元史·世祖本纪》的这类记载便不少，文繁不录。

世祖忽必烈对宫观的兴建和修葺也十分重视。除上面所说他曾为王道妇造玉华观，为李居寿造太一广福万寿宫，为张留孙造正一祠等之外，据《元史》卷十《世祖本纪》的记载，至元七年

---

① 《元史》第 2 册，第 295 页。
② 《元史》第 2 册，第 318 页。
③ 《元史》第 2 册，第 343 页。
④ 《元史》第 2 册，第 358 页。
⑤ 《元史》第 1 册，第 72 页。
⑥ 《元史》第 1 册，第 78 页。
⑦ 《元史》第 2 册，第 354 页。

(1270）二月"筑昭应宫于高梁河"①。《玄天上帝启圣灵异录》引元吏部尚书徐世隆于至元七年九月所撰《元创建昭应宫碑》记载兴建的经过说："国家肇基朔方，以神武定天下，列圣相承……主上诞膺天命，嗣守大统，稽考典章，用润色鸿业，建宗庙，修礼乐，立官制，文物焕然为之一新，惟是宫殿未备，群臣请定都于燕，上可其奏，乃以至元三年（1266）新都于故城之北。越六年（1269）十二月庚寅城之西，高梁河之南，金水中有蛇出焉，长尺余，首耀金彩，背负青章，见者异之。……明日复有神龟，玄文绿质，游泳岸曲……皇后使访问博物大臣，以玄武神见为对，遂出内帑物，俾即其所见之地构祠焉。……皇帝若曰：神圣能阴庇吾民，可不吉蠲祀享，以答灵贶乎？乃诏大其栋宇而为之宫，既成，赐名曰昭应。"②对于昭应宫的建筑规模，元翰林学士知制诰兼修国史王磐在其于至元七年九月所撰《元创建昭应宫碑》中有这样的描述："重门宏敞，闳殿深严，翚飞璇题，金彩溢日，遂为京畿伟观。"③

在忽必烈当政期间，除在京畿建造灿烂辉煌的宫观之外，在其他地方也兴建了不少宫观。据《元史》卷十三《世祖本纪》载：至元二十二年（1285）十月"甲辰，修南岳庙"④。另据《洞霄图志》记载，至元（1264—1294）间，仅吴山一带兴建的宫观就有璇玑殿、佑圣殿、祠山张帝祠、龙王仙官祠、元清宫、冲天观、云阳观、冲真观、元洞观、明星宫、凝真道院、若虚道院、通明道院、益清道院等。

---

① 《元史》第1册，第128页。
② 《道藏》第19册，第641—642页。
③ 《道藏》第19册，第641—642页。
④ 《元史》第2册，第280页。

综上表明,忽必烈把成吉思汗所奠定的崇道政策做了全面的发展。《元史》作者评价忽必烈:"度量弘广,知人善任使,信用儒术,用能以夏变夷、立经陈纪,所以为一代之制者,规模宏远矣。"① 从宗教政策方面来看,也可说是立了"一代之制",堪称"规模宏远"。

(原载《宗教学研究》1999年第1期)

---

① 《元史》第2册,第377页。

试论道教对中国传统科技的贡献

道教是中华传统文化的瑰宝，而道教科技则是道教文化中最珍贵的内容，在中国科技史上占有极为重要的地位，对中国传统科技有过重大贡献，李约瑟博士曾经指出："道家①哲学虽然含有政治集体主义、宗教神秘主义以及个人修炼成仙的各种因素，但它却发展了科学态度的许多最重要的特点，因而对中国科学史是有着头等重要性的。此外，道家又根据他们的原理而行动，由此之故，东亚的化学、矿物学、植物学和药物学都起源于道家，他们同希腊的前苏格拉底的和伊壁鸠鲁派的科学哲学家有很多相似之处。……道家深刻地意识到变化和转化的普遍性，这是他们最深刻的科学洞见之一。"②

李约瑟所强调的在中国科技史上具有重大意义的道家道教科学哲学，也是道教内部能够产生丰富的科技成就的一个重要根源。我们所说的道教科技，是指道教学者的科学思想及其科技成就，包括某些同道教神仙方术糅和在一起的有科学技术价值的内容。

---

① 在以下这段文字里，李约瑟所谓的道家显然是包括道教在内的。
② 李约瑟：《中国科学技术史》卷二《科学思想史》，科学出版社、上海古籍出版社，1990年，第175—176页。

其范围甚广，涉及文理工农医等等多种学科，其中道教外丹黄白术对中国古化学和冶金学有重要贡献。内丹学则在人体科学奥妙的探索，包括生理心理学、脑科学、老年学、气功学等多项领域有卓著成绩。气功、导引、存思、守一、睡功、辟谷、食疗等在身心医学、体育学、营养学、养生学等领域取得了极为独特的成就。道教医药学在中国传统医学史上有其不容忽视的地位，道教中的房中术亦包含有诸多性医学、性心理学的合理科学成分。道教在天文、地理、博物、本草、矿物、铸造等多项领域都有突出贡献。道教的美容术、测绘学、武术、兵法等学科都有很丰富的科学成就。譬如现代研究表明，道士所重的《五岳真形图》中已有地图学上最早的等高线画法。而且有关研究还发现《五岳真形图》确与五岳的实际地形地貌有关，它大致能够反映当地的地形和路径，可以说是古代道士所描绘的有独特价值的五岳古地图。①

包括科学思想在内的先秦中国思想文化，是道教科技形成的基础，其中"道家思想乃是中国的科学和技术的根本"②。从道教科技的整个发展历史来看，汉代是道教科技的萌芽期。这时期，先秦以来中医药学发展中与神仙思想的天然关系，在汉代神仙方士对海上仙药的梦想和寻觅中进一步得到表现；仙方与汉代方士医群体崛起，神仙不死术盛行。东汉以后，对神仙不死药的追求，逐渐经历了一个从寻觅到炼制的转变过程。在这种转变过程中，方士们对中国传统医药学的吸收和发展，不容忽视。譬如，经过汉人整理的对先秦医药学有集大成意义的《神农本草经》，就夹杂了不少汉人的神仙思想。其中，诸如玉泉"久服耐寒暑，不饥渴，

---

① 有关研究可参见曹婉如等：《试论道教的〈五岳真形图〉》，《自然科学史研究》1987年第六卷第1期。
② 李约瑟：《中国科学技术史》卷二《科学思想史》，第145页。

不老神仙"。水银"久服神仙不死"、赤箭"杀鬼精物"① 等说虽近荒诞,却从侧面表明《神农本草经》中吸收了汉代方士和早期原始道教的医药学成就。有"万古丹经王"之称的汉代丹经巨著《周易参同契》,有丰富的化学和内丹学理论,至今为中外学者研究和重视。

道教的"我命在我不在天"思想,在其神仙学说及科技的形成和发展中发挥了积极的推动作用。道经《龟甲经》《西升经》《养性延命录》等曾多次阐述这一思想。道士们通过不同的方式,努力利用人类智慧制造神药以求长生不死。这种努力的结果就是充分利用地上万物为人类生存服务,使中医药学在这一过程中得到长足进展。三国时期道士华佗是一位著名的医学家,他不仅发明了体育科学史上著名的导引疗法"五禽戏",而且发明了为外科手术提供术前麻醉的药物"麻沸散",使外科手术学获得长足进展,这些都是对世界医学史的重大贡献。晋代葛洪所著《肘后备急方》为我国医学要籍之一,涉及急救医学、传染病学和内、外、妇、五官、精神、伤骨各科及疾病的预防、诊断、治疗等系列内容,详细分析了各种急症的病因,如生物因素、物理因素、化学因素、心理因素等,并有对某些疾病进行实验诊断的客观化鉴定技术。该书对天花病做了世界上最早的记录,还记载了人工呼吸、止血、腹腔穿刺、导尿、灌肠、肠吻合、清疮、引流、外固定法治疗骨折、关节脱位整复等多种外科急症治疗技术。葛洪提出的许多应急疗法,至今仍为农村地区所常用。此外,葛洪《抱朴子内篇》对古化学、矿物学、地理学、博物学、医药学等许多领域

---

① 《神农本草经》,引自《中国文化精华全集·医学卷》,中国国际广播出版社,1992年,第325页。

都有重要贡献,其中的《金丹》《黄白》等篇,对还丹术和炼化金液方法有相当深入的论述。南朝梁道士陶弘景的《神农本草经集注》七卷,不仅使中国医学最重要典籍之一《神农本草经》得以保存下来,而且还对中医典籍的注释学有开创之功。他所撰写的《养性延命录》,是一部重要的养生经典,许多内容至今很有参考价值。此外,陶弘景所著《肘后百一方》三卷尚存,其他如《效验施用药方》五卷、《集金丹药百要方》一卷、《服云母诸石药消化三十六水法》一卷、《服草木杂药法》一卷、《断谷秘法》一卷、《灵方秘奥》一卷等医药学著作均已散佚。隋唐之际的大医学家孙思邈也是一位道士。他三十岁后即隐居修道,著有《千金要方》《千金翼方》《枕中记》《太清丹经要诀》等多种著作,对中医学的发展有重大贡献。譬如他总结出运用动物甲状腺防治甲状腺肿大、用动物肝脏防治夜盲、用葱叶做导尿管为尿闭病人施行导尿术,等等,其所记录下颌关节脱臼整复法至今为医界沿用。

道教对中医解剖学有重大的贡献。如五代道士燕真人(号烟萝子,后晋天福年间去世)所著《烟萝子首部图》《烟萝子朝真图》《内境左侧之图》《内境右侧之图》《内境正面之图》《内境背面之图》等六幅,可以说是世界医学史上最早的人体解剖图。①

隋唐时期,外丹术进入鼎盛期,道教的科技成就不断涌现。《张真人金石灵砂论》的作者张九垓,号浑沦子,又号隐居,为唐玄宗、肃宗、代宗、德宗时道士,"开元间二十余年专心金鼎"②。其所著《金石灵砂论·释还丹篇》曰:"言还丹者,朱砂生汞,汞

---

① 〔五代〕燕真人:《内境图》,收入《修真十书·杂著捷径》卷十八,见《道藏》第4册,第690页。有关的研究见祝亚平:《最早的人体解剖图——〈烟萝子内境图〉》,《中国科技史料》1992年第2期。
② 《金石灵砂论·朱砂篇》,《道藏》第19册,第6页。

返成砂,砂返出汞,又曰白金黄石,合而成金,金成赤色,还如真金,故名还丹。"① 相当深刻地描述了朱砂(硫化汞)的化学反应过程。唐代道教炼丹家金陵子的炼丹著作《龙虎还丹诀》,记录了他的"点丹阳法"即制砷白铜法、"炼红银法"即提炼纯铜法等炼丹实验活动。② 书中一反过去道士写经中对某些重要环节的秘守或使用令人费解的词汇等习惯,而是明确指出操作规程。这些操作规程,已具有类似现代化学实验操作规程的科学严密性特点。

道教的丹道学说到唐末五代以后,有两个主要的发展方向:

其一,是丹道学说逐渐向内丹倾斜。内丹术逐渐盛行并取得重要成就,其独特的人体系统科学、心－身控制论与脑科学,对中医学的发展有极为深远的影响。其中,关于道教医学家对中国传统经络学说的贡献,明代医学家李时珍曾评论说:"紫阳《八脉经》载经脉,稍与医家之说不同。内景隧道,唯反观者能照察之,其言必不谬也。"③ 文中提到的"紫阳"即宋代道教南宗领袖张伯端(号紫阳真人);所谓"反观",指的就是道教内丹修炼中的"内视"。《八脉经》是张伯端的内丹医学著作,李时珍不仅将《八脉经》的经络学成就加以吸收,而且认为"其言必不谬也",充分肯定了道教内丹学对经络学说发展有重大贡献。在这些领域,道教对人类自身潜力的高度肯定和极为独特的发掘方法,至今值得研究。

中医学领域素有"医之门派始于金元"之说,而金元中医四大家当中,就有一家(刘守真)出于道教。全真七子之一的马丹

---

① 《道藏》第19册,第7页。
② 详见《道藏》第19册,第107—120页。
③ 〔明〕李时珍:《奇经八脉考》,引自马伯英,《中国医学文化史》,上海人民出版社,1994年,第314页。

阳在针灸学方面也有较大成就，并著有关于针灸操作的歌诀。这与全真道历来所强调的"真功""真行"思想有密切关系。按全真道《重阳立教十五论》"第四论合药"，要求全真道士通医药学："学道之人，不可不通。若不通者，无以助道。"①

其二，五代北宋以后，外丹术逐渐向中药和外科治疗学的方向演变，成就斐然。有关研究表明，宋代以来中药学中出现的许多"丹方"，就来自道教的外丹学成就；许多丹方至今仍在中医药领域发挥重要的治疗功能。

火药的发明，是道教对世界文明的重大贡献之一。中国古代火药的基本成分，正是道士炼丹活动中常用的硝石、硫黄和碳类物质。早在《抱朴子内篇》的丹方中，就具备了火药的基本成分，即"雄黄当得武都山所出者……先以硝石化为水，乃凝之，或以玄胴肠裹，蒸之于赤土下，或以松脂和之，或以三物炼之"②。不仅提供了火药燃爆所需的成分（硝石、雄黄和可提供碳类物质的玄胴肠或松脂等），而且提供了可能导致燃爆的热源（即"蒸之"）和可供验证其爆破力的条件（即"于赤土下"）。中外学者的研究表明，中唐时期已有道士还炼丹药的经验总结，火药的发明显然要比这更早。③

古代道士对光学的研究可谓成就斐然。如唐代道士张志和在《玄真子外篇》卷下《涛之灵》篇论述说："烬火为轮，其常也；非环而不可断者，疾乎连（速）也。"④ 这就是现代光学所谓的视

---

① 《道藏》第32册，第153页。
② 王明：《抱朴子内篇校释》，中华书局，1985年，第203页。
③ 有关研究可参见郭正谊：《火药发明史料的一点探讨》，赵国华主编，《中国古代化学史研究》，北京大学出版社，1985年，第460—462页。
④ 《道藏》第21册，第725页。

觉暂留现象。五代道士谭峭所著《化书》说："以一镜照形，以余镜照影，镜镜相照，影影相传。"① 认识到了平面镜反射现象的一些规律。在光学领域，元代全真道士赵友钦也是一位有重要成就的科学家。其弟子陈致虚（上阳子）称其："极聪敏，天文、经纬、地理、数术莫不精通。"② 可惜赵友钦的许多著述已佚，今人只能从其仅存的《革象新书》中了解他的科学成就。这是一部探究天地四时变化规律的著作，书中记录了他的几何光学实验活动及其成果。研究表明："他的'照度随着光源强度增强而增强，随着像距增大而减小'这一粗略的定性照度定律内容，在西方四百多年后才由德国科学家来博托得出'照度与距离平方成反比'的定律。而且，他那从客观实验出发，采用大规模的实验方法去探索自然规律的科学实践，这在世界物理科学史上也是首创的，比世界著名物理学家意大利的伽利略早两个世纪。"③

道教科技涉及的学科领域和内容极为广泛，许多成就至今仍有独特的实际应用价值，本文所述只是其中极小的一部分，系统研究、探讨道教对中国传统科学技术的贡献，不仅有利于澄清科技史上的许多问题，解决许多疑难，而且有利于正确认识和弘扬祖国优秀传统文化，为现代文明的合理发展提供来自中华文化系统的有益启示。

但是，由于道教科技往往与神仙方术的宗教神学糅合在一起，因此，在探讨它的时候，就必须有一个正确的方法作指导。而最主要的方法，就是运用唯物辩证的方法，实事求是地对它进行一

---

① 《化书·道化·形影》，《道藏》第23册，第590页。
② 《上阳子金丹大要列仙志》，《道藏》第24册，第76页。
③ 有关研究可见赖谋新：《元代高道赵友钦的光学研究和科学成就》，《中国道教》1998年第1期。

分为二的辩证分析，剔除其宗教神学的杂质，吸取其合理的科学内容。迄今为止，有些人对宗教文化抱有成见，把宗教与科技绝对地对立起来，视二者为水火不相容的东西，否认它们之间可以相互交叉。因而一说到道教文化，他们就持不屑一顾的蔑视态度，矢口否认其中还有合理的科技成分；另有些人虽然看到某些道教学者在科技上的杰出成就，但他们在肯定这些科技成就的时候，又仅仅承认这些学者是杰出的科学实验家，避而不谈他们同时又是虔诚的宗教家，实际上仍然是把宗教与科技绝对地对立起来。还有些人认为，对道教科技可以原封不动地全盘吸收过来，而不必对它进行任何分析批判。所有这些看法，从思想方法来说，都是与唯物辩证法的"两点论"相背离的，用这样的方法来指导道教科技的研究，是很难得出正确的科学结论的。

（原载《中国哲学史》1999年第1期）

道教生态伦理思想及其现实意义

生态环境的日益恶化，正在威胁着人类赖以生存的条件。全球气候日益变暖，空气和水污染日益严重，土壤肥力日益耗尽，许多可耕土地逐渐被沙漠所吞没，大批动植物物种逐渐被消灭，各种自然灾害的发生频率和危害程度与日俱增，凡此种种，均造成人与自然十分紧张的关系，以致使人类社会面临着全球性的严重的生态危机。这种危机的根源，在很大程度上均是人为因素所引起的，是人性的异化所导致的结果。如何克服这种危机，防止人性的异化，是当前人类社会所面临的一个重要课题。在这方面，道教的生态伦理思想给人类提供了发人深省的智慧，在今天愈来愈显其独特的价值，值得我们认真地研究。这里不可能全面地对此进行探讨，只提出几个主要问题来做一简要的介绍，以就教于方家。

一、"天人合一"是道教生态伦理思想的出发点

从哲学思想来说，与生态环保密切相关的问题就是人与自然的关系问题。这个关系在中国哲学思想史上又称为"天人关系"，

这是中国传统哲学中的一个重要命题,为历来的思想家所重视,道家道教与儒家都不例外。儒家早先是从政治伦理方面来说明这个问题的。如《易·序卦传》下篇说:"有天地然后有万物,有万物然后有男女,有男女然后有夫妇,有夫妇然后有父子,有父子然后有君臣,有君臣然后有上下。"在这里,"天地"是从来就有的,后来才派生出万物和人。既然人是从天派生的,因此,人就要则天、顺天、应天。孔子说:"唯天为大,唯尧则之。"① 并认为人世间的道德伦理来自天赋。《中庸》说:"天命之谓性。"孟子认为,人性是善的,这个人性之善,是"天之所予我者"②,是生来就有的,并对此阐述说:"恻隐之心,人皆有之;羞恶之心,人皆有之;恭敬之心,人皆有之;是非之心,人皆有之。恻隐之心,仁也;羞恶之心,义也;恭敬之心,礼也;是非之心,智也。仁义礼智,非由外铄我也,我固有之也。"③ 又说:"无恻隐之心,非人也;无羞恶之心,非人也;无辞让之心,非人也;无是非之心,非人也。恻隐之心,仁之端也;羞恶之心,义之端也;辞让之心,礼之端也;是非之心,智之端也。人之有是四端也,犹其有四体也。"④ 董仲舒则说:"王道之三纲,可上求于天。"⑤ 把儒家的"三纲五常"说成天经地义,千万年都变动不得。

道家和道教的主张则与儒家的说法不同。它认为天地并不是最根本的,最根本的是"道"。这个"道"是在天地万物产生之前就有了的。世界上的一切,包括天地万物和人,都是从这个"道"

---

① 《论语·泰伯》。
② 《孟子·告子》。
③ 《孟子·告子》。
④ 《孟子·公孙丑》。
⑤ 《春秋繁露·顺命》。

产生的。这就是《道德经》所说的"有物混成，先天地生。寂兮寥兮，独立不改，周行而不殆，可以为天下母。吾不知其名，字之曰道"①。这个"先天地生"的"道"，是如何产生天地万物和人的呢？《道德经》对此阐述说："道生一，一生二，二生三，三生万物。"② 表明"道"为宇宙万物之本原，"一"为道所产生之元气，"二"为元气所产生之阴阳，"三"为阴阳合和所产生之天地人三才，人与天地共同生养万物。由此可见，这个"道"，既是万物之宗，又是万物之始，更是万象之源，它把天、地、人等宇宙万物都连贯成为一个整体。这就突破了古代哲学以政治伦理为轴心的局限，把思考的范围扩展到整个宇宙，树立了朴素的整体观念，并由此出发来审视人世间的各种事物和各种问题。按照这种观点来看，人本来就是自然的一部分，其本性当是自然而朴素的，仁义礼智并不是人的自然本性，不是每个人生来就具有的。《道德经》里便明确地说："大道废，有仁义。智慧出，有大伪。六亲不和，有孝慈。国家昏乱，有忠臣。"③ 又说："失道而后德，失德而后仁，失仁而后义，失义而后礼。夫礼者，忠信之薄而乱之首。"④ 庄子也说："夫至德之世，同与禽兽居，族与万物并。"人与自然浑然一体，人皆具有素朴无欲、不失其真常自然之本性。"及至圣人，蹩躠为仁，踶跂为义，而天下始疑矣；澶漫为乐，摘僻为礼，而天下始分矣。故纯朴不残，孰为牺尊！白玉不毁，孰为珪璋！道德不废，安取仁义！……夫残朴以为器，工匠之罪也；毁道德以为仁义，圣人之过也。"⑤ 他认为仁义这些东西，并不是

---

① 《道德经》第二十五章。
② 《道德经》第四十二章。
③ 《道德经》第十八章。
④ 《道德经》第三十八章。
⑤ 《庄子·马蹄第九》。

天赋予人的一种善性,事实上强盗也是会讲仁义的。"故盗跖之徒问于跖曰:盗亦有道乎? 跖曰:何适而无有道邪! 夫妄意室中之藏,圣也;入先,勇也;出后,义也;知可否,知也;分均,仁也。五者不备而能成大盗者,天下未之有也。"① 又说:"为之仁义以矫之,则并与仁义而窃之。何以知其然邪? 彼窃钩者诛,窃国者为诸侯。诸侯之门,而仁义存焉。则是非窃仁义圣知邪!"② 因此,他说:"且夫属其性乎仁义者……非吾所谓臧也。……吾所谓臧者,非所谓仁义之谓也,任其性命之情而已矣。"③ 所谓"任其性命之情",就是指各足其真常自然的本性,使人与自然融为一体,达到他所谓的"天地与我并生,而万物与我为一"④ 的天与人完全混合的境界,这就是他所说的"人与天一也"⑤。"一"是什么? 一就是道,即自然之道。故道家所谓的"天人合一",乃是认为天、地、人和万物都合于自然之道,这就是"道通为一"⑥。

这种"天人合一"思想在道教的早期经典《太平经》中也有详细的论述。《太平经》在吸收先秦道家思想的基础上,又有所发展。庄子一方面提出"道通为一",另一方面又提出"通天下一气耳"⑦ 的命题。《太平经》则运用元气论的思想对此做了阐发。它提出"道"为万物的元首,元气行道,以生天地万物。它说:"夫道何等也? 万物之元首,不可得名者。六极之中,无道不能变化。元气行道,以生万物,天地大小,无不由道而生也。"⑧ 又说:

---

① 《庄子·胠箧第十》。
② 《庄子·胠箧第十》。
③ 《庄子·骈拇第八》。
④ 《庄子·齐物论第二》。
⑤ 《庄子·山木第二十》。
⑥ 《庄子·齐物论第二》。
⑦ 《庄子·知北游第二十二》。
⑧ 王明:《太平经合校》,中华书局,1960 年,第 16 页。

"道无所不能化，故元气守道，乃行其气，乃生天地。"① 并明确指出："天、地、人本同一元气，分为三体。"② "元气有三名，太阳、太阴、中和。形体有三名，天、地、人。"③ 这便说明，尽管天、地、人和万物的形体不同，但都本是同根生，从而进一步丰富了道家"天人合一"的内容。

道教的生态伦理思想，正是从这样一种"天人合一"的基本思想出发的。既然人与自然本是同根生，是浑然一体的，那么《太平经》便强调这天、地、人三气应当相互协调，彼此"相爱相通，无是有害者"，方能"并力同心，共生凡物"④；"一气不通，百事乖错"⑤。《太平经》认为，只有"天地和合，三气俱悦"，然后"跂行之属，莫不向风而化为之，无有疫死者，万物莫不尽得其所"⑥。《太平经》还指出，在人与万物之中，人"为万物之师长"⑦，人应当体察"天道恶杀而好生"之意，不要轻易杀伤万物。它用警告的口气告诫人们说："夫天道恶杀而好生，蠕动之属皆有知，无轻杀伤用之也；……故万物芸芸，命系天，根在地，用而安之者在人；得天意者寿，失天意者亡。凡物与天地为常，人为其王，为人王长者，不可不审且详也。"⑧ 葛洪在《抱朴子内篇·微旨》中，也把长生成仙与个人的积善立功结合起来，认为修道的人，应当"慈心于物，恕己及人，仁逮昆虫……手不伤生

---

① 王明：《太平经合校》，第 21 页。
② 王明：《太平经合校》，第 236 页。
③ 王明：《太平经合校》，第 19 页。
④ 王明：《太平经合校》，第 148 页。
⑤ 王明：《太平经合校》，第 18 页。
⑥ 王明：《太平经合校》，第 133 页。
⑦ 王明：《太平经合校》，第 205 页。
⑧ 王明：《太平经合校》，第 174 页。

……如此乃为有德,受福于天,所作必成,求仙可冀也"①。道教的许多戒律条文也明确规定不得侵害鸟兽鱼虫,要保护好自然环境,如此,则有福报,否则将有恶报。诸如弹射飞鸟,刳胎破卵,春夏燎猎,牢笼飞鸟走兽,毒药投水伤生,破坏田野山林,乱伐树木等,都是有罪于天地万物的行为。所行每事上天司命神都有相应的罪恶记录,积累成恶报,或夺纪,或夺算,视所积恶的轻重多少而定,算尽则死。如《太上老君戒律》的《老君说一百八十戒》中,便有不少关于爱护自然万物、反对残害自然生灵的戒条,并称:"世人不持戒律,死有重罪。"② 这虽是道教的神学,但对于人与自然的关系来说,设想如果人人都随心所欲,长期无休止地破坏自然,那么,面临算尽而死之厄运的,恐怕不止一个人或一些人,而将是整个人类。因此,道书中普遍对于破坏自然、杀生伤物给予谴责和惩罚的思想,是很有现实意义的。这正是道教生态伦理思想的重要内容,不能以其为道教神学而加以忽视。其可贵之处,就在于它企图变天人分离为天人合一,变天人对抗为天人协调,恢复道家道教关于天、地、人等宇宙万物相统一的整体观念。毫无疑问,道教的这种生态伦理思想,将在当前恢复人与自然协调关系的生态环境运动中扮演着重要的角色。

二、"道法自然""自然之道不可违"
是道教生态伦理思想的核心

道家道教一方面主张万物自道生,另一方面又主张万物生而

---

① 王明:《抱朴子内篇校释》,中华书局,1980年,第114—115页。
② 《道藏》第18册,第219页。

有道。在《庄子》中便有这样的一段生动的故事："东郭子问于庄子曰：所谓道，恶乎在？庄子曰：无所不在。东郭子曰：期而后可。庄子曰：在蝼蚁。曰：何其下邪？曰：在稊稗。曰：何其愈下邪？曰：在瓦甓。曰：何其愈甚邪？曰：在屎溺。东郭子不应。"① 既然道无所不在，万物皆生而有道，道教便认为，世界上的一切生灵都有其平等的生存权利和合理的存在地位，应该让宇宙万物都能在大自然的慈光普照之下自由生长，任性自在，自足其性，得其自然之存在与发展，人当无为，勿加干预。庄子说："无以人灭天。"② 《太平经》说："凡物自有精神，亦好人爱之，人爱之便来归人。"③《抱朴子内篇·塞难》说："天道无为，任物自然，无亲无疏，无彼无此也。"④ 因而主张圣人"任自然……存亡任天"⑤。道教所奉《阴符经》有"圣人知自然之道不可违因而制之"的思想。这种"道法自然"、顺应自然的思想，在整个道教思想史上得到不断的发展。唐代道教思想家成玄英在其《庄子》注疏中指出："若不任性自在，恐物淫僻丧性。"⑥ 清代道士闵一得《阴符经玄解正义》亦云："万物自生，岂劳人力也哉！"⑦ 说明在道教的生态伦理思想中蕴含着一种重要的伦理观念，就是人类不应以自我为中心，认为只有人类才有资格获得伦理关怀，其道德地位优越于其他物种，从而将人类凌驾于万物之上，以致错误地认为人类的一切需要都是合理的，人对天地万物的所有征服

---

① 《庄子·知北游第二十二》。
② 《庄子·秋水第十七》。
③ 王明：《太平经合校》，第25页。
④ 王明：《抱朴子内篇校释》，第124页。
⑤ 王明：《抱朴子内篇校释》，第142页。
⑥ 《道藏》第16册，第409页。
⑦ 胡道静等主编：《藏外道书》，第10册，巴蜀书社，1984年，第300页。

和改造都是必要的，以为人可以随心所欲地役使万物；恰恰相反，人类应当合乎自然地把自己放在天地间的一个较为合理的地位，从可持续发展的伦理观念和以高度负责的精神去很好地保护自然，爱护自然，管理好人与自然共同生息的"地球村"，达到人与自然和谐相处，这样才有利于人类自己的生存和发展。否则，人类将面临作茧自缚、自绝于天地的后果。浅薄地认识人与天地自然万物的关系者，总是带着主人役使万物的观念面对这个世界，试图征服和奴役这个世界，让万物服从于他们的无穷贪欲。为了满足他们的欲望，便用各种各样的手段去戕害自然，企图以此来证明其为"万物之灵"的高贵地位，从而造成人与自然的紧张关系，导致彼此之间亲和关系的丧失，最后遭到自然界对人类的无情惩罚。然而深悟人与天地自然万物关系之奥妙者，则从这个关系中找到人类自身应有的地位和作用，发现了自我生存和发展，以及这种生存和发展得以无限延续并愈来愈美好的哲学，从而得出了"道法自然""自然之道不可违"的重要结论，把人与自然的关系视为一种由伦理原则来调节和制约的关系，把道德关怀的对象扩展至所有的存在物，这便是道教生态伦理思想的核心。这从本源上提出了解决现代人与自然紧张关系的原则和方案，重新建立人与自然之间原本存在的亲和力，使二者均能处于和谐的存在序列中相生相养、相煦相温的境界。在这个境界中，人与天地自然万物之间有一种交感的关系。人们需要从自然中吸取其生存的养分，开发自然资源以求生存，但已没有宰割和奴役自然的意欲，而换之以互依互存、感激自然光泽，不采取"竭泽而渔"的态度。在这种态度下，人们将以"征服自然"来表明自己力量的方式，改变成以"赞天地之化育"的方式来体现人之作为万物之灵。这使道教在对待人与自然的关系上，达到宗教可能达到的最高境界。

而这种境界不但不以损害人类自身利益为前提,反而在更高层次上满足了人类利益,延长和扩展了人类的生存及其价值。所以,道教的这种生态伦理观可说是一种可持续发展的伦理观,是对人类中心主义伦理观的一种超越。

三、"相生相养"和"济世度人"是道教生态伦理思想的社会生活准则

道教的生态伦理思想是以道家哲学作为理论基础,赋予"道"以宇宙本体和普遍规律的意义,并从其"天人合一"的思想出发,将"道"分为"天道"与"人道":"天道"指自然的规律和法则,"人道"指人事的规律和法则,包括人与社会和人与人的相互关系,二者乃是完全一致、密不可分的。而且人与社会和人与人之间的关系,是影响人与自然之间关系的更深层次的因素,处理好前者的关系对处理后者的关系具有决定性的意义。因此,在探讨人与自然的生态伦理时,不能不探讨人与社会和人与人的人际伦理。

在人与社会和人与人的相互关系问题上,道教是以《道德经》的"道生之,德畜之"① 这一思想为依据,提出"道者,天也,阳也,主生;德者,地也,阴也,主养;万物多不能生,即知天道伤矣"②;主张"凡事无大无小,皆守道而行,故无凶;今日失道,即致大乱"③。这个"道",就是指相生相养之道,既是"天道",也是"人道",是天与人的合一,也就是道教生态伦理思想

---

① 《道德经》第五十一章。
② 王明:《太平经合校》,第218页。
③ 王明:《太平经合校》,第21页。

所主张的社会生活的公共准则。怎样才能相生相养,既符合所谓的"天道",也符合所谓的"人道",或符合这种社会生活的公共准则呢?它反复指出,天地间的一切财物,都是"天地和气"所生,属于社会公有:"物者,中和之有。"① "乃此中和之财物也。"② "中和有财,乐以养人。"③ "天地乃生凡财物可以养人者"④,故不应为个别人所独占,为少数人据为己有,更不得以此为资本去敲诈和掠夺别人。哪怕是"少(小)内(按:指帝王的私库,引者注)之钱财",也"本非独以给一人也;其有不足者,悉当从其取也"⑤。因此,它主张每个人都要有"济世度人"的社会责任感,强调在社会生活当中,每个人都应遵守社会的公共准则,要友善地对待他人,在人与人之间要实行互助互爱,要"悯人之凶,乐人之善,济人之急,救人之危"⑥。有财物的人应当"周穷救急","有财相通";有道德的人也应当以道德教人。它还认为"天道助弱"⑦,"天之道"是"损有余而补不足"⑧。所以,它反对"智者"欺负"愚者"、"强者"欺负"弱者"、"少者"欺负"老者",认为这是"与天心不同,故后必凶也"⑨。它强调为人君父者,应当实行人人平等而又公平的平均主义原则,认为"天地施化得均,尊卑大小皆如一,乃无争讼者,故可为人君父母也"⑩。

---

① 王明:《太平经合校》,第 246 页。
② 王明:《太平经合校》,第 242 页。
③ 王明:《太平经合校》,第 248 页。
④ 王明:《太平经合校》,第 243 页。
⑤ 王明:《太平经合校》,第 247 页。
⑥ 《太上感应篇》。
⑦ 王明:《太平经合校》,第 703 页。
⑧ 《道德经》第七十七章。
⑨ 王明:《太平经合校》,第 695 页。
⑩ 王明:《太平经合校》,第 683 页。

这种统治者与人民的关系,是人与人和人与社会关系中的重要方面,能否正确处理关系到整个社会是否安宁的问题。《道德经》指出:"民之饥,以其上食税之多,是以饥;民之难治,以其上之有为,是以难治;民之轻死,以其上求生之厚,是以轻死。"① 唐末五代道士谭峭在其《化书》中也描述了统治者的强取豪夺、残酷剥削,是造成人民痛苦、社会动乱的基本原因;指明了统治者的享乐腐化,是加重剥削、贫富悬殊的内在因素。他幻想建立一个像蝼蚁那样的没有剥削、没有压迫,君与民共同劳动、共同生活、共同治理的社会。他说:"蝼蚁之有君也,一拳之宫,与众处之;一块之台,与众临之;一粒之食,与众蓄之;一虫之肉,与众啖之;一罪无疑,与众戮之。"② 这样,统治者与老百姓之间便能做到"心相通而后神相通,神相通而后气相通,气相通而后形相通,故我病则众病,我痛则众痛"③。彼此休戚与共,老百姓就不会有怨恨,也不会起来造反,世界就可以达到太平的境界,人与自然就可以和谐共处,生态环境也就可以受到保护了。

四、"归真返朴""知足常乐"是道教生态伦理思想的人生宗旨

在人与大自然相互关系问题上的生态伦理思想,与每个人的人生哲学及其生命价值观是紧密相连的。

道教的人生哲学认为,人的生命价值在于尊道贵德,唯道是

---

① 《道德经》第七十五章。
② 《道藏》第23册,第599页。
③ 《道藏》第23册,第599页。

求。为了求道，人们首先就应按照"道法自然"的思想，在生活方式上，恪守"归真返朴""知足常乐"的人生宗旨，做到恬淡无欲，不追求功名利禄，不为个人私欲而精神不安，始终保持一种"安时而处顺"、顺应自然的高尚情操，以崇尚节俭为荣，以攀比奢侈为耻。其明确主张"见素抱朴，少私寡欲"和"去甚，去奢，去泰"①，不让永无止境的物质欲望来扰乱个人内心的安宁。两千年前的老子早就指出："五色令人目盲，五音令人耳聋，五味令人口爽，驰骋畋猎令人心发狂，难得之货令人行妨。"② 意即色、声、香、味等这些外在的诱惑人的东西容易让人眼花缭乱，使得人心永不知足，结果就会使人丧失自己原来所具有的那种素朴无欲的自然本性，从而发生异化，破坏人与自然的和谐统一，导致人与自然的严重对抗。

道教生态伦理思想所倡导的这种人生宗旨与一味追求个人物质利益、拜金主义、享乐主义思想是针锋相对的。在这种思想的影响下，有些人为了金钱和享受，可以不顾一切，包括出卖自己的良心和人格，只要有利可图，便肆无忌惮地破坏自然，哪怕是濒临绝灭的珍贵的动植物种，也要大肆屠捕和砍伐，"杀鸡取卵"，"竭泽而渔"，无所不用其极；许多商品生产者唯利是图，从片面追求利润出发，只要有钱可赚，便不管生产的商品是否会造成环境极大的污染和对人民的健康造成极大的危害，乃至制造一些毒害人民、屠杀生灵的违禁物品，以谋取暴利。其结果终于导致整个社会的道德沦丧，歪风邪气蔓延滋长，人的本质发生异化，人与自然关系的严重恶化使人类面临全球性的生态危机。相反，如

---

① 《道德经》第十九章和第二十九章。
② 《道德经》第十二章。

果人人都能信守道教生态伦理思想所倡导的"归真返朴""知足常乐"的人生宗旨办事,"是道则进,非道则退",整个社会风气就可以大大好转,人们的思想素质也会大大提高,并从金钱的奴役下解放出来,摆脱个人名利的精神枷锁,恢复人类原有的素朴无欲的自然本质,更好地发挥个人的聪明才智,体现人的真正的人生价值,使人与自然协调发展,恢复人与自然的和谐统一。

(原载《四川大学学报》2002年第1期)

道派史研究

天心正法派初探

天心正法派由天师道衍化而来，以传天心正法得名。两宋间路时中等人始倡导之。

据南宋洪迈所撰《夷坚志》丙卷十三记载，路时中名当可，政和（1111—1117）中，其父路宝瑾任商水县令，当可侍行，其时年方十七岁，被道士摄去，洗涤五脏，传以符法。《夷坚志》乙卷七《毕令女》条说：路时中以符箓治鬼著称，被人们称为"路真官"，"常赍鬼公案自随"，于建炎元年（1127）自彭城东下，在灵璧县治病。号"上清大洞三景法师"，编有《无上玄元三天玉堂大法》三十卷，为《道藏》收录。本文卷一《发明大道品第一》末尾载有"上清大洞三景法师路时记"称："宣和庚子（1120）上元夜，星坛奏香回，入室存真，异香降，回首见祖师于金光梵炁中谓余曰：'余吴之赵升也，今侍阙下，吾昔生于天目山中，有秘书，临上升之时，藏于江南句曲山三茅大山之顶，汝其往取。'余后数年，被命通守金陵，专谒峰顶，夜半神光亘天，入深开掘可三丈许，得石函一，帛书一卷，长约六七丈，杂以蓬莱细沙。余得之,因厘为二十四品①,以传世云。"② 又说:"靖康丙午(1126)冬,余寓毗陵,遂承玉旨传记,许与龙虎嗣真均礼,阳行阴报,昭格则有过之矣,即知此大教乃玄元与圣师本誓,与他法不同。"③卷二十八《三光祖符品》末尾又载称:"以上七品格言,并大观元年(1107)正月十五日至七月初七日,累受大教主天君密降口诀。自后至宣和元年(1119),品书禁书并降,笔以传真,在绍兴戊寅(1158)也。天君降靖中,如婴儿声,惟时中与弟子翟汝文亲闻笔记也。"④ 由此可见,《无上玄元三天玉堂大法》一书的编纂,当在南宋绍兴(1131—1162)年间。北宋方勺《泊宅编》⑤卷七称:"朝散郎路时中行天正法,于驱邪尤有功,俗呼路真官。"此路时中与前书编纂者的路时中,在活动时间上有些差异,是否为同一人,待进一步考定。

从《无上玄元三天玉堂大法》一书的记载来看,尽管时中和许多创派者一样,编织了不少神话为他的道派历史抹上了一层神圣的光彩,但他的创派活动是在两宋之交,这是非常明确的。并谓其渊源是来自汉代的天师道。关于这个问题,他在该书卷二十六《师旨直指品》里说:"玉堂乃天心祖法之内秘,万法之所宗,三界所仰。自汉天师以来,独传心印,别无他术,惟正而已。"又说:"今玉堂大教之出世,原于正一天师。正则不邪,一则不二。"⑥ 南

---

① 今查该书卷一至卷二十三,共载二十四品,皆有次第番号。卷二十四至卷三十,共载八品,没有次第番号,且其中卷二十四《延生度记品》与卷十一所载第十三品名相同。卷二十五《保制劫运品》与卷二十三所载第二十三品名相同,前后体例不同,品名亦有错乱,或卷二十四至卷三十属于后来增补。
② 《道藏》第4册,第3页。
③ 《道藏》第4册,第3页。
④ 《道藏》第4册,第111—112页。
⑤ 《泊宅编》所记,皆北宋哲宗元祐(1086—1093)迄徽宗政和(1111—1117)间朝野旧事。
⑥ 《道藏》第4册,第101页。

宋人所编的《上清北极天心正法》亦称："夫天心正法者，自太上降鹤鸣山日授天师，指东北极之书，辟斥邪魔，救民是务。"① 当然，这种所谓"太上降授"，也和"赵升下降"一样，仅是一种伪托，但也表明它和天师道的密切关系。

同书又称，天心正法"简而不繁"，其主要内容有"三符""两印"。所谓"三符：一乃天罡大圣符，二曰黑煞符，三名三光符"②。所谓"两印：一系北极驱邪院印，又名都天统摄三界鬼神之印，二系都天大法主印"③。其中以"三光符"为最重要。该书称："若论三光符者，上结三皇，道应三境，德表三才，真出三师，是名天心。"④ 金允中所编《上清灵宝大法》卷六亦说："天心正法，以三光为主。"并解释"三光"说："三光亦曰天之三奇，即日月星是也。"⑤ 查路时中所编纂的《无上玄元三天玉堂大法》一书，亦信而有征。该书卷八《驱邪辅正品第十》对此阐述说："日者，众阳之宗；星者，众阴之宗；月者，受阳以为明也。三光所烛，雨雪阴曀不屏而自消，狐妖孽禽不驱而自溃。……符箓虽多，孰逾三光，故以三光为首。"⑥ 该书卷一《发明大道品第一》又说："夫嗣玉堂者，与天为徒也。天为徒非他，三光而已。所以真师内修三光以成道，外运三光以为符。盖三光之妙，天得之而长久，人从之而登真，故布三光之炁，可以救世人疾病；发三光之法力，可役鬼神；宣三光之威德，可绝妖怪灵响；降三光之慧照，可以开幽冥。"⑦ 他对"三光"又做了进一步的解释，认为所

---

① 《道藏》第10册，第645页。
② 《道藏》第10册，第645页。
③ 《道藏》第10册，第645页。
④ 《道藏》第10册，第645页。
⑤ 《道藏》第31册，第379页。
⑥ 《道藏》第4册，第24—25页。
⑦ 《道藏》第4册，第1页。

谓"三光",既指玄天之三光,也指在身之三光。因此他指出:"三光之法虽简,行之在我,自无穷已。今学者当以在身之三光,合在天之三光,若能行此,方可称师。"① 而且认为,二者之间,以修自身之三光最为根本。他在谈到取炁之法时说:"取炁之法,妙在三光。凡取三光炁,在以真合真。今人不知取炁之法,惟回头仰首,吸冷炁,吹暖炁。夫三光在天,相去甚远,一呼一吸,不可果得。岂知我之三光,在身不远,不劳取吸,自然长存,要在运吾之真,而委聚之,故不吸取外劳也。"② 又说:"学者知此,则知玉堂之教,在乎修三光之玄,不在乎外。"③ 三光之法,也许脱胎于灵宝。及其为天心正法派以之为主要内容后,灵宝派反而避讳之。故金允中《上清灵宝大法》卷六又称:"近世之行灵宝者,只欲自成一家,不肯与正一法箓同,故于灵宝中略去三光之论,恶其名与天心雷同,不足以卖奇于嗣法弟子。"④ 金允中对此提出了严厉的批评。这表明天心正法与灵宝派也有密切关系,亦是灵宝派分化的结果。

天心正法也强调嗣教者必须奉戒。《无上玄元三天玉堂大法》卷二《真师戒律品第二》载有《升堂大戒三条》,即"一戒淫心"、"二戒尘心"、"三戒妄意",并称:"此三戒乃求真上学之士修持,若世俗中人以下,恐未能免俗,难持大戒,先授《玉堂通戒》,次第登真。"⑤ 其《玉堂通戒》共二十四条,即:"一戒,心不宿毒。""二戒,目不视非。""三戒,舌不嗜臭。""四戒,口不

---

① 《道藏》第4册,第1页。
② 《道藏》第4册,第2页。
③ 《道藏》第4册,第2页。
④ 《道藏》第31册,第379—380页。
⑤ 《道藏》第4册,第3—4页。

匪言。""五戒，耳不杂听。""六戒，酒不至醉。""七戒，色不动情。""八戒，炁不乱使。""九戒，性不兴怒。""十戒，不嫉。""十一戒，不妒。""十二戒，不贪。""十三戒，不吝。""十四戒，不傲。""十五戒，不骄。""十六戒，不欺。""十七戒，不佞。""十八戒，不淫。""十九戒，不欲。""二十戒，不盗。""二十一戒，不得随缘逐势，争竞功名。""二十二戒，不得裸露星辰及非礼神祠。""二十三戒，不得杀生毁命。""二十四戒，不得食啖六辛。"以上这二十四戒，"在俗在道，皆可受持"①。卷二十《生身受度品第二十一》又谓：凡受度以后，称为"道子"，"须更受持十戒"，"宜谨持勿犯"②。这"十戒"中的有些内容虽与《玉堂通戒》相似，但这均是针对受度者而言的。如第一戒云："一者先当奉三真香火。三真者，道经师也，亦曰三尊，受度人今为道子，名登玉历，不可新事下土邪神。凡血食祀典，非自修真而来者，皆曰邪鬼也。自今后或于未受度前已曾事神祇，自今可以礼送之，不复更事也。如受度以前已曾奉佛者，当于佛之上首别立太上三尊供事，不可以佛压上帝位也。"③ 由此可见，凡天心正法道士，不许奉祀本派三尊之外的其他神祇。若在受度前已曾奉祀其他神祇的，受度后也必须办理了结手续，不得再奉。若从佛教徒转为天心派道士的，则当以本派三尊神祇驾临于佛之上而不得相反。其第二戒又说："二者，既已受度，当日勤香火，严奉斋戒，习诵真经。所谓真经者，《度人经》《生神章》之类是也。"④ 很显然，这类规定只有对已受度后的天心派道士才有约束力，在俗者不必

---

① 《道藏》第4册，第4页。
② 《道藏》第4册，第71页。
③ 《道藏》第4册，第71页。
④ 《道藏》第4册，第71页。

一定奉持。透过这类道戒，也可看出天心派的一些特点。该书的绝大部分篇幅均为各类符咒。另有《无上三天玉堂正宗高奔内景玉书》上下两卷，则全为符咒。其卷上一开始便说："夫学上道，希慕神仙，惟日精月华，乃能炼成仙道，非假玄功，则莫能合真。所谓晶华者，夫岂求之于外，乃吾身自得之真也。道法千门万户，曲径旁蹊，杂说纷冗，故学者多舍真入伪，弃内就外，行之愈久，功必难成。今高奔日月之道，即是太上传祖师之秘旨，古惟口口相授，不假文辞，今特纪之笔端，盖使后世有缘者易以寻究也。"① 卷下一开始又说："护身延生者，莫大于斗真……万法皆从斗出，万神皆从斗役。是知一切法、一切行持，非斗莫能通应。……则此法实三奔之一秘，登真之阶梯也，可不敬之？"② 故此书所谓"三奔"之道，与《无上玄元三天玉堂大法》所谓修"三光"之说完全一致，有可能仍为路时中所编纂。其中并谓："且天以日月为精神，人身象之，故能体天而修其身，则回阳换骨，白日登晨，信即此而取效。故《黄庭经》云：'高奔日月吾上道，郁仪结邻善相保。'又云：'日月光华，救老残枯。'非虚语。"③ 是天心正法尚有取于上清派的思想内容。

《道藏》中现存冠有"天心正法"的道书，尚有《天心正法修真道场设醮仪》一卷④，该书未著撰人，大致成书于宋徽宗之后。其内容为讲述道士设道场举行天心正法时之设醮仪式，有宣咒、发炉、奏章、请圣、上香、上茶、献酒、献汤、送神等仪程。

据《夷坚志》所载，南宋时行天心正法者除路时中之外，尚

---

① 《道藏》第4册，第122页。
② 《道藏》第4册，第129页。
③ 《道藏》第4册，第122页。
④ 载《道藏》第18册，第323—327页。

有其他不少的人。如《支志》戊集卷五载有福州人任道元,为故太常少卿任文荐长子,少年慕道,从欧阳文彬受学炼度,行天心法,甚著效验。孝宗淳熙(1174—1189)中,被神劾死。同书戊集卷六载有临安王法师,平日奉行天心法,为人主行章醮时虽头戴星冠,身披法衣,"而非道士也"。宁宗庆元二年(1196),以行不虔而死。《丁志》卷六载有蔡京外甥陈桷行天心法,为池州州官。儿时,王文卿曾相之,谓曰:"异日能兴崇道教者,必尔也。"《乙志》卷七载有李士美丞相长子衡老,学天心法甚虔。同书卷六载有南宋初宗室子赵子举,遇道士传天心正法,绘六丁六甲神像祀之,为人治病辄验。其子伯兀学天心法而未成。以上事实,说明天心法在南宋时传播已广,在官僚士庶中均已盛行。但这些人的师承关系和传授系统,均缺乏明确记载,这是考察这个派系组织系统的一个难点。

关于天心派的历史,还有其他一些传说。据南宋邓有功所撰《上清天心正法序》就《正法》的来源说:"淳化五年(994)八月十五日,有肉身大士夜观山顶之上有五色宝光,冲上霄汉,翌旦,寻光起处,即三清虚无瑶坛之上也。遂挖三尺许,得金函一所,开见金板玉篆天心秘式一部,名曰《正法》。……大士饶公处士也,名洞天,虽获秘文,然未识诀目玉格行用之由。复遇神人指令师于谭先生紫霄,授得其道。"①并提出了一个传法系统说:"(饶洞天)作天心初祖,号正法功臣,日值元君北极驱邪院使,升天时,以法传弟子朱监观名仲素,仲素次传游道首,道首次传通直郎邹贵,邹贵传臣本师符法,师名天信,至臣有功,传于今矣。"②

---

① 《道藏》第10册,第607页。
② 《道藏》第10册,第607—608页。

邓有功为南宋江西南丰人，生于宁宗嘉定三年（1210），卒于帝昺祥兴二年（1279），字子大，号月巢，人称月巢先生。除编撰《上清天心正法》七卷外，还编有《上清骨髓灵文鬼律》三卷①，本书题为"紫微宫日值元君饶洞天定正"，"受上清大洞箓行天心正法邓有功重编"。其所说《正法》来源显系神话传说，其传法系统也有待考定。元妙宗于政和六年（1116）所编撰的《太上助国救民总真秘要》十卷，收入不少天心正法的资料，本书卷一在谈到天心正法时曾说："自昔饶君夙著阴功，简在天意，神付真箓，受诀紫霄，嗣系递传，其法遂明之于世。"② 更是语焉不详。《华盖山浮丘王郭三真事实》卷五《饶处士传》③，所记饶洞天事，与邓有功所述基本相同，和元妙宗一样，均未明言饶洞天师事谭紫霄的具体时间。盖据《历世真仙体道通鉴》卷四十三《谭紫霄传》的记载，谭紫霄卒于宋太祖开宝六年（973）四月④，故淳化五年（994）八月上距谭紫霄之死已二十余年了，饶洞天怎么可能在此之后去师事谭紫霄？显然邓有功等人的说法是难以据信的。同书又引《南唐书》说："今言天心正法者，皆祖于紫霄。"⑤ 说明后来的天心派道士均依托于谭紫霄，以谭紫霄为天心正法始祖。谭紫霄为一符箓道士，天心派依托于他，也是事出有因的。但马令《南唐书》的《谭紫霄传》，不载其行天心正法事。陆游《南唐书》虽有一段有关的记载，但掘地者为陈守元而非饶洞天。其文称："初，有陈守元者，亦道士，尝锄地得木札数十，贮铜盎中，

---

① 载《道藏》第6册，第908—920页。
② 《道藏》第32册，第53页。
③ 《道藏》第18册，第69页。
④ 《道藏》第5册，第348页。
⑤ 《道藏》第5册，第349页。

皆张道陵符箓，朱墨如新，藏去而不能用，以授紫霄，紫霄尽能通之，遂自言得道陵天心正法，劾醮鬼魅，治疾病多效。闽王孟昶尊重之，号金门羽客、正一先生。"① 此与邓有功诸人的说法均不相同。大抵天心正法作为一种道法的出现，到奉行这种道法而形成一个道派，中间当有一个过程。在这个过程中奉行这个道法者当不止一人，这便造成道派历史的传说纷歧。据《东坡志林》卷三《技术》载称："王君善符书，行天心正法，为里人疗疾驱邪，仆尝传此咒法。"② 又《龙川略志》卷十亦谓："成都道士骞拱辰，善持戒，行天心正法，符水多验，居京城为人治病。"③ 从苏轼和苏辙的记载来看，北宋神宗（1067—1085 在位）、哲宗（1086—1100 在位）时候，民间已有天心正法的流传，但还没有明显的道派存在。两宋间，开始有道派酝酿活动的出现。除上所述路时中、邓有功等的情况而外，在南宋末还有蜀人廖守真，亦传天心正法。《道法会元》卷二百四十六《天心地司大法·法序》④称："昔宗师廖真人（廖守真）修大洞法，诵《度人经》。……后真人得道，遍历江湖。"⑤ 廖传萧安国，又名萧道一，道一传彭元泰，元泰传史白云及张湖山，白云传费文亨，文亨传陈一中；又湖山传竹葱，竹葱传曾思江，则已到元代了。从《道法会元》卷二百四十六及二百四十七所载该系符咒每称北帝来看，该系也可能与中晚唐所传的北帝派有一定关系，当为天心派的一个支派。

---

① 《道藏》第5册，第348页。
② 〔宋〕苏轼：《东坡志林》，中华书局，1981年，第65页。
③ 〔宋〕苏辙：《龙川略志 龙川别志》，中华书局，1982年，第64页。
④ 按《法序》为彭元泰作，末署"咸淳甲戌（1274）"；同书又载彭所作《后序》，末署"至元庚寅（1290）"，陈一中所作跋语，末署"延祐丙辰（1316）"。可见该系的活动时间为宋末元初。
⑤ 《道藏》第30册，第517页。

与此有关者，在宋元之际还有一个雷时中，自称得路真君混元六天如意道法加以阐扬，可称为混元教派。《历世真仙体道通鉴续编》卷五《雷默庵传》具载其事说：雷时中字可权，号默庵，其先本豫章人，后家于湖广之武昌金牛镇，所居溪水回环，有东西二桥，故又号双桥老人。生于南宋宁宗嘉定辛巳（1221）。幼习词赋，后通诗经，三领乡荐，精心道学，专务性理。后得祖师路真君授"混元六天如意法"，又感辛天师下降，告以此法的来源说："路祖师当晋时亲遇太上老君授以此法。"雷时中乃于金牛镇置坛祀事。称其教"专以《度人经》为主"，又博采儒、释二家使其"混融归于一致"。"四方闻其道行卓异，及其门者日众。弟子数千人，分东南、西蜀二派：首度卢、李二宗师及南康查泰宇，由是卢、李之道行于西蜀，泰宇之道行乎东南。混元之教，大行于世。所著《心法序要》《道法直指》《原道歌》，皆发扬混元道化之妙。"① 今皆不存。《道法会元》卷一百五十四《混元六天妙道一炁如意法》中，收有《修炼直指》一篇，题为"双桥老人述"②，尚可概其修炼的基本思想。元成宗元贞乙未（1295）卒。通常由于容易将传授其道法的"路真君"误解为路时中，故将其所传之道派列入天心正法。查《历世真仙体道通鉴》卷二十一《路大安传》称："真人姓路名光，又名大安，西蜀大宁军内黄县人也，后徙居婺州。"③ 可以说是一个神话式的人物。据称，他于"晋武帝太康五年甲辰岁（284）五月五日纵步姑射"时，忽遇"太上老君"，授以"六天如意大法经箓"，并告诉他："依此行持，

---

① 《道藏》第5册，第447页。
② 《道藏》第29册，第803页。
③ 《道藏》第5册，第219页。

济生度死，妙用难思，子宜秘之。"① 从此，"书符行功、布气治病驱邪，无不应验"，颇受晋惠帝司马衷宠遇，"赐以绿纨朱服青丝绦碧玉环，及以金帛赠之，真人笑而不受"②。遂隐居华山，"以混元箓传之丁义，以混元经传之郭璞，以混元法传之许旌阳，以混元针灸传之妙通朱仙"③。大（太）安元年（302）卒。此与《雷默庵传》所说"路祖师当晋时亲遇太上老君授以此法"相吻合，故此"路祖师"当系路大安而不是路时中，雷时中所传者当为"混元之教"而不是天心正法。《道法会元》卷一百五十四《混元六天妙道一炁如意大法》称其"师派"有"混元开教大慈普惠路真君大安""混元演教一炁妙道雷真人时中"，以及"天隐卢真人""九天金阙少宰仙真雷使查真人""天全张真人"等，而无路时中之名④。卷一百五十五《混元六天如意大法》的"主法"，则列有"祖师混元启教一炁妙道普惠路真君""祖师混元开教一炁妙道普济雷真君"⑤。显然，这里的"路真君"也是指路大安而非路时中，这些都是可靠的旁证。至于混元之教是否为天心正法的一个支派，则有待进一步研究。

（原载《世界宗教研究》1999年第3期）

---

① 《道藏》第5册，第220页。
② 《道藏》第5册，第220页。
③ 《道藏》第30册，第220页。
④ 《道藏》第29册，第803页。
⑤ 《道藏》第5册，第816页。

道教神霄派初探

北宋末年，符箓派道教受到宋徽宗的特别宠信，其势大盛。南宋时，由于统治者继续奉行崇道政策，符箓派道教在南方得以继续发展。两宋之际，随着民族矛盾的日益尖锐化，形成南北分裂和对峙的局面，道教内部亦随之宗派纷起。在南方，除旧有的龙虎天师、茅山上清、阁皂灵宝等三山符箓派及其道士仍受尊崇而外，自称独得异传而另立宗派者也甚多，神霄派便是其中之一。

所谓神霄派，是以传神霄雷法而得名。其历史渊源，张宇初在《道门十规》和《岘泉集·玄问》等文的记述中，谓其"始于玉清真王，而火师汪君阐之"①。但这仅是道门中的一种依托，实际可能是在两宋之际由天师道衍化而来，其中有的分支与上清派的关系亦甚密切，并吸收了东南沿海地区的雷神信仰及其相关的法术再加以系统化、理论化而形成的。北宋末，王文卿与林灵素俱传雷法。据《历世真仙体道通鉴》卷五十三《林灵蘁传》说：林灵素本名灵蘁，字通叟，温州永嘉人。幼年志学神仙，约三十

---

① 《道门十规》谓："神霄始于玉清真王……自汪王二师而下，则有张李白萨潘杨唐莫诸师。"见《道藏》第32册，第149页。又《玄问》谓"神霄则雷霆诸派，始于玉清真王，而火师汪真君阐之"，见《道藏》第33册，第187页。

岁时，精通儒道经典。游西洛，自称遇汉天师弟子赵升授以《神霄天坛玉书》，又称《五雷玉书》，"皆有神仙变化法，言兴云致雨，符咒驱遣下鬼，役使万灵"①。灵素"自受《玉书》，豁然神悟，察见鬼神，诵咒书符，策役雷电，追摄邪魔，与人禁治疾苦，立见功验，驱瘟伐庙，无施不灵"②。次年至岳阳，赵升又告诉他说：从即日起，他便是"神霄教主雷霆大判官，东华帝君有难，力当救之"③。政和六年（1116）十月，由于道录徐知常引荐，林灵素得见徽宗，便大言神霄事说："天有九霄，而神霄为最高，其治曰府。神霄玉清王者，上帝之长子，主南方，号长生大帝君，陛下是也，既下降于世，其弟号青华帝君者，主东方，摄领之。己乃府仙卿曰褚慧，亦下降佐帝君之治。"④ 其他诸有权势之宦官皆为之名，时贵妃刘氏方有宠，即名为"九华玉真安妃"。徽宗独喜其说，遂一见如故，赐号"通真达灵先生"，以师事之，并赐金牌，不时宣召入内，并特建通真宫为居。又建上清宝箓宫，密连禁省；天下皆建神霄万寿宫，令吏民诣宫受神霄秘箓，朝士之嗜进者，亦靡然趋之。每月初七日，令灵素升高正坐，宣讲三洞道经，自亲王内贵文武百官皆集听讲。"或御驾亲临，亦于座下。自此东京人方知奉道也。"⑤ 林灵素遂"集九秘书龙章凤篆九等雷法，集成《玉篇》进上。昔汉天师有《神霄雷书》二十卷，并天部霆司八雷电印六颗……国初张守真遇翊圣真君传赐五卷，帝（指宋徽宗）欲得雷书金经全足，收入《道藏》，求访不得，先生

---

① 《历世真仙体道通鉴》卷五十三《林灵蘁》，见《道藏》第5册，第407页。
② 《历世真仙体道通鉴》卷五十三《林灵蘁》，见《道藏》第5册，第407页。
③ 《历世真仙体道通鉴》卷五十三《林灵蘁》，见《道藏》第5册，第407页。
④ 《林灵素传》，见《宋史》第39册，中华书局，1977年，第13528页。
⑤ 《历世真仙体道通鉴》卷五十三《林灵蘁》，见《道藏》第5册，第408页。

（指林灵素）静夜飞神，从玉华天尊奏告上帝，乞赐观看雷文并霆司等印，帝遣六丁玉女以印授之，一天坛玉印，一神霄嗣教宗师印，一都管雷公印，一天部霆司印，皆坚如铁石，非金非玉，及以《雷书》五卷赐灵素看，先生拜谢，怀印而还，省录《雷书》进奏，遂得全集"①。所谓赵升或上帝的降授，也只不过是神话而已，不足为信。实际恐系林灵素自己编造《雷书》时的一种托词，但从中也透露出神霄派与天师道确有一定的思想渊源关系。特别是《历世真仙体道通鉴》卷五十三《林灵蘁传》中还指出：林灵素"在京时，虽宰执亲王不与交谈，亦不接见宾客，惟虚静天师至，即开门对话，终日终霄"②。所谓"虚静天师"，按张宇初《岘泉集·妙灵观论》和《汉天师世家》，当即"三十代天师虚靖先生"张继先③，二人交往既如此密切，亦可为神霄派与天师道关系的佐证。张宇初所列举的神霄派人物中，除林灵素、王文卿之外，同时即有张虚靖。林灵素在获得宋徽宗宠信时，运用官方的势力，在全国各地普设宫观，广召弟子，因而形成一股新的道教势力。徽宗将其出生地温州升为应道军节度，又加号林灵素为"元妙先生、金门羽客、冲和殿侍宸"④。宣和元年（1119）被贬还乡，同年去世，终年四十五岁。其嫡传弟子为张如晦。《历世真仙体道通鉴》卷五十三《林灵蘁传》在谈到他们的关系时称："东西皇城使张如晦者，旧在通真宫，出则同行，坐则同席，宗师法教，独张一人得其妙也。"又称林灵素在临死前，命如晦曰："吾法门以付惟汝，尚有六印九符并六丁妙用神机，尽付与汝，世代

---

① 《历世真仙体道通鉴》卷五十三《林灵蘁》，见《道藏》第5册，第408页。
② 《历世真仙体道通鉴》卷五十三《林灵蘁》，见《道藏》第5册，第411页。
③ 参见《道藏》第33册，第217—218页；第34册，第826—828页。
④ 《林灵素传》，见《宋史》第39册，第13529页。

只传一人，无致轻泄。"① 另据署名"玉真弟子火铃仙官金书火铃司事刘玉"所撰《金火天丁大法后序》称："火师②传与玉真教主林侍宸，林传与张如晦，后传陈道一，下付薛洞真、卢君野，次以神霄派脉付徐必大。"③ 卢野事迹，又见于《雷奥序》，其中有云："昨因六阴洞微仙卿卢先生字伯善，游青城山，遇虚靖天师传诸阶之法，自婺州来洪州，于丰城清都白鹤观，往来居止。卢名野，号养浩，行六阴洞微之法，无不灵验。凡符法一至，立时而愈，盖虚靖先生一流人耳。"④ 是卢野字伯善，号养浩，洪州丰城清都白鹤观道士，传六阴洞微法，故称六阴洞微仙师，曾从张继先学"诸阶之法"。又按《道法会元》卷二百五十三署名江西黄公瑾所撰《刘清卿事实》称："清卿姓刘氏，名世仍，法讳玉，世为河朔人。中兴勋臣玠之孙，因敕葬临川，其父赘于丰城，因家焉。受神荫承信郎，幼慕清虚，年未弱冠，弃官从事道法，遍历江湖……参礼名师……后因养浩卢君伯善来江西，以诸法付度于徐洪季，洪季以所得授清卿，清卿得法，方从卢游。伯善殁于洪季家，炁虽绝，体甚温，无敢封殓。三日忽苏，视诸弟子惟清卿在焉……卢悉以心章隐讳，内炼秘诀倾囷付之。笔录才竟，诸弟子辐辏，则卢复瞑目化去。清卿自后，朝斯夕斯，念兹在兹，不过此耳。"又称："余（黄公瑾）升高自下，历阶而趋，十余年间，得其说十之七八，而时未遇，清卿早仙，遂稽奏授，不啻如入宝山，空手回矣。"⑤ 据以上所载，则林灵素的传系可简示如下：

---

① 《历世真仙体道通鉴》卷五十三《林灵蘁》，见《道藏》第5册，第411页。
② 据虞集《王侍宸记》："火师者，盖上古神，而世传为汪氏子华者，盖其化现尔。"见《道园学古录》卷二十五，见《藏外道书》第35册，第228页。
③ 《道法会元》卷一百九十八，见《道藏》第30册，第258页。
④ 《道法会元》卷一百九十八，见《道藏》第30册，第412页。
⑤ 《道法会元》卷二百五十三，见《道藏》第30册，第558—559页。

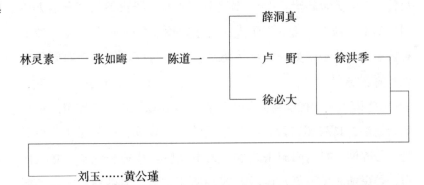

卢野、刘玉又传地祇法。据刘玉所撰《地祇法》称："地祇一法，凡数十阶，温将军①专司亦十余本，使学者莫之适从。余初得之盛仙官椿，继得之李真君守道，再得之于六阴洞微卢仙卿野，所授之本，已大不同。继而遇时真官，则符箓愈异。晚参之闻判官天佑，及传之吕真官希真，玄奥始全备矣。吕以道法自青城而来江浙，名动一时。……余行之既久，专守吕之言，罔敢或失，乃知万法易动，莫如地祇。"② 又说："地祇乃灵宝侍卫之官，受命上清护玄帝教，神通至大……奈其派多而杂，其书久而讹。"③ 又说："余来沇溪多历数，今以其传授之于巽园黄君景周。"④ 刘玉在《地祇绪余论》中对地祇法的源流又补充介绍说："地祇一司之法，实起教于虚靖天师，次显化于天宝洞主王宗敬真官、青城吴道显真官、青州柳伯奇仙官、果州威惠钟明真人，相继而为宗师。其后，如江浙闽蜀湖广嗣法者何限，姓名昭揭宁几人？其书

---

① "温将军"，名温琼，据称"温将乃平阳县温家均人，每见世路不平，常怀切齿，生平皈依大道，辅正除邪，公忠正直，与他将不侔"，见《道藏》第30册，第556页。

② 《道法会元》卷二百五十三，见《道藏》第30册，第555页。

③ 《道法会元》卷二百五十三，见《道藏》第30册，第556页。

④ 《道法会元》卷二百五十三，见《道藏》第30册，第556页。

始则有石碑本，继则有铁林府地祇、原公夫人庙地祇、五雷地祇、五虎地祇、索子地祇、十字地祇、四凶地祇、圣府地祇，后则有苏道济派、温州正派、李蓬头派、过耀卿派、玄灵续派，如此等类，数之不尽，千蹊万径，源析支分，使学者莫之适从。"① 这种"其派多而杂，其书久而讹"的状况，以及嗣其法者的素质愈来愈差，大概就是它最后走向衰亡的原因。

在刘玉以后，林灵素一系的传授不明，而王文卿之传，在南宋以后却特别兴盛。

王文卿，字述道②，别号冲和子，生于宋哲宗元祐八年（1093），世为抚州临川人，后徙居建昌南丰之神龟岗军峰。据《历世真仙体道通鉴》卷五十三《王文卿传》载："徽宗宣和（1119—1125）初，将渡扬子江③，遇一异人授以谒帝之法及啸命之书④，每克辰飞章，默朝上帝，召雷祈雨，叱咤风云，久雨祈晴则天即朗霁，深冬祈雪则六花飘空，或人妖祟为害，即遣神将驱治，俱获安迹。"⑤ 可见其所操法术，与林灵素基本相似。所谓"异人"，按张宇初《岘泉集》卷三《妙灵观记》："乃玉府火师也。"⑥ 同书卷七《授法普法》又谓："火师汪真君、侍宸王真君得雷姥之传。"⑦ 虞集《道园学古录》卷二十五《灵惠冲虚通妙真君王侍宸记》称："（王）侍宸自南丰辞亲而至扬子也，所遇而得

---

① 《道法会元》卷二百五十三，见《道藏》第30册，第557页。
② 〔元〕虞集：《王侍宸记》，作"予道"，见《藏外道书》第35册，第227页。
③ 〔元〕虞集：《王侍宸记》，作"渡扬子江，既济"，见《藏外道书》第35册，第227页。
④ 〔元〕虞集：《王侍宸记》，说"其书盖致雷雨、役鬼神之说"，见《藏外道书》第35册，第227页。
⑤ 《历世真仙体道通鉴》卷五十三《林灵蘁》，见《道藏》第5册，第412页。
⑥ 《藏外道书》第33册，第217页。
⑦ 《藏外道书》第33册，第247页。

书者，火师也。火师者，盖上古神人，而世传为汪氏子华者，盖其化现尔。"①《冲虚通妙侍宸王先生家话》还记载王文卿告诉其弟子袁庭植说："予未得雷文之前，已遇汪君于扬子江，授予飞神谒帝之道。"②据此可知，王文卿与林灵素的法术，均与火师汪真君有关。《历世真仙体道通鉴续编》卷五《火师汪真君传》谓："真君姓汪名子华，字时美，唐玄宗二年甲寅，生于蔡州汝阳县。"③查唐玄宗"甲寅"，当为开元二年（714）。又谓其先曾与颜真卿同师白云先生张约，后为师赤城先生司马承祯。安史之乱以后，隐居南岳祝融峰下修道，九年不下山，后遇紫虚元君（魏华存）下降南岳，授以至道，再修二十八年，丹成道备，"贞元五年（789）庚午"④卒（查"庚午"应为贞元六年）。王文卿之伪托火师以传雷法，亦同林灵素之伪托赵升与天师一样，均属虚构的不实之辞。但却表明了王文卿所传之法术，或与上清派也有一定的关联。但据张宇初《妙灵观记》的记载，王文卿"尝请于虚靖先生甲庚混合之道，深奖语之"⑤。由此可见，王文卿与天师道，仍有直接的继承关系。宣和四年（1122），王文卿奉诏赴阙，甚得徽宗宠遇。宣和七年（1125）七月，特授太素大夫、凝神殿校籍视朝请大夫。未几，又敕授凝神殿侍宸，后加同管辖九阳总真宫提举司命府事。父肇始，赠承事郎；母江氏，赠太宜人。并敕其五日一次佩金方符，入大内诸宫阁。旋又再除两府侍宸、冲虚通妙先生，视太中大夫，特进徽猷阁待制，主管教门公事。父再赠承

---

① 《藏外道书》第33册，第228页。
② 《道藏》第32册，第390页。
③ 《历世真仙体道通鉴》卷五十三《林灵蘁》，见《道藏》第5册，第446页。
④ 《历世真仙体道通鉴》卷五十三《林灵蘁》，见《道藏》第5册，第446页。
⑤ 《藏外道书》第33册，第217页。

议郎，母太令人，妻平氏宜人，叔王深赐承信郎，弟次卿迪功郎。靖康元年（1126），钦宗赵桓即位，王文卿遂请还乡侍母。南宋高宗赵构建都江南以后，闻王文卿尚在，累征不起。唯怡神山水间，日以传行其雷法为事。绍兴二十三年（1153）卒。正是由于王文卿于南宋初在南方传行雷法，其徒甚众，故被认为是神霄派的创建人。

　　王文卿的弟子，《历世真仙体道通鉴》卷五十三《王文卿传》载有朱智卿、熊山人、平敬宗、袁庭植等四人，其中袁庭植与王文卿论雷法之事，载《冲虚通妙侍宸王先生家话》，收入《道藏》第32册第390—395页。张宇初《岘泉集》卷三《妙灵观记》则说："嗣其法者，若上官氏而下，靡不显异。"① 同书《义渡记》又说："贤良有邹铁壁者，尝受法于上官氏，上官侍宸甥也，已而复遇侍宸亲授其奥，而道亦显。时有知南丰州事王质，尝师事铁壁，及付受之顷，忽雷震坛上。邹曰：吾将度矣。王惊喜，遂倾资奉之。邹谢曰：吾云水徒也，用此奚为？王乃请以广妙灵观以祠侍宸，故旧观在他里，乃迁而新之。"② 虞集《道园学古录》卷二十五《灵惠冲虚通妙真君王侍宸记》谓王文卿曾传法于其甥上官某某及其从孙王嗣文，嗣文后"际遇宁宗（1195—1224在位）朝，法亦大显。赐号妙济先生"③。并称："又有萨守坚者，亦酷好道，见侍宸于责（青）城山，而尽得神秘。"④ 又称："得其传者，则新城高子羽，授之临江徐次举，以次至金溪聂天锡，其后得其传而最显者曰临川谭悟真云。人不敢称其名，但谓之谭五雷。"

---

① 《道藏》第33册，第218页。
② 《道藏》第33册，第220页。
③ 《藏外道书》第35册，第228页。
④ 《藏外道书》第35册，第228页。

……庐陵有罗虚丹者,故宋时名士,润谷先生之诸孙也,得五雷之传,甚有符契。"① 又称:"罗之弟子虽多,而自以为得之者,惟萧主簿雨轩,其后则有周司令立礼两人而已。……周之说,惟授之其子,游其门者,或得或不得,予不知也。萧君儒者,择人至谨……独传之道玄胡君一人而已。"② 另按《历世真仙体道通鉴续编》卷五《莫月鼎传》载:南丰人邹铁壁得王文卿九(先)天雷晶隐书③,传浙西雪川人莫月鼎和同郡西野沈震雷。并称:"自王侍宸王真君演道以来,惟真人〔指莫月鼎与西野沈真人(指沈震雷)〕二派支流衍迤,盛于西江,昌于东吴,扶教泽民,莫有甚焉。"④ 沈震雷一派的传承已莫知其详。莫月鼎讳洞一,字起炎,吴兴人,入道后更号月鼎,生于南宋理宗宝庆(1225—1227)间,元世祖至元(1264—1294)末卒于苏州,得其传者有王继华、潘元洼。继华授张善渊,善渊授步宗浩,宗浩传周玄真。步宗浩字进德,其事迹见《古今图书集成·神异典》卷二百八十六引《苏州府志》⑤。周玄真字玄初,初师从杜道坚弟子李拱端,受召神劾鬼之术,复从曹桂孙受灵宝大法,又从步宗浩受五雷秘文,为明清之际颇有盛誉的道士。其事迹宋濂《周寻师小传》有记载,载《宋学士文集》卷十三。在莫月鼎的徒裔当中,还有金善信与王惟一二人。据黄溍《体仁守正弘道法师金君碑》载:金善信,字实

---

① 《藏外道书》第35册,第228—229页。
② 《藏外道书》第35册,第229页。
③ 有关先天雷晶隐,参见《道法会元》卷八十三至卷八十九,见《道藏》第29册,第330—371页。
④ 《道藏》第5册,第447页;参见〔明〕宋濂:《莫月鼎传碑》,见《宋学士文集》卷十一。
⑤ 〔清〕陈梦雷:《古今图书集成》卷二百八十六《神异典》,第51册,中华书局、巴蜀书社,1985年,第62675页。

之，吴之长洲人。生于宋度宗咸淳九年（1273），卒于元文宗至顺二年（1331）。家本业儒，而善信却好老子之学。"时玄妙观有雷师……君甚敬之，由是冠其冠而为之执弟子礼。已而，闻莫先生洞一者（莫月鼎）……则延至而尊事之，有所折辱，未尝为之动色，或毁其所甚爱之物，亦不以为意。先生知君信之笃，悉授以不传之秘，他弟子不得者，而君尽得之。"① 又《苏州府志》称："王惟一，括苍（今浙江丽水）人。自号景阳子。父官华亭（今上海松江），因家焉。弃吏从方外，遇至人授还丹九转，有得，乃著道书六卷。晚年寓樊泾岳祠。泰定丙寅（1326）书遗事及偈毕，端坐而逝。"② 所著《道法心传》一卷，收入《道藏》第32册第413—424页，自谓其曾"得月鼎莫先生使者一法，历说先天之妙"，又"奉度师铁壁先生邹君传授口诀"。并说："余平生参尽雷法，未有若月鼎莫君先生之说如此之明也，使余朝夕思慕先生之学，不复再见，唯悒怏耳。先生去世，学者纷纷，多不得其传，盖谓不知道之故也。余今老矣，欲留秘诀于人间，无个知音可语，故作数图，名之曰《道法精微》，用留于世，倘遇达人，必当具眼。"③ 可见王惟一本人是以莫学唯一真传者自居。又著《明道篇》一卷以阐其学，收入《道藏》第4册第926—932页。《夷坚志丙》卷十四《郑道士》称：传王氏雷书者，尚有郑某。根据以上有关资料记载，则王文卿学传授关系可图示如下：

---

① 《黄金华文集》卷二十九，亦见《宋文宪公集》卷四十二；陈垣：《道家金石略》，中华书局，1988年，第979页。
② 〔清〕陈梦雷：《古今图书集成》卷二百八十六《神异典》，第51册，第62667页。
③ 《道藏》第32册，第419—420页。

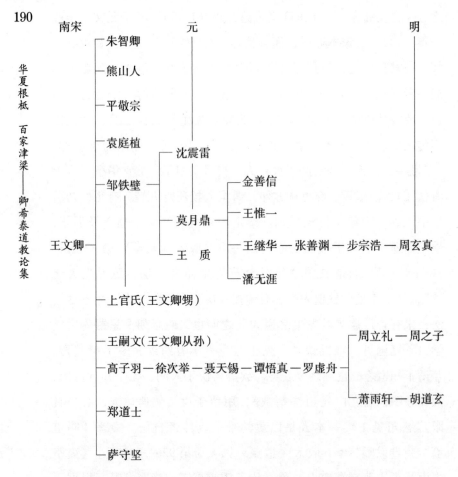

《道法会元》卷七十七收有邹铁壁注《雷霆梵号咒》、上官真人述《书符内秘》、莫月鼎述《书符口诀》等[1]。

(原载《社会科学研究》1999年第4期)

---

[1] 《道藏》第32册，第276—277页。

全真道在金代的产生及其思想特点

全真道是在南宋与金朝南北对峙的形势下,民族矛盾与阶级矛盾相互交织的特殊条件下的产物。它是基于对北宋以前的道教(主要是丹鼎派道教)的改造而形成的。它虽然没有改变北宋以前道教的根本性质,但在立教宗旨、修持目标和修持方法等方面都形成了它的特点。它从形成的时候起,就和当时已产生的太一道、大道教等新道派有些相似,即既是一种宗教团体,又是一种在野汉族士人互相联络的组织,也曲折地反映了政治上失意的知识分子以及被压迫民众的变态心理。现在,就它的产生及特点做一简要的介绍。

全真道的创始人是王重阳。他原名中孚,字久(一作"允")卿,易名世雄,字德威。入道后改名嚞(一作"喆"),字知明("明"一作"名"),道号重阳子。京兆咸阳大魏村人,迁终南之刘蒋村,生于宋徽宗政和二年(1112)。他出身豪门,据《金莲正宗记》卷二《重阳王真人》称:"家世咸阳,最为右族。"① 金密国公金源璹《终南山神仙重阳真人全真教主碑》说他"家业丰厚,

---

① 《道藏》第3册,第348页。

以粟贷贫人，惠之者半"①。又说："会废齐摄事，秦民未附，岁又饥馑，时有群寇劫先生家财一空。其大父诉之统府，大索于邻里三百余户，其所亡者金币，颇复得焉，又获贼之渠魁。先生勉之曰：'此乃乡党饥荒，譬如乞诸其邻者，亦非真寇也，安忍陷于死地？'纵舍使去，里人以此敬仰先生愈甚。咸阳醴泉二邑，赖先生得安。"②《历世真仙体道通鉴续编》卷一《王嚞传》具载其事说："齐改元，阜昌（1130—1137）初，抚治河外，不及于秦，岁屡饥，人至相食。时咸阳、醴泉，惟师家富魁两邑。其大父乃出余以赒之，远而不及者，咸来劫取，邻里三百户余，亦因而侵之，家财为之一空。有司率兵卒捕获，将置之法。师曰：'乡人饥荒，拾路所得，吾不忍置之死地。'有司贤之，遂释不问，人服其德。"③刘祖谦《终南山重阳祖师仙迹记》亦称："当天眷（1138—1140）之初，以财雄乡里。岁且饥，人多殍亡，有盗尽劫其资以去。一日适因物色得盗，终不之问，远近以为长者。"④这里的"天眷"，有可能是"天会"（1123—1137）之误。从这里记载来看，王重阳的出身，当系咸阳的一个财主。

据传王重阳既"通经史"，又"善骑射"⑤。麻九畴《邓州重阳观记》称他"有文武艺"⑥。《金莲正宗记》卷二《重阳王真人》说他"膂力倍人，才名拔俗，蚤通经史，晚习弓刀。当废齐阜昌

---

① 陈垣：《道家金石略》，文物出版社，1988年，第451页；又载《甘水仙源录》卷一，《道藏》第19册，第723页。
② 陈垣：《道家金石略》，第451页；又载《甘水仙源录》卷一，《道藏》第19册，第723页。
③ 《道藏》第5册，第414页。
④ 《道藏》第19册，第726页。
⑤ 《金莲正宗仙源像传》，《道藏》第3册，第371页。
⑥ 陈垣：《道家金石略》，第463页。

间，献赋春宫，连意而黜。复试武举，遂中甲科"①。《历世真仙体道通鉴续编》卷一《王嚞传》说他"弱冠业进士，系学籍，好属文，才思敏捷"②。金源璹《全真教祖碑》说他"弱冠，修进士举业，籍京兆府学，又善武略。圣朝天眷间，收复陕西，英豪获用，先生于是捐文场，应武举，易名德威，字世雄，其志足可以知"③。刘祖谦《终南山重阳祖师仙迹记》亦谓"少读书，系学籍，又逮名武选"④。王重阳应武举事，《金莲正宗记》卷二《重阳王真人》说他"中甲科"，而金源璹《全真教祖碑》则称"文武之进，两无成焉"⑤，说法不一。郭旃先生对此作了考证，认为王重阳"所应科举则当为齐国傀儡政权的科举"⑥。虽然具体说法不同，但大体认同王重阳早年曾追求功名，有通过科举而青云直上的打算。

由于民族矛盾和阶级矛盾的错综复杂，王重阳的仕途并不顺利，他的心情也是十分复杂而苦闷的。从社会的动荡不安而反思到自身，亦感到人生的无常、短促与痛苦。《重阳全真集》卷九载有他的《悟真歌》一篇，可说是他的生平自述。其词云：

> 余当九岁方省事，祖父享年八十二。二十三上荣华日，伯父享年七十七。三十三上觉婪耽，慈父享年七十三。古今百岁七旬少，观此递减怎当甘？三十六上寐中寐，便要分他兄活计。豪气冲天恣意情，朝朝日日长波

---

① 《道藏》第3册，第348页。
② 《道藏》第5册，第414页。
③ 陈垣：《道家金石略》，第451页。
④ 《道藏》第19册，第726页。
⑤ 陈垣：《道家金石略》，第451页。
⑥ 郭旃：《全真道的兴起及其与金王朝的关系》，《世界宗教研究》1983年第3期。

醉。压幼欺人度岁时，诬兄骂嫂慢天地。不修家业不修身，只恁望他空富贵。浮云之财随手过，妻男怨恨天来大。产业卖得三分钱，二分吃着一酒课。……四十八上尚争强，争奈浑身做察详。忽尔一朝便心破，变成风害任风狂。不惧人人长耻笑，一心恐昧三光照。静虑澄思省己身，悟来便把妻儿掉。好洗面兮好理头，从人尚道骋风流。家财荡尽愈无愁，怕与儿孙作马牛。五十二上光阴急，活到七十有几日？前头路险是轮回，旧业难消等闲失。一失人身万劫休，如何能得此中修。须知未老闻强健，弃穴趋坟云水游。云水游兮别有乐，无虑无思无做作。一枕清风宿世因，一轮明月前生约。①

这首歌词的内容表明：第一，他曾有过荣华富贵的日子，当此之时，他"豪气冲天"，得意忘形，天天醉酒贪杯，尽情享乐②；第二，不久，家里的金银财宝便如浮云一样散尽，自身的功名利禄也成了"竹篮打水"——一场空；第三，又从其祖、父辈寿命一代比一代递减的事实，更感到人生的短促和死亡的恐怖；第四，经过"静虑澄思"之后，决计抛妻别儿，出家修行，以求云水之乐。由此可见，社会的动荡不安，是他遁入玄门的客观原因；在人生道路上感到彷徨失望和死亡的恐怖，是他遁入玄门的主观原因。他的这种心情，具体而生动地表现在他所作的《摸鱼儿》一词当中。其词云：

---

① 《道藏》第25册，第739页。
② 麻九畴《重阳观记》说："当废齐阜昌间，脱落功名，日酣于酒。"陈垣：《道家金石略》，第463页。

> 叹骷髅，卧斯荒野，伶仃白骨潇洒。不知何处游荡子，难辨女男真假。抛弃也，是前世无修，只放猿儿傻。今生堕下，被风吹雨浥日暵，更遭无绪牧童打。余终待，搜问因由，还有悲伤，那得谈话？口衔泥土沙满眼，堪向此中凋谢。长晓夜筹论秋冬，年代春和夏。四时孤寡，人家小大，早悟便休夸，俏骋风雅。①

在那兵荒马乱、骷髅遍野的战争年代，王重阳面对"卧斯荒野"的"伶仃白骨"，又是凄凉，又是阴森恐怖，不胜感慨系之，认为什么富贵荣华、什么功名利禄，都不过是过眼烟云，转瞬即逝，毫不值得留恋。到头来，还不是"口衔泥土沙满眼"，"难辨女男真假"！他虽"搜问因由"，但并未找到正确的答案，于是便错误地断定"前头路险是轮回"，只有猛回头，修仙学道，超脱凡尘，才是他唯一的出路。

关于王重阳出家修行的情况，在道书中有不少的神话传说，虽不可尽信，但对于我们了解王重阳的出家和创教过程，也有一定的帮助。据《历世真仙体道通鉴续编》卷一《王嚞传》称："金海陵炀王正隆四年（1159），师忽自叹曰：'孔子四十不惑，孟子四十不动心，予犹碌碌如此，不亦愚乎？'自是之后，性少检束。亲戚恶之，曰：'害风来。'师受而不辞。关中谓狂者为害风，因以自呼。"② 王重阳时年四十八，这段叙述与他在《悟真歌》中的自述相合。又谓这一年的六月，他醉于终南甘河镇，遇至人授以修真口诀。刘祖谦《终南山重阳祖师仙迹记》所载亦同。并称：

---

① 《重阳全真集》卷三，《道藏》第25册，第710页。
② 《道藏》第5册，第414页。

"自是尽断诸缘,同尘万有,阳狂垢污,人益叵测。……其变易谲诡,千态万状,不可穷诘。"① 这正是他在《悟真歌》中自己说的"忽尔一朝便心破,变成风害任风狂。不惧人人长耻笑,一心恐昧三光照"的情况,这大概是他悟道的开始。正隆五年(1160)中秋,再遇至人于醴泉道中,授以秘语五篇,令其读毕焚之。王重阳乃抛妻别子,构庵于南时村,从此正式出家修道。金世宗大定元年(1161),他在南时村掘一丈多深的坟墓,坐居其中,号为"活死人墓",以方牌挂其上,书曰"王害风灵位",用以惊世骇俗,招揽信徒。过了两年,却无人回应。大定三年(1163)秋,他不得不离开这个"活死人墓",到刘蒋村结庵居住。他与李灵阳、和玉蟾同住,边修行边布教,但应者也很少。直到大定五年(1165),仅收录了三个弟子:史处厚、刘通微、严守常。于是,遂于大定七年(1167)四月,自焚其庵,拂衣东去。携铁罐一枚,随路行乞。至闰七月,抵达山东宁海州,径诣儒者范叔明家,在此会见了"家赀巨万"的大财主马宜甫(马从义,入道后改名马钰),遂就其家住食。为了布教的方便,马宜甫为之择地立庵,命名全真。全真之名,便从这开始。此后在大定八、九两年(1168—1169)间,王重阳活动于宁海、文登、福山、登州(今蓬莱)、莱州(今掖县)等地,先后建立了以"三教"之名冠首的七宝会、金莲会、三光会、玉华会、平等会等五个教会组织,并次第收了马钰、谭处端、王处一、郝璘、丘处机、孙不二、刘处玄等七人为弟子。从此,这七位高足,便成为他推行全真教的骨干力量,以后被称为全真教的七位真人。于是,数年之间,全真之教远近风动,参加者甚多。大定十年(1170)正月,王重阳在

---

① 《道藏》第19册,第726页。

前往陕西的途中病逝于河南开封，时年五十八。

全真道的立教宗旨和修持方法，在《重阳立教十五论》中作了比较集中的阐述。此《论》未著录撰人，传为王重阳所造，共分十五章，其主要内容如下：

第一论住庵，阐明出家之人先须住庵，以求依倚之所，使气神和畅；住庵之法，在于动静得中。"庵者，舍也，一身依倚。身有依倚，心渐得安，气神和畅，入真道矣。凡有动作，不可过劳，过劳则损气；不可不动，不动则气血凝滞。须要动静得其中，然后可以守常安分，此是住安（庵）之法。"①

第二论云游，阐述游历有虚真之别，修全真者是要真云游，而不是虚云游。"凡游历之道有二：一者，看山水明秀，花木之红翠，或玩州府之繁华，或赏寺观之楼阁，或寻朋友以纵意，或为衣食而留心。如此之人，虽行万里之途，劳形费力，遍览天下之景，心乱气衰，此乃虚云游之人；二者，参寻性命，求问妙玄，登巇险之高山，访明师之不倦，渡喧轰之远水，问道无厌，若一句相投，便有圆光内发，了生死之大事，作全真之丈夫。如此之人，乃真云游也。"②

第三论学书，阐明读书须以心解为主。"学书之道，不可寻文而乱目，当宜采意以合心，舍书探意采理，舍理采趣。采得趣，则可以收之入心，久久精诚，自然心光洋溢，智神踊跃，无所不通，无所不解。若到此，则可以收养，不可驰骋耳，恐失于性命。若不穷书之本意，只欲记多念广，人前谈说，夸讶才俊，无益于修行，有伤于神气，虽多看书，与道何益？既得书意，可深藏之。"③

---

① 《道藏》第32册，第153页。
② 《道藏》第32册，第153页。
③ 《道藏》第32册，第153页。

第四论合药，阐明修全真道者，应精通合药之道。"药者，乃山川之秀气，草木之精华，一温一寒，可补可泄，一厚一薄，可表可托。肯精学者，活人之性命。若盲医者，损人之形体。学道之人，不可不通。若不通者，无以助道。不可执着，则有损于阴功。外贪财货，内费修真，不足今生招愆，切忌来生之报。吾门高第，仔细参详。"①

第五论盖造，阐述造庵目的在于遮形，避免露宿野眠，否则触犯日月，有害修行；切不可追求高大堂皇，浪费财力，断绝地脉。"茅庵草舍，须要遮形；露宿野眠，触犯日月。苟或雕梁竣字(宇)，亦非上士之作为；大殿高堂，岂是道人之活计。斫伐树木，断地脉之津液；化道货财，取人家之血脉。只修外功，不修内行，如画饼充饥，积雪为粮，虚劳众力，到了成空。有志之人，早当觅身中宝殿；体外朱楼，不解修完，看看倒塌，聪明君子，细细察详。"②

第六论合道伴，阐述关于修道交友的方法。"道人合伴，本欲疾病相扶，你死我埋，我死你埋。然先择人而后合伴，不可先合伴而后择人。不可相恋，相恋则系其心；不可不恋，不恋则情相离。恋欲不恋，得其中道可矣。有三合三不合，明心有慧有志，此三合也；不明著外境，无智慧、性愚浊，无志气、干打哄，此三不合也。立身之本在丛林，全凭心志，不可顺人情，不可取相貌，唯择高明者，是上法也。"③

第七论打坐，阐述静坐的要领。"凡打坐者，非言形体端然，瞑目合眼，此是假坐也。真坐者，须要十二时辰、住行坐卧、一

---

① 《道藏》第32册，第153页。
② 《道藏》第32册，第153页。
③ 《道藏》第32册，第153页。

切动静中间,心如泰山,不动不摇,把断四门:眼、耳、口、鼻,不令外景入内;但有丝毫动静思念,即不名静坐。能如此者,虽身处尘世,名已列于仙位,不须远参他人,便是身内贤圣,百年功满,脱壳登真,一粒丹成,神游八表。"①

第八论降心,阐述剪除乱心,以求定心。"凡论心之道,若常湛然,其心不动,昏昏默默,不见万物,冥冥杳杳,不内不外,无丝毫想念,此是定心,不可降也。若随境生心,颠颠倒倒,寻头觅尾,此名乱心也,当速剪除,不可纵放,败坏道德,损失性命。住行坐卧常勤降,闻见知觉为病患矣。"②

第九论炼性,阐述理性之法,应紧慢适中,刚与柔得体。"理性如调琴弦,紧则有断,慢则不应,紧慢得中,琴可调矣。则又如铸剑,刚多则折,锡多则卷,刚锡得中,则剑可矣。调炼性者,体此二法,则自妙也。"③

第十论匹配五气,阐述调配五行之精于一身之中。"五气聚于中宫,三元攒于顶上,青龙喷赤雾,白虎吐乌烟,万神罗列,百脉流冲,丹砂晃朗,铅汞凝澄,身且寄向人间,神已游于天上。"④

第十一论混性命,阐述性与命的关系。"性者,神也;命者,气也。性若见命,如禽得风,飘飘轻举,省力易成。《阴符经》云'禽之制在气'是也。修真之士,不可不参。不可泄漏于下士,恐有神明降责。性命是修行之根本,谨紧锻炼矣。"⑤

第十二论圣道,阐述入圣之道,在于积德累功。"入圣之道,

---

① 《道藏》第32册,第153页。
② 《道藏》第32册,第153—154页。
③ 《道藏》第32册,第154页。
④ 《道藏》第32册,第154页。
⑤ 《道藏》第32册,第154页。

须是苦志多年，积功累行。高明之士，贤达之流，方可入圣之道也。身居一室之中，性满乾坤，普天圣众，默默护持，无极仙君，冥冥围绕，名集紫府，位列仙阶，形且寄于尘中，心已明于物外矣。"①

第十三论超三界，阐述学道者务须超出欲界、色界、无色界。"欲界、色界、无色界，此乃三界也。心忘虑念，即超欲界；心忘诸境，即超色界；不著空见，即超无色界。离此三界，神居仙圣之乡，性在玉清之境矣。"②

第十四论养身之法，阐述求道者，务须培养法身。"法身者，无形之相也。不空不有，无后无前，不下不高，非短非长，用则无所不通，藏之则昏默无迹。若得此道，正可养之。养之多则功多，养少则功少，不可愿归，不可恋世，去住自然矣。"③

第十五论离凡世，阐述脱落心地，即是真离凡世。所以真离凡世，绝不是指身体脱离现世，超登仙境。"离凡世者，非身离也，言心地也。身如藕根，心似莲花，根在泥而花在虚空矣。得道之人，身在凡而心在圣境矣。今之人，欲永不死而离凡世者，大愚不达道理也。言十五论者，警门中有志之人，深可详察知之。"④

根据以上所述，可以看出全真道的思想与以前的道教理论和修持方法相比较，既有继承，又有革新和发展，从而形成了它自己的鲜明特点：

第一，发展了关于精、气、神的修炼理论。

---

① 《道藏》第32册，第154页。
② 《道藏》第32册，第154页。
③ 《道藏》第32册，第154页。
④ 《道藏》第32册，第154页。

在《重阳立教十五论》中，已明确提出"性命是修行之根本"，所以，王重阳认为修行的方法，就在于"了达性命"。他在《金玉关锁诀》中说："今人修道者，却不修真道，（真）道者，了达性命也。"① 他提出："性命者，是精血也。"② 并说："精生魄，血生魂，精为性，血为命。人了达性命者，便是真修行之法也。"③ 并接着指出："精血者，是肉身之根本，真气者，是性命之根本。故曰：有血者，能生真气也；真气壮实者，自然长久，聚精血成形也。"④ 这就是说"性"就是"精"，"命"就是血，精血是肉体赖以生存的根本，而根本之中又有根本，这就是"真气"。他把精、气、血看作"人之三宝"，认为修行之人应当爱惜这三宝。他在同书中指出："今修行者，不知身从何得，性命缘何生？诀曰：皆不离阴阳所生，须借父精母血。二物者，为身之本也。今人修行，都不惜父精母血，耗散真气，损却元阳，故有老，老有病，病中有死。既有无常，何不治之。"⑤ 又说："人有万病，是病者，皆伤人之命矣。有疾病者，尽不干五脏之事，都是损了精、气、血三宝。"⑥

《重阳立教十五论》提出了"混性命"，并谓"性者，神也；命者，气也"。所谓"混性命"，就是指通过锻炼，使神、气相互交结，或者说使精、气、神相互交结，混而为一。故所谓"混性命"与"了达性命"是完全一致的。关于这个问题，《重阳全真

---

① 《道藏》第25册，第800页。
② 《道藏》第25册，第800页。
③ 《道藏》第25册，第799页。
④ 《道藏》第25册，第799页。
⑤ 《道藏》第25册，第799页。
⑥ 《道藏》第25册，第800页。

集》卷一《全真堂》解释说："堂名名号号全真，寂正逍遥子（仔）细陈……气血转流浑不漏，精神交结永无津。"①《重阳全真集》卷三《三州五会化缘榜》又说："夫玉花（华）者，乃气之宗；金莲者，乃神之祖。气神相结，谓之神仙。《阴符经》云：神是气之子，气是神之母，子母相见，得做神仙。"②既然精、气、神的相互交结便是神仙，可见，"了达性命"既是他的修行方法，也是他修行的目的。

那么，怎样才能"了达性命"呢？王重阳对此也做了阐述。在王重阳看来，"性命"本人之所有，而人降生到这个五颜六色的大千世界以后，情欲便产生并逐渐增长起来，于是便迷住了本性。因此，要恢复本性，达到精、气、神的混而为一，就必须去伪存真，扫除情欲，这便是他的"性命"学说的关键所在。《重阳立教十五论》便贯穿了这一思想，他的其他许多诗文对此也做了反复的论述。这里试列举《金关玉锁诀》中的几段有关问答：

或问曰：如何是修真妙理？答曰：第一，先除无名烦恼；第二，休贪恋酒色财气。此者便是修行之法。难曰：……且人有疾病无常，如何治之？答曰：欲要治之，除是达太上炼五行之法。③

问曰：如何是五行之法？诀曰：第一先须持戒，清静忍辱，慈悲实善，断除十恶，行方便，求度一切众生，忠君王，孝顺父母师资，此是修行之法，然后习真功。④

---

① 《道藏》第 25 册，第 697 页。
② 《道藏》第 25 册，第 788 页。
③ 《道藏》第 25 册，第 798 页。
④ 《道藏》第 25 册，第 798 页。

问曰：既为人，因甚生死先后者，何也？答曰：先死者，为其人心著欲乐，贪恋境界，是男子者损精，妇人损血，白日不断无名烦恼，夜中不斩三尸阴鬼，男子妇人，已有无常也。

问曰：不死之人，何也？答曰：不死者，为其人身清静无垢，惜真炁在丹田，精血不衰，其人不死也。难曰：多见今人清静休妻，亦不能成道者，何也？答曰：虽是此人清静，却不达真清静之功，其人虽是一身清静，却不能定于精血养真气，此人身清心不清，其身静意不静。①

从以上这些问答来看，其中心思想就是要求修行者必须涤除一切情欲，保持心地的完全清静，这样就可以使"真炁在丹田，精血不衰"，调配五行之精于一身之中，避免疾病，以至长生不死，达到精、气、神的混而为一，以至"身且寄向人间，神已游于天上"的神仙境界。在这里，心地的经常清静是关键。所以，他又说："夫修行者，常清静为根本。"② 这样一来，修性命的核心便是炼心，故他反复强调炼心的重要性。据王利用《全真第二代丹阳抱一无为真人马宗师道行碑》载，马钰病危，有人告诉王重阳说："马公将死矣！"王重阳拊掌而叹："乃以炼心语疗之，曰：'凡人入道，必戒酒色财气、攀缘爱念、忧愁思虑，此外更无良药矣。'疾遂愈。"③ 他在《重阳全真集》卷二《唐公求修行》一诗中又说："学道修真非草草，时时只把心田扫。悟超全在绝尘

---

① 《道藏》第25册，第799页。
② 《道藏》第25册，第799—800页。
③ 陈垣：《道家金石略》，第639页。

情,天若有情天亦老。"① 在卷一《善友问耕种助道》诗中又说:"世间凡冗莫相於,清静精研礼念初。慧照时时频剔拨,心田日日细耕锄。增添福炷油休绝,剿剪烦苛草尽除。登莹苗丰功行满,登苗携去献毗卢。"② 他认为,只要能够扫除心田里的尘秽,便可以恢复人之本性,实现精、气、神的混一。他在《任公问本性》一诗中明确地说:"如金如玉又如珠,兀兀腾腾五色铺。万道光明俱未显,一团尘垢尽皆除。频频洗涤分圆相,细细磨揩现本初。不灭不生闲朗耀,方知却得旧规模。"③

王重阳这套精、气、神的修炼理论,北宋以前的道教也曾论及,唐代道教学者司马承祯即有关于守静去欲,修炼精、气、神的专门论述,所以并不是王重阳的首创。他的贡献是把这种修炼理论更加系统化,并在汲取儒、佛两家有关思想资料的基础上,使之更加丰富、更加细致,具有自己的特色,从而向前发展了这种修炼理论。

第二,发展了关于长生成仙的思想。

在王重阳的修炼理论中,还有一个问题需要特别指出,就是在长生成仙的观念上他有一个崭新的突破,从而形成了与过去的道派在这个问题上的重大区别。

修炼成仙,乃是道教所追求的最终目标,在这点上,各个教派都是相同的,全真道也是如此。但在王重阳创教前,对成仙的理解,大多是指长生不死,即身成仙,追求肉体不灭和所谓"轻举飞升"。而王重阳的成仙概念,显然已和过去的概念有些不同,他虽并未完全摆脱"长生不死"之类的思想束缚,但他并不强调

---

① 《道藏》第25册,第704页。
② 《道藏》第25册,第694页。
③ 《道藏》第25册,第693页。

肉体的"不灭",特别是他已经完全抛弃了"轻举飞升"之类的无稽之谈。在《重阳立教十五论》中,他明确指责"欲永不死而离凡世者"为"大愚不达道理"之人,他所追求的,仅仅是精、气、神的交结而已。《重阳全真集》卷一《和落花韵》对此说得很清楚:"不谋轻举望升飞,碧洞无劳闭玉扉。久厌世情名与利,素嫌人世是和非。须知谨谨修心地,何必区区衔道衣。门外落花任风雨,不知谁肯悟希夷。"① 与此相联系,他在《金关玉锁诀》中,还把神仙分为五个等级:"第一,不持戒,不断酒肉,不杀生,不思善,为鬼仙之类;第二,养真气长命者,为地仙;第三,好战争,是剑仙;第四,打坐修行者,为神仙;第五,孝养师长父母,六度万行方便,救一切众生,断除十恶,不杀生,不食酒肉,邪非偷盗,出意同天心,正直无私曲,名曰天仙。"② 从王重阳的一些言行看来,其中的二、四两种,自然符合他的主张。他对"养真气"和"打坐修行",均有明确的论述。最后一种也是他所倡导的。他所标榜的立教原则,乃是"普济群生,遍拔黎庶"③,因此,对于神仙的标准,自然也就不拘一格。这样,全真教的目标,既适应于有较高文化素养的知识阶层,也适应于文化素养较低的广大黎民百姓,使他们都有修炼成仙的希望,以利于招徕更多的道徒。

第三,突出了"三教归一"的思想。

北宋时的张伯端,便力图以道教修炼性命之说来撮合三教,提出道教与儒、释的关系是"教虽分三,道乃归一"。王重阳继承和发展了这种"三教归一"的思想。从其创教之时,他在山东地

---

① 《道藏》第25册,第691—692页。
② 《道藏》第25册,第802页。
③ 《道藏》第25册,第788页。

区所创立的五个教会,皆冠以"三教"之名,并规定《道德经》《孝经》《般若心经》皆为全真徒应当习诵的经典①。在《重阳立教十五论》中,既强调"性命是修行之根本",应"谨紧锻炼",以求"脱壳登真""神游八表"这一宗旨,又将佛教的"三界"和"禅定"之说纳入修持方法之中,并认为"入圣之道"在于"积功累行",把"忠君王、孝父母"等儒家的伦理道德列为教戒,要求教徒必须遵守。这一切,都明显地显示出全真道的"三教归一"思想。刘祖谦《终南山重阳祖师仙迹记》在谈到王重阳全真学说的特点时说:"凡教接人初机,必先使读《孝经》《道德经》,又教之以孝谨纯一。及其立说,多引六经为证据。其在文登、宁海、莱州,尝率其徒演法建会者凡五,皆所以明正心诚意、少私寡欲之理,不主一相,不居一教也。"②他在《金关玉锁诀》中明确指出:"三教者,如鼎三足,身同归一,无二无三。三教者,不离真道也。喻曰:似一根树生三枝也。"③这就是说,儒、释、道三教,如同一个鼎的三个足,一棵树所生的三个枝,枝或足虽分为三,而鼎身或树根则同归于一。这个"一",就是"真道",即全真之道。这种"三教归一"的言论,在他的诗文中俯拾皆是。《重阳全真集》卷一《答战公问先释后道》说:"释道从来是一家,两般形貌理无差。识心见性全真觉,知汞通铅结善芽。马子休令川拨棹,猿儿莫似浪淘沙。慧灯放出腾霄外,照断繁云见彩霞。"④所谓"识心见性",是指精神的锻炼;所谓"知汞通铅",是指真

---

① 金源璹《终南山神仙重阳真人全真教主碑》称:"真人劝人诵《般若心经》《道德清静经》及《孝经》,云可以修证。"载《甘水仙源录》卷一,《道藏》第19册,第725页。
② 《道藏》第19册,第725—726页。
③ 《道藏》第25册,第802页。
④ 《道藏》第25册,第691页。

气的锻炼。即道、释二教，虽然形式上有差别，但在精、气、神的修炼方面，则是完全一致的。同书卷一《孙公问三教》又说："儒门释户道相通，三教从来一祖风。悟彻便令知出入，晓明应许觉宽洪。精神炁候谁能比，日月星辰自可同。达理识文清净得，晴空上面观虚空。"① 这就是说，儒、释、道三教本是同源一理，只要熟悉其精、气、神的修炼理论，对儒、释、道三教便自然融会贯通。卷一《述怀》对此明确地说："了了通三道，圆圆做一团。"② 在《永学道人》一诗中又说："心中端正莫生邪，三教搜来做一家。义理显时何有异，妙玄通后更无加。般般物物俱休着，净净清清最好夸。亘劫真人重出现，这回复得跨云霞。"③ 表明他的目的，就是要把三教捏成一团，融为一体。王重阳本儒家出身，受到儒学的熏陶，后来学道，又受到佛教特别是佛教禅宗的思想影响。他对禅宗理论是相当信服的。同书卷一《问禅道者何》一诗曾就禅与道的关系解释说："禅中见道总无能，道里通禅绝爱憎。禅道两全为上士，道禅一得自真僧。道情浓处澄还净，禅味何时净复澄。咄了禅禅并道道，自然到彼便超升。"④ 可见，在王重阳看来，禅与道虽有区别，但在二者之间不能有所爱憎，若仅修其一，就只能做一个普通的道士或和尚，只有禅道两全的人才能成为"上士"，得到"超升"。胡应麟在《少室山房笔丛》卷四十二《玉壶遐览》引《青岩丛录》评论全真思想时说："其说颇类禅而稍粗。"这个评论，不是没有道理的。

第四，在修炼方术上专主内丹，不尚符箓，也反对黄白之术。

---

① 《道藏》第25册，第693页。
② 《道藏》第25册，第698页。
③ 《道藏》第25册，第696页。
④ 《道藏》第25册，第694页。

在王重阳的著作中，几乎从不谈论符箓和黄白等事。虽然他也使用铅、汞、金丹等词，却是作为性命或精、气、神之类的别称来使用的。《重阳全真集》卷二有题为《金丹》一诗，明确地说："本来真性唤金丹，四假为炉炼作团。不染不思除妄想，自然衮出入仙坛。"① 这便是最好的例证。在他看来，只有修真养性，进行精、气、神的内丹修炼，才是成仙的唯一正道。

第五，强调道士必须出家住庵，不准有妻室，这也是它和其他道派特别是正一道不同的一个特点。

综上可知，全真道主要是通过对旧道派特别是丹鼎派的改造而建立起来的一个新道派，它在立教宗旨、修持目标和修持方法等各个方面都有自己的特色。徐琰在《郝宗师道行碑》中谈到全真道的特色时说："其修持大略，以识心见性、除情去欲、忍耻含垢、苦己利人为之宗。"② 并强调它和过去那些主张符箓、烧炼、章醮等的旧道派不同，认为它才真正合乎老庄之道的本旨。宁海学正范怿于大定戊申（1188）所作的《重阳全真集序》在介绍王重阳的立教宗旨时又说："大率诱人还醇返朴，静息虚凝，养亘初之灵物，见真如之妙性，识本来之面目，使复之于真常，归之于妙道也。"③ 并指出：其"博通三教，洞晓百家……化三州之善士，结五村之良缘，行化度人，利生接物，闻其风者咸敬惮之，杖屦所临，人如雾集。"④ 可见这个新道派在当时确实吸引了不少道众。之所以如此，就在于它在一定程度上反映了当时在政治上不得志的知识分子和苦难民众寻求精神解脱的社会心理。

---

① 《道藏》第25册，第701页。
② 《道藏》第19册，第740页。
③ 《道藏》第25页，第689页。
④ 《道藏》第25页，第689页。

必须指出，王重阳的全真学说本身，也包含有二重性，一方面他强调要修成"天仙"，必须"普济群生，遍拔黎庶"，有符合民众精神寄托需要的一面；另一方面，他又强调要达到成仙这个最终目标，必须"忠君王"，遵守封建的纲常伦理，又有为封建王朝服务，可供统治者利用的一面。而且他倡导的养性修真，叫大家遁入玄门，除情去欲，"还醇返朴"，放弃对现实生活的追求，循规蹈矩，"忍耻含垢"，不做任何反抗，这对于维护封建统治显然是有利的。全真道在当时之所以得到统治者的支持并迅速发展，这大概也是重要原因之一。

（香港道教学院"全真道研究中心成立暨国际学术研讨会"论文）

武当清微派与武当全真道的问题

武当是道教名山,又地处中原,历史上名道辈出,并与许多道派均有联系。这里仅谈一下与清微派有关的一些问题。

清微派是宋元民间影响较大的一个符箓派别,主要由上清派衍化而来,自谓其符箓道法出于清微天元始天尊,故以清微为名。据元初陈采《清微仙谱》说:道教"始于元始,二之为玉晨与老君,又一传衍而为真元、太华、关令、正一之四派,十传而至昭凝祖元君,又复合为一"①。另据《道法会元》卷五载有署名"嗣派原阳子赵宜真书"自述其谱系说:"清微正宗自元始上帝授之玉宸道君、玄元老君,由是道君老君各传二派,乃分清微、灵宝、道德、正一,师师相承,元元荷泽,至唐祖元君愿重慈深,博学约取,总四派而为一,会万法以归元。"② 此与陈采所说大同小异,即是说,道教起于元始天尊,后来分为上清、灵宝、道德、正一四派③,传至祖元君的时候,又汇而为一。表明清微道法具有融合诸派的性质。这个谱系,只不过是清微道士为了抬高其派别地位

---

① 《道藏》第29册,第165页。
② 《道藏》第28册,第707页。
③ 参照《清微元降斋法》《清微斋法》等著作的叙述。

而妄为牵强之辞，并不一定是事实。所谓祖元君，《历世真仙体道通鉴续编》卷五有记载说："元君姓祖，讳舒，又名遂道，字昉仲，唐广西零陵永州祁阳人……（尝）师事许真君（指许逊）、郑真人（指太极庆融北灵内辅真人郑思远）、灵光圣母①。一日于西京清虚洞神化溪遇太玄夫人降于溪滨，又从而师之。蒙与俱至洞中凡数日，变现男女，历试诸难，终无怠志，乃授以元始大道，俾乘枯木，顺流随止，少焉，木至故处，失夫人所在矣。由是会四派而一之，职位清微元上侍宸，复化身为清微察令昭化元君，又号通化一辉元君，统辖雷霆，变相不一。……功成冲举，居金阙昭凝宫，主清微洞照府，又曰金阙中灵凝照府，主持教法，惠济生灵。"②《清微元降大法》卷一及《清微斋法》卷一均有此记载，其内容亦基本相同，唯"太玄夫人"均作"泰清泰玄元君"，并谓泰清泰玄元君名文慵，又作文镛。此与《清微仙谱》所说的谱系均不尽相同。不过这都是一些神话，本无史实可证，否则，唐昭宗（888—904在位）时的祖舒，怎能与晋代的许逊、郑思远有师承关系呢？《历世真仙体道通鉴续编》卷五又称："嗣其道者，脉脉相承，琼室洞清郭元君、福和耀真傅元君、龙光道明姚元君、紫英玉惠高元君、元勋皇灵清虚华真人③、青城山通慧朱真人、云山保一李真人，至眉山混隐南真人，而清微道法尤阐焉。"④按照这个说法，则是祖舒之道，递经郭玉隆、傅央焴、姚庄、高奭、

---

① 《清微元降大法》卷一有"本派因灵光圣母朱焸，在荆湖南路桂阳军江渚石上，坐授金阙照凝元君"的记载，是"灵光圣母"即朱焸；本书卷二十五又称："灵光圣母朱燧焸。"前后不尽相同。
② 《道藏》第5册，第445页。
③ 据《清微斋法》卷上，元勋皇灵夫人名全茂，西华清虚真人名华英，各为一人，与此略异。
④ 《道藏》第5册，第446页。

华英、朱洞元、李少微，至南毕道然后得以阐扬。《清微元降大法》卷二十五《会道》所记祖舒以下的次第，与此相同。《清微斋法》卷上除了多一个元勋皇灵夫人全茂外，还指出：成都人朱洞元、房州人李少微、眉山人南毕道，皆先后隐居青城山。《清微仙谱》也说：在祖舒之后"继是八传至混隐真人南公。南公役鬼神，致风雨。晚见雷困黄先生，悉以其书传焉"①。所谓"雷困黄先生"，系指黄舜申；"南公"，即南毕道，本姓东南，名圭，字斗文，号西滨，眉州人，李少微弟子，生于南宋宁宗丙辰（1196），理宗（1224—1265在位）时，累官至广西宪司。时黄舜申亦侍父于广西幕府，宝祐（1253—1258）中，出为检阅，故得与南相识，并得南之传授。《历世真仙体道通鉴续编》卷五《黄雷渊传》说："真人姓黄名舜申（俗名应炎），福建建宁人。幼而聪慧过人，三教九流，无所不通。仕广西时，宪使南公见而奇之，悉以神书授焉。真人钩玄探赜，集成大全，登门之士如云。"② 故清微派虽以唐末祖舒为祖师，但真正揭明道法的是南宋理宗时的南毕道，而南的弟子黄舜申方集其大成，从此以后，清微道法始显于世。《清微仙谱·序》说：黄舜申"覃思著述，阐扬宗旨，而其书始大备"③。张宇初《道门十规》亦称："清微自魏（华存）、祖（舒）二师而下，则有朱（洞元）、李（少微）、南（毕道）、黄（舜申）诸师，传衍尤盛。凡符章经道斋法雷法之文，率多黄（舜申）所衍。"④ 查今《道藏》中有关清微道法的一些著作，的确是差不多均出自黄舜申及其门人之手。说明黄舜申确系清微派的中坚人物。

---

① 《道藏》第3册，第326册。
② 《道藏》第5册，第446页。
③ 《道藏》第3册，第326页。
④ 《道藏》第32册，第149页。

理宗曾召见，赐号"雷困真人"。皇兄赵孟端曾师事之。至元丙戌（1286），应诏赴阙，继请还山，隐于紫霞沧洲之上，制授"丹山雷渊广福普化真人"。其故乡建宁，成为元初清微派传授中心，四方求法者甚众。《历世真仙体道通鉴续编》卷五《黄雷渊传》说："其所度弟子皆立石题名，立石之前者三十人，立石之后者五人而已。前者各得一法，后者尽得其传。如武当洞渊张真人（张道贵），化行四海，独露孤峰，其道则多行于北；西山真息熊真人（熊道辉），独在诸立石题名之后，道阐四方，则尤多行乎南土。"① 据此可知，在黄舜申以后，清微派又分为南北两支，北支以湖北武当山为传播中心，以张道贵为首。

张道贵号雷翁，长沙人，至元（1264—1294）间，入武当山礼五龙宫汪贞常为师。汪贞常乃全真派道士。据《武当福地总真集》卷下记载："汪贞常名思真，号寂然子，贞常所赐之号也。家世徽人，宋丞相汪伯彦之后，生于安庆，嗣全真教法。入武当山，至元乙亥（1275），领徒众六人，开复五龙……兴建殿宇，改观为宫，四方礼之，度徒众百余人，任本宫提点。"② 故张道贵当先入全真。又据《大岳太和山志》记载，张道贵除礼汪贞常为师外，又同叶云莱、刘洞阳参觐黄舜申，"得先天之道……乃清微之正脉"③。叶云莱名希真，号云莱子，辛亥年（1251）生于建宁，与黄舜申是同乡，唐代著名道士叶法善之后。据《武当福地总真集》卷下的记载，他先从黄舜申"得清微道法之妙"，元兵南下时避入武当，"至元乙酉（1285）应诏赴阙，止风息霆，祷雨却疾，悉皆称旨。至元丙戌（1286），钦受圣旨，领都提点，任武当护持"④。

---

① 《道藏》第5册，第446页。
② 《道藏》第19册，第667页。
③ 《藏外道书》第32册，第923页。
④ 《道藏》第19册，第667页。

刘洞阳即刘道明。可见他们三人又同师黄舜申，得清微道法之传。张道贵又以之传于张守清。守清本亦全真道士，师武当鲁大宥。鲁大宥即鲁洞云，与汪贞常友善，同为武当山全真道传人。《武当福地总真集》卷下称："鲁洞云名大宥，号洞云子，随州应山人也。家世宦族，幼入武当学道，遍历南北。至元乙亥（1275），偕汪贞常开复武当，任紫霄岩，年八十余，以道著远，点墨片纸可疗疾，度徒众百余人。"① 程巨夫《雪楼集》卷五《大天一真庆万寿宫碑》亦记载说："汉东异人鲁大宥隐居是山（指武当），草衣菲食，四十余年，救灾捍患，预知祸福，时人神之。天兵破襄汉，去，渡河访道清河真人（全真掌教尹志平），西绝汧陇，北逾阴山。至元十二年（1275）归，与道士汪真常等，修复五龙紫霄坛宇，独结茅南岩。……二十一年（1284）秋九月，师（指张守清）自峡州（今湖北宜昌、长阳两地）来，年三十有一，愿为弟子。大宥欣然曰：吾待子久矣。即授道要。"② 很明显，所谓"道要"，自然是指全真道。又据《大岳太和山志》载称：张守清对于"清微正一，先天后天，靡不精通……其云莱、洞阳、云岩（即张道贵）三师之道，尽得秘传"③。所谓"三师之道"，当即指叶、刘、张三人共同从黄舜申那里得来的清微之道。同书又谓张道贵"门下嗣法者二百余人。……惟张洞困（即张守清）得奥旨，于是玄风大阐，宗教自此振矣"④。所谓"奥旨"，当即张道贵所传的清微秘旨。张守清于至大三年（1310）应诏赴阙，建金箓醮。皇庆元年（1312），因祈雨有验，赐号"体玄妙应太和真人"，不久还

---

① 《道藏》第19册，第667页。
② 陈垣：《道家金石略》，文物出版社，1988年，第743—744页。
③ 《藏外道书》第32册，第924页。
④ 《藏外道书》第31册，第120页。

山，管领教门公事，为元代武当道士中最荣贵者。张守清门下有黄明佑、彭通微、单道安、唐中一、刘中和、高中常等，皆嗣清微法。

张道贵、张守清一系，虽传行清微符箓，但又均出全真，遂将全真血液注入清微道法之中，故北支当为全真与清微的融合，当名为"武当清微派"。南支以熊道辉为首："传之于安城彭汝励，汝励传之于安福曾尘外（曾贵宽），尘外传之浚仪赵元阳（赵宜真），如上授受者，皆为一代宗匠，道德冲融，内外光霁焉。"[①]当为清微嫡派。

清微派著作，大多是一些符箓，其中谈义理者少。《清微元降大法》卷二十五收录有题为"云山保一真人李少微授"之《道法枢纽》[②]一文，从中可知清微道法是以修炼内在的精炁神为本，以符图咒诀为末。它虽源于上清，且将魏华存列在他们的"师派"之首[③]，但和上清存想之法亦有不同。它说："法无存想，存想非真法；无造作，造作为妖法；无叱喝，叱喝为狂法；无祝赞，祝赞为巫。"[④]它把上清的存想之法与妖法和巫术相类比，表明其力图说明他们的道法与上清道法的区别。《道法会元》卷二十九《清微祈祷奏告道法》有末署"青山无影道人序"一文，在谈到清微道法时又说："夫清微法者，乃元始一炁，父母未生前，混沌妙明之性也。不垢不净，无欠无余，空洞清虚，自然而然。……《清静经》云：'人能常清静，天地悉皆归。'无想无存，自然而然，寂然不动，感而遂通。若有想有存有作用，即后天之法，非先天

---
① 《历世真仙体道通鉴续编》卷五，《道藏》第5册，第446页。
② 此文又收入《道法会元》卷一，未著撰人。
③ 《清微神烈秘法》卷上。
④ 《道藏》第4册，第275页。

清微道法。"① 《道法枢纽》对于符箓道法还专门做了自己特殊的解释。它说:"古云:'书符不识窍,却被鬼神笑;书符若知窍,惊得鬼神叫。'今之行持者,不明道法之根源,妄于纸上作用以为符窍,殊不知此窍非凡窍,乾坤共合成,名为神炁穴,内有坎离精,当于身中而求之,不可求之他也。人能知此一窍,则可与言道矣,岂徒法哉!《太上心法序要》云:'收为胎穴用为窍,道法之中真要妙。'此漏泄之言也,子其味之。"② 又说:"符者,天地之真信,人皆假之以朱墨纸笔,吾独谓一点灵光,通天彻地,精神所寓,何者非符?可虚空,可水火,可瓦砾,可土石,可草木,可饮食,可有可无,可通可变,是谓道法。"③ 由此可见,在其看来,所谓的符或符窍并不在乎朱墨纸笔,而是人们身中的神炁穴及其一点灵光。所以符箓之灵与不灵,最主要的不在乎纸上画得是否精巧,而在乎自身精炁神的修炼如何,以及自身的诚与不诚。它说:"治病以符,符朱墨耳,岂能自灵?其所以灵者,我之真炁也。故曰:符无正形,以炁为灵。知此说者,则物物可以寓炁,泥丸蓑草,亦可以济人。"④ 又说:"符者,阴阳契合之具也,惟天下之至诚者能用之。诚苟不至,自然不灵。故曰:以我之精,合天地万物之精;以我之神,合天地万物之神;精精相搏,神神相依,所以假尺寸之纸以号召鬼神,而鬼神不得不对。"⑤ 为什么诚则灵,不诚则不灵呢?关于这个问题它反复解释说:"法有出于同门者,其符同,而用之辄不灵者,诚不至也。诚之不至,则自

---

① 《道藏》第28册,第838页。
② 《道藏》第4册,第275页。
③ 《道藏》第4册,第275页。
④ 《道藏》第4册,第275页。
⑤ 《道藏》第4册,第275页。

信不及;自信不及,则疑贰之心生;疑贰之心一生,则中无所主矣。中既无主,何以感通?故曰:法法皆心法,心通法亦通。"①又说:"通三才一炁尔;天以炁而运行,地以炁而发生,阴阳以炁而惨舒,风雷以炁而动荡,人身以炁而呼吸,道法以炁而感通。善行持者,知神由炁生,炁为神主,外想不入,内想不出,一炁冲和,归根复命,行住坐卧,绵绵若存,以养其浩然者,施之于法,则以我之真炁合天地之造化。故嘘为云雨,嘻为雷霆,用将则元神自灵,制邪则鬼神自伏,通天彻地,出幽入冥,千变万化,何者非我?苟中无所主,炁散神昏,行持之际,徒倚符咒以为灵,觊侥幸于万一,吾见其不得矣。"②《道法会元》卷四《清微宗旨》亦称:"祖师云:法灵须要我神灵,我神灵后法惊人。祛禳祈祷凭神将,神将何曾有定形?此说尽矣。夫神者我之神也,即我心也,我之心神灵明不亏,真一不二,举目动念,即是天真神妆,何往不可?盖我之神灵,则可以感召天真雷将矣,何必吁呵呼吸,取外将来合气?我只自然而然,中理五炁,混合百神矣。《枢纽》云'法法皆民法,心通法亦通'是也。"③ 在《清微斋法》卷上《道法驱疑说》中,还援引儒家正心诚意之说来对他们的道法进行阐发说:"道家之行持,即儒家格物之学也,盖行持以正心诚意为主,心不正则不足以感物,意不诚则不足以通神。神运于此,物应于彼,故虽万里,可呼吸于咫尺之间,非至诚孰能与于此?呜呼!广大无际者心也,隔碍潜通者神也,然心不存则不明,神不养则不灵,正以存之,久而自明,诚以养之,久而自灵。世之学者,不务操履于平时,而遽施行于一旦,亦犹汲甘泉于枯井,采

---

① 《道藏》第4册,第275页。
② 《道藏》第28册,第674—675页。
③ 《道藏》第28册,第689页。

奇华于枯木，吾见其不得矣。及其气索神惊，以侮致慢，乃归咎于神之不灵、法之不验，良可悲也。"①

清微派亦传行雷法，《道法会元》即收有清微雷法多种。《清微神烈秘法》卷上《雷奥秘论》在谈清微雷法时说：此"应世宗师心心相授，口口相传，与天长存，祈天福国，弘道化人，役使雷霆，坐召风雨，斩灭妖邪，救济旱涝，拯度幽显，赞助皇民，即今人间清微雷法妙道是也"②。并且指出："其法简易，不若有为，不落无作，不贡存想，无泥虚文，无祭祀，无祷祝。""其妙乃以吾神合彼神，吾灵合彼灵。"③ 认为"万法以心为主"，只要"平日行住坐卧"能"收敛身心，万缘顿息，存无守有，专一无二，守无所守，存无所存，一念真常"，不昧真性，使"心田无秽，性地绝尘"，临坛时从"一点灵光"随意发用，信手画符，以我之元神合雷神将帅之神，则自然互相感应。"到此田地，一举目，一动念，将帅洋洋乎如在左右。"④ 以"一点灵光"为主宰，升降自身阴阳二炁，便可发而为自然界的风云雷雨。《清微丹诀》说："我禀阴阳二炁，出则轰天震地，神归山岳摧崩，煞去精邪粉碎。"⑤ 清微派的这些思想，乃是以天人感应和天人合一为基础的。

综上可知，清微派虽属符箓派别之一，但已明显受内丹学说及雷法的影响，并与儒家思想相融合，颇重自身精炁神的修炼，这些特点表明它与过去传统的符箓派已有很大的不同。明乎此，则知张道贵、张守清在武当将清微与全真融合为一而创立了武当

---

① 《道藏》第4册，第286页。
② 《道藏》第4册，第135页。
③ 《道藏》第4册，第135页。
④ 《道藏》第4册，第135页。
⑤ 《道藏》第4册，第963页。

清微派,这就很容易理解了。全真道由汪贞常、鲁大宥传入武当,亦因张道贵、张守清之变革而在武当得以盛行,他们所倡导的全真道已渗入清微派的义理,并大讲雷法;从这个意义上来看,实际已非原有的全真,而是属于全真的一个别派,也可以称之为"武当全真派"。清人陈教友在《长春道教源流》一书中曾指出:"鲁大宥、汪贞常俱全真弟子。张道贵师贞常而学于雷囦,盖全真而兼正一派者。逮张洞囦而所可大行,于是武当遂为全真别派。"①这里他把雷囦(黄舜申)说成正一派,显然不够确切,但指出张道贵、张守清俱既是全真而又是清微派道士,特别是张守清,乃元代武当全真派的中心人物,对武当全真有重要贡献;他特别强调以他为代表的武当全真,遂为全真别派,这完全是正确的。张守清对武当的建设亦有功劳。《武当福地总真集》卷中"紫霄岩"条下称:"至元甲申(1284),住岩张守清大兴修造,叠石为路,积水为池,以太和紫霄名之。"②

(原载《社会科学研究》1995 年第 6 期)

---

① 《藏外道书》第 31 册,第 120 页。
② 《道藏》第 19 册,第 652 页。

南宋时在南方兴起的一个金丹道派

——紫阳派的形成及其传系和特点

在南宋流传的道派当中,除符箓道教而外,还有所谓金丹南宗者,其特点是宗承北宋张伯端的内丹说,轻视符箓,并视外丹为邪术。因其以张伯端为祖师,故可称为紫阳派。从其专主内丹修炼这一宗旨来看,与北方的全真道相似。故人们便以之与王重阳所创的全真道相对比,称王重阳一派为北宗,称紫阳派为南宗。这种南北宗之分,乃是就宋元时候的内丹修炼而言的。明宋濂《送许从善学道还闽南序》说:"宋元以来,说者滋炽,南北分为二宗:南宗则天台张用成……北则咸阳王中孚。"① 又因张伯端自认为宗承汉末魏伯阳的金丹说,故元袁桷《野月观记》又说:"养生之说有二焉:北祖全真……东南师魏伯阳。"

南宗的建立,较晚于北宗,其实际创始者应是南宋宁宗时代的白玉蟾。但为与北宗争雄,白玉蟾的弟子陈守默、詹继瑞在《海琼传道集序》中根据一些传说提出了一个传授系统:"昔者钟离云房(钟离权)以此传之吕洞宾,吕传刘海蟾,刘传之张平叔

---

① 《文宪集》卷八,见〔清〕纪昀等编纂:《影印文渊阁四库全书》第1223册,北京出版社,2012年,第469页。

（张伯端），张传之石泰，石传之道光和尚（薛式），道光传之陈泥丸（陈楠），陈传之白玉蟾，则吾师也。"① 这样一来，南宗的历史就比北宗早得多了；即使从张伯端算起，也比北宗早百年左右，当然资格更老了。但钟、吕、刘和张伯端之间的传授关系，不仅张伯端本人的作品中无明文记载，从石泰到陈楠也无这种说法，至白玉蟾及其门人始倡言之。宋元时，有关钟、吕、刘的这类神话传说甚多，金丹派多尊他们为祖师。这类神话传说，大多出于后人的附会，缺乏充分的史实根据，其可靠性如何，尚有待于考证。现从张伯端起，对这一传授系统的有关人物，分别做一简略的考证。

张伯端，字平叔，一名用成（诚），号紫阳，天台（在浙江省东部）人。所撰《悟真篇》为道教内丹丹法主要经典，在道教史上是一部承先启后的重要著作，与《参同契》的地位相仿。《四库全书总目》卷一百四十六说："是书专明金丹之要，与魏伯阳《参同契》道家并推为正宗。"正因为如此，南宋的金丹道派推张伯端为祖师是非常自然的事。但事实上张伯端本人不仅并未创立什么道派，而且他所直接传授的门徒也无明确的记载，仅以书授予马默，望其"流布"，以俟"会意者"而已。

石泰，字得之，号杏林，一号翠元（玄）子，常州（在今江苏省境内）人。据《武进县志》和《历世真仙体道通鉴》卷四十九《石泰传》的记载，卒于南宋高宗绍兴二十八年（1158），其生年则无明文可考。《陕西通志》和《历世真仙体道通鉴》说他"寿一百三十七"。按此推算，则当生于北宋仁宗乾兴元年（1022）。《陕西通志》还说他常以药济人，不受其谢，唯愿种一杏

---

① 《道藏》第33册，第147页。

树,久遂成林,人因号为"石杏林"。又说他曾"遇张紫阳得金丹之道",并叙述了他们相遇的经过:"初,紫阳得道于刘海蟾。"海蟾曰:"异日有为汝脱缰解锁者,当以此道授之,余皆不许。"其后,紫阳三传非人,三遭祸患,誓不敢妄传,乃作《悟真篇》行于世。曰:"使宿有仙风道骨之人读之自悟,则是天之所授,非人之辄传矣。"中罹凤州太守怒,按以事坐,黥窜郴州,会大雪,与护送者俱饮酒肆,杏林(适肆中)①,邀与同席,问之,知其故。杏林曰:"郴守吾故人也。"紫阳因恳为先容,乃相与之郴,一见获免。紫阳德之,遂传其道,作《还元篇》行于世。《历世真仙体道通鉴》卷四十九《石泰传》所记,与此基本相同,仅在文字上略有增饰而已。今《道藏》载有《还源篇》,题为杏林真人石泰得之撰,其自序云:"昔年于驿中遇先师紫阳张真人,以简易之语不过半句,其证验之效只在片时,知仙之可学,私自生欢喜,及其金液交结,圣胎圆成,泰故作《还源篇》八十一章,五言四句,以授晚学。"② 是《还原篇》八十一章之作,乃是为阐述张伯端之丹旨,用以教示后学而已。其第二十六章赞扬金丹之道说:"儒家明性理,释氏打顽空,不识神仙术,金丹顷刻功。"③ 第七十九章又说:"吕承钟口诀,葛授(受)郑心传,总没闲言语,都来只汞铅。"④ 这里将钟吕与郑葛并提,仅是从金丹道的渊源而言,不能据以说明张伯端和钟吕之间的直接传授关系。至于石泰和张伯端之间是否为直接传授,虽有上述依据,但不仅张伯端本人没有提到,而且在陆彦孚等人的有关记载中亦未述及,这也是一个疑窦。

---

① 括号内"适肆中"三字,据《历世真仙体道通鉴》卷四十九《石泰传》补。
② 《道藏》第24册,第212页。
③ 《道藏》第24册,第213页。
④ 《道藏》第24册,第214—215页。

薛式，一名道光，一名道原（源），陕西鸡足山人，一云阆州人，字太原（源）。《历世真仙体道通鉴》卷四十九《薛道光传》谓其卒于光宗绍熙二年（1191）。《陕西通志》说他"寿一百十四岁"，按此推算，则应生于北宋神宗元丰元年（1078）。并谓其尝为僧，法号紫贤，一号毗陵禅师。云游长安，留开福寺，参长老修严，又参僧如环。因桔槔，顿有省悟，颂曰："轧轧相从响发时，不从他得豁然知；桔槔说尽无生曲，井里泥蛇舞枯枝。"二老然之，自尔顿悟无上圆明真实法要，机锋迅捷，宗说兼通，且复雅意金丹导养。宋徽宗崇宁五年丙戌（1106）冬，寓郿，遇石杏林，传授口诀真要，乃注解《悟真篇》，作《复命篇》及《丹髓歌》行世。《历世真仙体道通鉴》卷四十九《薛道光传》所记，与此大体相同。《武进县志》亦载其从石杏林"尽得张紫阳金丹之秘"一事。《道藏》载有《丹髓歌》三十四章，题为薛道光撰，末有《后序》一篇，为石泰所作，其中称："先师《悟真篇》所谓金丹之要在乎神水华池者，即铅汞也。人能知铅之出处，则知汞之所产；既知铅与汞，则知神水华池；既知神水华池，则可以炼金丹。"①《后序》中又提到钟离权，亦是就这种金丹思想的渊源而说的，并未提出张伯端与钟离权之间的传授关系。

陈楠，字南木，号翠虚，惠州博罗白水岩人。生年不详，《历世真仙体道通鉴》卷四十九《陈楠传》仅记其卒于嘉定六年（1213），又注云："一云四年（1211）。"该传说他以盘桄箍桶为生，曾作《盘桄颂》云："终日盘盘圆又圆，中间一位土为尊。磨来磨去知多少，个里全无斧凿痕。"又作《箍桶颂》云："有漏教无漏，如何水泄通。既能圆密了，内外一真空。"②后得太乙刀圭

---

① 《道藏》第4册，第630页。
② 《道藏》第5册，第385页。

金丹法诀于毗陵禅师（薛道光），又得景霄大雷琅书于黎姥山神人，说明他是丹诀与雷法并传。人每向他求符治病，他便"撚土"以付之，病多辄愈，故人呼之为"陈泥丸"。宋徽宗政和（1111—1118）中，擢提举道录院事。后归罗浮，以道法行于世，所至为人驱狐治病，鞭龙救旱，浮笠济湍流，含水银成白金，显诸神异，著有《翠虚篇》①。其弟子最著者有鞠九思、沙蜇虚、白玉蟾等。

白玉蟾，本姓葛，名长庚，琼州（属今海南岛）人②。《祁阳县志》谓其父亡，母氏他适，因改姓白，名玉蟾。一说因其出生之时，因梦一物如蟾蜍，即以玉蟾呼之。号玭庵，又号琼琯，自号海琼子，或海南翁，或琼山道人，或武夷散人，或神霄散吏，或琼山老叟，或灵霍童景洞天羽人。其生卒年历来即各说不一。侯外庐《中国思想通史》称："生于光宗绍熙五年（1194），卒于理宗绍定二年（1229），其寿为三十五。"而《祁阳县志》则说是生于"宋绍兴甲寅（1134）三月十五日"，比《中国思想通史》所说的生年较早。《和州志》甚至说："靖康（1126）末，天下扰乱，放浪于江湖间。"其出生当更早，这一说法显然不够真实，可暂时不考虑。此外，《九江府志》说他卒于"嘉定己未冬"。"嘉定"当为宁宗年号。查嘉定并无"己未"，只有"己巳"（1209）和"己卯"（1219）。《江西通志》又说他卒于"绍定己未"。"绍定"指理宗年号，但查绍定亦无"己未"，而只有"己丑"（1229），这便是《中国思想通史》所认定的卒年。但《修真十书》卷四十一《上清集》有白玉蟾所作《水调歌颂》一首，副题

---

① 《道藏》第24册，第202—211页。
② 《和州志》谓为"东海人"；《祁县志》谓世本"闽清"，"父董教琼州"，玉蟾即"生于琼"；何继高《琼琯白真人集序》所载亦同，见《藏外道书》第5册，第15页。

为"丙子七月十八日得雨,午后大风起,因有感",中有"光景暗中催去,览镜朱颜犹在"①之句。这一情况说明:"丙子"年白玉蟾仍然健在。查南宋的"丙子"年有三:一为高宗绍兴二十六年(1156),二为宁宗嘉定九年(1216),三为端宗景炎元年(1276)。我们排除第一个绍兴二十六年的"丙子"不论,从上面明确指出白玉蟾的两个不同生年来看,若谓生于绍熙五年(1194),则"丙子"应为景炎元年(1276);若谓生于绍兴甲寅(1134),则"丙子"应为嘉定九年(1216)。其时白玉蟾已八十二岁,自谓"光景暗中催去",有垂暮之感,是合乎情理的。另据《祁阳县志》说:"宋绍定(1228—1233)间,清湘蒋晖、洞阳李日新俱与之游。"故所谓"丙子"不大可能为嘉定九年(1216)。如果按照这个推测,则白玉蟾似当生于光宗绍熙五年(1194)。他在《水调歌头·自述十首》中又有"虽是蓬头垢面,今已九旬来地,尚且是童颜"②之句,据此,则南宋末年到元初,他尚在世。也有学者根据署名"滇西弟子彭翥竹林谨识"的《神仙通鉴白真人事迹三条》的记载,认定白玉蟾生年当为南宋高宗绍兴四年(1134),卒于南宋理宗绍定二年(1229),住世凡九十六年③。故白玉蟾的生卒年问题,尚待进一步考定。

白玉蟾出身高门,十二岁举童子科,故姚鹿卿《庐山集序》说他"以妙龄赴高科,读书种子,宿世培植"④,似与其父"董教琼州"有关。后因"任侠杀人,亡命之武夷"⑤,从陈楠学道,为

---

① 《道藏》第4册,第791页。
② 《道藏》第4册,第789页。
③ 参盖建民、黄凯端:《白玉蟾丹道养生思想发微》,载《道韵》1999年8月第五辑。
④ 《藏外道书》第5册,第140页。
⑤ 〔清〕刘坤一:《江西通志》卷一百八十,又见《九江府志》。

道士,九年尽得其旨。《海琼白真人语录》卷四《泥丸真人罗浮翠虚吟》谓:"嘉定壬申八月秋,翠虚道人在罗浮……吾将蜕形归玉阙,遂以金丹火候诀。说与琼山白玉蟾,使之深识造化骨。"①"壬申"为嘉定五年(1212),第二年陈楠逝世。从此之后,白玉蟾乃独自往还于罗浮、霍童、武夷、龙虎、天台、金华、九日诸山,传行其道。《历世真仙体道通鉴》卷四十九《白玉蟾传》说他又"受上清箓",行诸阶法,于都天大雷最著,所用雷印,常佩肘间,所至祈禳,辄有异应②,可见他也是内丹与雷法并传。嘉定(1208—1224)中,诏征赴阙,对御称旨,命馆太乙宫,一日不知所在。表明他并不喜欢与上层统治者交往。传说他"好诡诞之行",经常"蓬头跣足,一衲弊甚"。曾自赞:"千古蓬头跣脚,一年服气餐霞;笑指武夷山下,白云深处吾家。"③ 这大概是他的自我写照。嘉定十五年(1222)四月,他曾到临安"伏阙言天下事",但结果是"沮不得达,因醉执逮京尹,一宿乃释。既而臣僚上言先生左道惑患众,群常数百人,叔监丞坐是得祠"(彭耜《海琼玉蟾先生事实》)。可见他在政治上并不得意。据当时人的记载,白玉蟾博览群书,贯通三氏,不仅善诗文,且工书画。据《历世真仙体道通鉴》卷四十九《白玉蟾传》说,他的"大字草书,视之若龙蛇飞动,兼善篆隶,尤妙梅竹,而不轻作,间断自写其容,数笔而就,工书者不能及"④。《九江府志》也称其"挥洒文墨,信笔而成"。他的诗文集,在生前刊行的有《玉隆集》《上清集》《武夷集》等。后有何继高编辑的《琼琯白真人集》,另有《海琼

---

① 《道藏》第33册,第132页,"观《翠虚篇》"。
② 《道藏》第5册,第386页。
③ 《道藏》第4册,第796页。
④ 《道藏》第5册,第386页。

白真人语录》和留元长所编《海琼问道集》等。其门弟子颇多，最著者有彭耜、留元长、叶古熙、詹继瑞、陈守默等。

以上是对南宗传系及其有关人物的简略介绍。这个传系虽有一定传说资料可凭，其思想体系也有相互一致之处，但直至陈楠的时候尚无这个系统的明确记载。后来在《修真十书》卷六里载有白玉蟾《谢张紫阳书》，其中说："先师泥丸先生翠虚真人出于祖师毗陵和尚薛君之门，而毗陵一线实自祖师杏林先生石君所传也。石君承袭紫阳祖师之道。"①

但白玉蟾与张伯端所处时代相隔甚远，当白玉蟾出生之日，张伯端已死去了百多年，怎么还会给张伯端写信？或许是出于当时创派的需要，抑或是出于伪托？即使这封信是真的，这个传授系统确实存在，也并不能因此证明南宗这个教派在张伯端那个时候即已形成，甚至也很难证明在陈楠之前已经形成一个独立的教派。因为一个教派的形成，不仅要有它自己的教祖、教义和传承关系，还必须要有一定数量的教徒所组成的团体，并且要有它自己的宗教活动场所以及相应的教规、仪式等。所有这些条件，在陈楠之前显然都没有具备。如上所述，从张伯端到陈楠，他们的思想体系虽然很接近，但至多也仅是单传关系，他俩每个人的徒众都非常少，并未形成一个有组织的教团。他们经常到处云游，既无本派固定的宫观作为他们宗教活动的场所，也无一定的教团。与此相联系，他们既没有制定自己的教规，也没有形成自己的宗教仪式。直到白玉蟾，他开始也只是在东南各地到处云游，后来他的徒众才逐渐多起来了，并开始建立教团组织。他的弟子彭耜对其再传弟子林伯谦说："尔祖师（指白玉蟾）所治碧芝靖，予今

---

① 《道藏》第4册，第625页。

所治鹤林靖，尔今所治紫光靖，大凡奉法之士，其所行香之地，不可不奏请靖额也，如汉天师二十四治是矣。"① 彭、林皆各自有靖，而且奏请得额，为官方所承认。有了靖，就有了固定的宗教活动场所，"如汉天师二十四治"一样，也就表明了他们各自有一定数量的信教徒众。白玉蟾还撰有《道法九要》，略述教徒行持规则九条，可说是订立了自己的教规。这些情况表明，在白玉蟾的时候，作为一个教派来说，紫阳派算是已经初具规模。但这时的靖庐为数不多，分布的地区也不广，仅限于福州一带，说明开始时力量并不大。尽管如此，由于白玉蟾所遗留下的著作甚多，这对完善他们的教理教义，促进这个教派的形成和发展，都具有极为重大的意义。所以应当说，白玉蟾乃是紫阳派即金丹派南宗的实际创立者。

以上是对紫阳派的形成及传系和有关人物的简略介绍，后来的道教徒将这个传系中的张伯端、石泰、薛道光、陈楠、白玉蟾等五人尊为南宗的五祖，谓之"南五祖"，以之与全真道的北五祖相对应。

下面再介绍一下他们的宗教理论及其特点。

南宗的宗教理论和全真道一样，都是以内丹性命之说为主导，倡导三教归一论，主张三教合一，但南宗以着重融摄理学思想为其特色，而全真道则着重融摄禅学思想；并且南宗着重于修持，而全真道则着重于教理。南宗祖师张伯端在《悟真篇序》中便提出了"教虽分三，道乃归一"② 的说法，陈楠也说："人若晓得《金刚》《圆觉》二经，则金丹之义自明，何必分老、释之异同哉？"③

---

① 《道藏》第33册，第24页。
② 《道藏》第4册，第711页。
③ 《修仙辨惑论》，《道藏》第4册，第618页。

白玉蟾在《道法九要序》中亦称："三教异门，源同一也。"①

南宗的三教归一论，是以内丹学说为中心，将三教思想融合于内丹修炼的方法。张伯端将释氏的"空寂"、老氏的"炼养"、儒家的"穷理尽性至命"都归入他的内丹修炼准则，并提出"先以神仙仙命术诱其修炼，次以诸佛妙用广其神通，终以真如觉性遣其幻妄，而归于究竟空寂之本源矣"②。白玉蟾则将三家之教归结为"诚""定""清静"四个字。他说："若夫孔氏之教，唯一字之诚而已；释氏之教，唯一字之定而已；老氏则清静而已。"③并指出"必竟三教是同是别，不知说个何年事，直至而今笑不休"④。意谓三家修心养性之事，本即相互一致，可统一纳入内丹修炼之中。

所谓内丹修炼，就是锻炼人体内的精、气、神。不过他们常常强调，这种精、气、神并不是常人所说的精、气、神，而是指人们禀赋于先天的元精、元气、元神。白玉蟾在《必竟恁地歌》便明明白白地说："人身只有三般物，精神与炁常保全。其精不是交感精，乃是玉皇口中涎；其炁则非呼吸炁，乃知却是太素烟；其神即非思虑神，可与元始相比肩。……岂知此精此神炁，根于父母未生前，三者未尝相返离，结为一块大无边。人之生死空自尔，此物湛寂何伤焉。"⑤ 三者之中，又以神为最重要。他说："夫人身中有内三宝，曰精、气、神是也。神是主，精、气是客。……万神一神也，万气一气也，以一而生万，摄万而归一，皆在我

---

① 《道藏》第 28 册，第 677 页。
② 《悟真篇拾遗·禅宗歌颂》，《道藏》第 4 册，第 745 页。
③ 《琼海白真人语录》卷三，《道藏》第 33 册，第 129 页。
④ 《琼海白真人语录》卷三，《道藏》第 33 册，第 130 页。
⑤ 《道藏》第 4 册，第 783 页。

之神也。"① 因此，白玉蟾认为，"至道之要"就在于"至静以凝其神"②。题为"紫阳真人张平叔撰"的《玉清金笥青华秘文内炼丹诀》卷上《精神论》说："所谓凝神者，盖习念而返神于心。"又说："凝神者，神融于精气也。精、气、神合而为一，而阳神产矣，则此际此身，乃始为无用之物也。"③ 所以，要做到"凝神"，就必须意念集中，白玉蟾称："人之一念，聚则成神，散则成气；神聚而谓之魂，气聚则谓之魄。"④ 如此就来，人的（灵）魂和（体）魄都是主观意志（一念）的变现。与此相联系，白玉蟾在谈到"心"和"法"的关系时也说："法法从心生，心外别无法。"⑤ 又说："万法从心生，心心即是法。……法是心之臣，心是法之主。"⑥ 这种关于"心"和"法"的相互关系的观点，乃是脱胎于禅学。禅宗神秀在《观心论》中即说："心者，万法之根本也。一切诸法，唯心所生。若能了心，万行俱备。犹如大树，所有枝条及诸花果，悉皆因根。"所谓"法从心生""心外无法"的观点，又与陆王心学的基本思想很接近。与白玉蟾同时而略早的陆象山说："宇宙便是吾心，吾心即是宇宙。"后于白玉蟾的王守仁亦说"心外万物""心外万理"，都和白玉蟾一样是以心为主体的。白玉蟾说："至道在心，即心是道。六根内外，一般风光。"⑦ 所谓"六根"之外，即指客观世界；"六根"之内，即指主观世界。白玉蟾既然以心为主体，也就认为"六根内外"都是"心"这个主

① 《琼海白真人语录》卷一，《道藏》第33册，第111页。
② 《琼海白真人语录》卷三《东楼小参》，《道藏》第33册，第130页。
③ 《道藏》第4册，第365—366页。
④ 《道藏》第33册，第111页。
⑤ 《道藏》第33册，第113页。
⑥ 《道藏》第33册，第135页。
⑦ 《琼海白真人语录》卷三《东楼小参》，《道藏》第33册，第130页。

体的显现。这与陆王心学也是相通的。陆象山说:"道,未有外乎其心者。"①又说:"万物森然于方寸之间,满心而发,充塞宇宙,无非此理。"他的学生杨简还说:"人心即神,人心即道。"② 王守仁也说:"心即道,道即天,知心即知道、知天。""诸要实见此道,须从自己心上体认,不假外求,始得。"③ 白玉蟾还说:"形以心为君。"④ 王守仁亦说:"心者,身之主宰。"⑤ 由此可见,白玉蟾的内丹修炼理论与禅学思想和陆王心学是互相影响和互相交融的。他的同时代人苏森于嘉定丙子(1216)所撰的《跋修仙辨惑论序》称他"心通三教,学贯九流,多览佛书,研究禅学"⑥,确非虚语。

  白玉蟾研究禅学,不是为了去做禅僧,而是为了吸收禅学思想来丰富他的内丹理论。《福建通纪》记载了他和禅僧孤云的一段故事:"僧孤云以玉蟾博极群书,贯通三氏,欲乞其为僧,以光禅林。玉蟾笑曰:'禅宗法修静定之功,为积阴之魄,以死乐,涅槃经所谓寂灭也;吾纯阳之真精,超天地以独存,道不同不相为谋也。'孤云奇其言,亦从事于道焉。"这虽是一种传闻,但表明白玉蟾是从内丹家的立场来研究禅学的,并且认为道高于禅。他在《陈情表》中说:"臣凡胎浊质,走骨行尸,气所禀而有冲,性所赋而不昧。六根具足,三际俱圆。……知六识之无根,照七情之如梦;鉴血肉以醉其性,思形质以窒其神。早驰逐于玄关,尚彷徨于道阃。"⑦ 在这里,他不仅对一些佛教术语运用自如,而且使

---

① 《陆象山全传》卷十九《敬斋记》。
② 《慈湖先生遗书》卷二十二《陆先生祠记》。
③ 《传习录》下。
④ 《道藏》第33册,第130页。
⑤ 《传习录》下。
⑥ 《藏外道书》第5册,第170页。
⑦ 《道藏》第33册,第136页。

佛教思想与他的内丹理论融合无间。他甚至将佛教的"圆觉"与金丹相类比,说:"有一明珠光烁烁,照破三千大千国。观音菩萨正定心,释迦如来大圆觉。或如春光媚山河,或似秋光爽岩壑,亦名九转大还丹,谓之长生不死药。"①意谓九转大还丹犹如释迦如来的大圆觉,只是名号不同而已。他的《西林入室》的"入室"和《东楼小参》的"小参",都是禅宗参禅的一种方式,被他接收过来作为内炼的一种方法,均表现了他引禅入道的思想。

白玉蟾的内丹修炼理论,受理学的影响也是很深的。他的《无极图说》②明显受周敦颐《太极图说》的影响。他对南宋理学大师朱熹更是十分推崇。朱熹等人由于依附史浩及赵汝愚一派,受到韩侂胄的严重打击,其理学遭到禁止。而白玉蟾却不顾禁令,对朱熹一再赞扬。他在《朱文公像疏》说:"嗟文公七十一祀,玉洁冰清;空武夷三十六峰,猿啼鹤唳。管弦之声犹在耳,藻火之像赖何人。仰之弥高,钻之弥坚,听之不闻,视之不见,恍兮有像,未丧斯文。惟正心诚意者知,欲存神索至者说。"③又在《赞文公遗像》中说:"皇极坠地,公归于天。武夷松竹,落日鸣蝉。"④一"疏"一"赞",表达了他对朱熹的无限敬仰心情。他接受朱熹关于"天命之性"与"气质之性"的说法,以之来分析"性"与"命"的问题,认为"性由天赋,智愚善恶付之天"⑤,并说:"命者,因形而有……五脏之神为命,七情之所系也,莫不有害吾之公道。禀受于天为性,公道之所系焉。故性与天道同,命与人欲同。"⑥

---

① 《道藏》第33册,第131—132页。
② 《藏外道书》第5册,第130—131页。
③ 《道藏》第4册,第795页。
④ 《道藏》第4册,第796页。
⑤ 《道藏》第33册,第136页。
⑥ 《紫清指玄集·性命日月论》,见守一子编纂:《道藏精华录》下册,浙江古籍出版社,1989年。

故白玉蟾所说的"性",即相当于朱熹所说的"天命之性"或"道心";白玉蟾所说的"命",即相当于朱熹所说"气质之性"或"人欲"。白玉蟾还将朱熹的"道心"与"气"等用语直接接受过来,说:"道心者,气之主。"① 朱熹主张以"天命之性"驾驭"气质之性",白玉蟾也提出"以神驭气"而成道②。但应指出,在题为紫阳真人张平叔撰的《玉清金笥青华秘文金宝内炼丹诀》一书中,便对"先天之性"与"气质之性"的观点做了相当系统的论述。如该书卷上《神为主论》中说:

> 夫神者,有元神焉,有欲神焉。元神者,乃先天以来一点灵光也。欲神者,气禀之性也。元神乃先天之性也。形而后有气质之性,善反之,则先天之性存焉。自为气质之性所蔽之后,如云掩月,气质之性虽定,先天之性则无有,然元性微而质性彰,如君臣之不明而小人用事以蠹国也。且父母构形而气质具于我矣,将生之际,而元性始入。父母以情而育我体,故气质之性每寓物而生情焉。今则徐徐划除,主于气质尽而本元始见;本元见而后可以用事。无他,百姓日用,乃气质之性胜本元之性,至本元之性胜气质之性,以气质之性而用之,则气亦后天之气也;以本元之性而用之,则气乃先天之气也。气质之性本微,自生以来,日长日盛,则日用常行,无非气质。一旦反之矣,自今已往,先天之气本微,吾勿忘勿助长,则日长日盛,至乎纯熟,日用常行,无非本

---

① 《道藏》第33册,第131页。
② 《鹤林问道篇》上,《藏外道书》第5册,第101页。

体矣,此得先天制后天而为用。①

除此之外,本书还有将"天命之性"与"气质之性"的观点具体运用于修丹过程的其他论述,这里便不再一一介绍了。如果本书确是北宋张平叔所撰,则朱熹和白玉蟾的有关说法均可能是从张而来。但有学者怀疑本书是白玉蟾本人托张之名而作,如此论属实,则本书的有关论述,当是白玉蟾援引朱熹之说以阐发其丹道思想。朱熹曾在武夷山宣讲"正心诚意"的学说,白玉蟾深受影响,并将其引入他的内丹修炼理论,视之为入道之门。他说:"所以启修仙学道之路,从而建正心诚意之门……此众生所从入之途,诚列圣已常跻之域,当究虚无之始,实根事物之前,以心契之,即道也矣。"② 因为在他看来,"道"是"杳杳冥冥,非尺寸之可量;浩浩荡荡,非涯岸之可测。其大无外,其小无内。大包天地,小入毫芒。上无后色,下无后渊。一物圆成,千古显露,不可得而名者,圣人以心契之,不获已而名之曰道,是以知心即是道也"③。此所谓"道",也就是他所谓的"丹道"。

由此可见,以白玉蟾为代表的南宗内丹修炼理论,是以融合儒、释为一体为特色。这种融合,是以内丹修炼为其主体,并且仅是为了充实其内丹修炼理论。张伯端在《悟真篇序》中谈到他融摄佛学的目的时便明确地说:"及乎篇集(指《悟真篇》)既成之后,又觉其中惟谈养命固形之术,而于本源真觉之性有所未究,遂玩佛书及《传灯录》,至于祖师有击竹而悟者,乃形于歌颂诗曲

---

① 《道藏》第4册,第364页。
② 《道藏》第33册,第136页。
③ 《紫清指玄集·玄关显秘论》,《道藏精华录》下册。

杂言三十二首，今附之卷末，庶几达本明性之道尽于此矣，所期同志览之，则见末而悟本，舍妄以从真。"① 表明这位南宗祖师正是为了充实其《悟真篇》的内容而去研习佛学的。对于儒学也是如此。故他们对待儒、释的态度，即是既有吸收，又有批评，特别是对禅学的批评。张伯端在《悟真篇》中说："饶君了悟真如性，未免抛身却入身。何事更兼修大药，顿超无漏作真人。"② 意谓佛法仅讲了悟真如性体而不能了命，不知修丹，是谓偏阴偏阳之病，而有抛身入身之患，难免无漏，唯有金丹之道的性命双修，乃能达到形神俱妙，与道合真，成为真人。他在《悟真篇序》中又说："唯闭息一法，如能忘机绝虑，即与二乘坐禅颇同，若勤而行之，可以入定出神。"然而，"既未得金汞返还之道，又岂能回阳换骨，白日而升天哉"③？这是直接对禅的贬斥。认为禅法与金丹之道相比，只不过是下乘而已。虽勤修此法，最多也只能成为下等的"鬼仙"。所以，他的结论是："学仙须是学天仙，唯有金丹最的端。"④ 薛道光注说："仙有数等……若能绝嗜欲，修胎息，颐神入定，脱壳投胎，托阴化生而不坏者，可为下品鬼仙也。……若修金丹大药成道，或脱壳，或冲举，乃无上九极上品仙也。丹法七十二品，欲学天仙，唯金丹至道而已。"⑤ 石泰在《还源篇》中贬斥儒、释说："儒家明性理，释氏打顽空，不识神仙术，金丹顷刻功。"⑥ 白玉蟾亦贬斥禅宗说："昔毗陵薛真人向禅宗了彻大事，然后被杏林真人穿却鼻孔，所谓千虚不传一实。"⑦ 以上

---

① 《道藏》第2册，第974页。
② 《道藏》第2册，第1016页。
③ 《道藏》第2册，第973页。
④ 《道藏》第2册，第975页。
⑤ 《道藏》第2册，第975—976页。
⑥ 《道藏》第24册，第213页。
⑦ 《道藏》第33册，第127页。

表明以内丹为中心，倡导三教合一，既融儒、释而又贬斥儒、释，是南宗的一贯思想。

南宗的内丹学说，以《阴符》《道德》二经为最高的理论依据。张伯端在《悟真篇》中明确地说："《阴符》宝字逾三百，《道德》灵文满五千。今古上仙无限数，尽于此处达真诠。"① 又继承了魏伯阳的《周易参同契》的思想，其《读〈周易参同契〉》云："大丹妙用法乾坤，乾坤运兮五行分。五行顺兮常道有生有死，五行逆兮丹体常灵常存。"② 薛道光注说："阳主生，阴主死，一生一死，一去一来，此常道顺理之自然者也。圣人则之，反此阴阳，逆施造化，立乾坤为鼎器，盗先天一炁以为丹，以丹炼形，入于无形，与道冥一。道固无极，仙岂有终？"③ 由于他们在丹法上主张"逆施造化"，所以他们的修炼步骤，遵循钟吕传统的炼精化炁、炼炁化神、炼神还虚、返本还原、与道冥一的次第进行。故他们虽与全真道均同倡性命双修，但与全真相较而言，则是先从修命入手，以达到性命双修，"形神俱妙，与道合真"④，这也是他们的丹道理论的重要特点。张伯端所谓"先以神仙命术诱其修炼，次以诸佛妙用广其神道，终以真如觉性遣其幻妄，而归于究竟空寂之本源"⑤，也就是指先修命后修性而言。题为"紫阳真人张平叔撰"的《玉清金笥青华秘文金宝内炼丹诀》卷中对此阐述说："先性固难，先命则有下手处，譬之万里虽远，有路耳。先

---

① 《道藏》第 2 册，第 1008 页。
② 《悟真篇》下，见《重刊道藏辑要》奎集二，第 6 册，巴蜀书社，1995 年，第 125 页；《修真十世悟真篇》，《道藏》第 4 册，第 744 页。
③ 《重刊道藏辑要》本作"紫贤真人薛道光注"，《道藏》本无注者姓名；又"与道冥一"句作"与道冥冥"。
④ 《道藏》第 33 册，第 143 页。
⑤ 《道藏》第 4 册，第 745 页。

性则如水中捉月，然及其成功，一也。先性者，或又有胜焉，彼以性制命，我则以命制性故也。"① 所谓"命"，即指人身的精气而言。所谓"性"，即指人身的心性或神而言。白玉蟾说："神即性也，气即命也。"② 又说："气者形之根，形是气之宅。"③ 故修命又称炼形，即固精养气，包含养生健身之义。白玉蟾继承张伯端的内丹思想，在《玄关显秘论》中强调指出："修此理（内丹）者，不若先炼形。"④ 修命炼形，通过固精养气的修炼功夫，可以起到却病治病、益寿延年的作用。白玉蟾在《修仙辨惑论》中引述其师陈楠的话说："初修丹时，神清气爽，身心和畅，宿疾普消，更无梦寐。"坚持不懈，还可以进一步改变人体的机制，达到"百日不食，饮酒不醉"，乃至"赤血换为白血，阴气炼成阳气，身如火热，行步如飞"。最后建到"耳闻九天，目视万里，遍体纯阳，金筋玉骨"的阳神现形，"长生不死"⑤。

南宗丹法虽主张从性命入手，先炼精气，但在修命过程中仍强调炼神修性的重要，指出必须"以神用精气"，以"神"为主导。《玉清金笥青华秘文金宝内炼丹诀》卷下《总论金丹之要》说："精气神三者孰为重？曰：'神为重。'金丹之要始然（疑为'终'字误——引者注）以神而用精气也，故曰神为重。"⑥ 陈楠《阴符髓》亦以性不乱为修炼精气的前提，他说："性不乱则神不移，神不移则精不散，精不散则气不荡，气不荡则精火相随。精火不散，万神聚于神乡，在于昆仑之内，朝于顶上，始得一气之

---

① 《道藏》第 4 册，第 371 页。
② 《道藏》第 33 册，第 131 页。
③ 《道藏》第 33 册，第 131 页。
④ 《道藏》第 33 册，第 142 页。
⑤ 《道藏》第 4 册，第 617 页。
⑥ 《道藏》第 4 册，第 376 页。

造化也。"① 这与上引白玉蟾所说的精气神"三宝"之中"神为主,精气是客"的思想是一致的。因此,从整个修炼过程来讲,南宗丹法仍是以性命双修为宗旨。《青华秘文》对此明确地说:"方其始也,以命取性,性全矣,又以性安命,此是性命大机括处,所谓性命双修者,此之谓也。"②

再者,南宗所修的,是传统的大周天功。白玉蟾说:"十月周天火,玉鼎产琼芝。"③ 又说:"谁识周天造化功,于今蓦在片时中。"④ 所谓大周天功,就是指金液大还丹、七返九还之功。《泥丸真人罗浮翠虚吟》对此强调说:"恐君虚度此青春,从头一一为君陈。若非金液还丹诀,不必空自劳精神。"⑤ 白玉蟾《快活歌》亦称:"心酸世上几多人,不炼金液大还丹。"⑥ 什么是金液大还丹呢?他说:"忘形养气乃金液,对景无心是大还。"⑦ 什么是七返九还呢?题为白玉蟾作的《谢张紫阳书》中解释说:"夫七返九还者,乃返本还源之义也。七数九数者,皆阳数也。人但能心中无心,念中无念,纯清绝点,谓之纯阳。当此之时,三尸消灭,六贼乞降,身外有身,犹未奇特,虚空粉碎,方露全身也。"⑧ 按照他们的说法,这时圣胎已成,便可以与天地齐寿,与日月同辉,达到内丹修炼的最高阶段。

南宗丹法还有一个特点,即是把内丹修炼与雷法相结合。所

---

① 《道藏》第 4 册,第 615 页。
② 《重刊道藏辑要》第 6 册,第 96 页;又见《道藏》第 4 册,第 372 页,但文字上有错漏。
③ 《水调歌头》自述十首之一,《藏外道书》第 4 册,第 789 页。
④ 《华阳吟》三十首之一,《藏外道书》第 5 册,第 74 页。
⑤ 《道藏》第 33 册,第 132 页。
⑥ 《道藏》第 33 册,第 782 页。
⑦ 《道藏》第 4 册,第 782 页。
⑧ 《道藏》第 4 册,第 625 页。

谓雷法，就是指修炼者将自称出自天庭的一种符箓禁咒，运用于为人们驱邪治病、禳灾度厄、超度亡魂、祈晴祷雨等的一种法术。南宗处于符箓派占统治地位的南方，符箓斋醮思想对人们的影响甚深，一个道派没有符箓咒术，就难于立足。故南宗从陈楠起即行雷法。陈楠声称，炼就内丹就可以"役使鬼神，呼召雷雨"①。白玉蟾亦谓："内炼成丹，外用成法。"② 丹即金丹，法即雷法。又说："天地以炁而升降，人身以炁而呼吸。能知守一之道，静则金丹，动则霹雳。"③ 这里所谓的"守一之道"，即指修炼内丹，所谓"霹雳"，即指雷法，进一步将内丹功夫运用于雷法之中，使内丹与雷法相融合。这种雷法，乃是行法者运用自身意念发放外气而用于外部世界的一种现象，但道教却故神其说。如清微派著作《清微道法枢纽·法序》说："雷霆者，乃天之功用也，且夫人身与天地合其体，太极合其变，天地五雷，人本均有，是性无不备矣。"④ 神霄派王惟一《道法心传》也说："精住则气住，气住则神住，三者既住则道法备，散而为风云，聚而为雷霆，出则为将吏，纳则为金丹。"⑤ 又称："通三才者一炁耳，天以炁而运行，地以炁而发生，阴阳以炁而惨舒，风云以炁而生。炁由人主……施之于法，则以我之真炁合天地之造化，故嘘为云，嘻为雷霆，用将则元神自灵，制邪则鬼妖自伏，通天彻地，千变万化，何者敢干我哉？"⑥《清微道法枢纽》亦有同样的叙述，并说："倘中无所主，炁散神昏，行持之际，徒以符咒为灵，侥幸于万一，吾见

---

① 《道藏》第4册，第617页。
② 《玄珠歌》注，《道藏》第29册，第234页。
③ 《玄珠歌》注，《道藏》第29册，第235页。
④ 《道藏》第28册，第674页。
⑤ 《道藏》第32册，第413页。
⑥ 《道藏》第32册，第421页。

其不得也矣。"① 即是说，在行法之时，就是运用自己体内的精气神，使自己体内的真炁发动，即可撼天动地，呼召风雷，劾制妖鬼。王惟一在《道法心传》中还引证神霄派道士萨守坚的话说："一点灵光便是符，时人错认墨和朱。元精不散元阳定，万怪千妖一扫除。"② 又称："法何灵验将何灵，不离身中精炁神。精炁聚时神必在，千妖万怪化为尘。"③ 白玉蟾在《玄珠歌》注中也说："炁乃元阳真炁，随意运行，发生风云雷雨电也。"④ 他强调运用自己的元神真炁。他说："雷神亦元神之应化也。人知动静则通天彻地，呼风召雷，斩戮邪妖，驱役鬼神，无施不可。即所谓将用自己元神是也。"⑤ 他在解释求雨止雨者之术说："雨者，肾水也，运动自己阴海之炁遍满天地，即有雨也。晴者，心火也，想遍天地炎炎大火烧开自身炁宇，乃晴也。"⑥ 又说："祈雨之时，冷汗先湿左臂，东方雨起；先湿右臂，西方雨起；湿于头，南方雨起；湿于肾，北方雨起。"⑦ 及至役使的雷部将帅鬼卒，也都是由行法者的精气神所化。他说："心为邓帅，肝为辛帅，脾为使者。意诚则使者至，肝怒则辛帅临，心火奋发则欻火降，此三帅化形也。"⑧ 他认为，雷法符咒之术是否灵验，全赖行法者是否用心专一和精气神是否集中。他说："法是心之臣，心是法之主。无疑则心正，心正则法灵。守一则心专，心专则法验。"⑨ 又说："吾身之中自有

---

① 《道藏》第 28 册，第 675 页。
② 《道藏》第 32 册，第 421 页，又见第 413 页。
③ 《道藏》第 29 册，第 421 页。
④ 《道藏》第 29 册，第 235 页。
⑤ 《道藏》第 29 册，第 235 页。
⑥ 《道藏》第 29 册，第 235 页。
⑦ 《道藏》第 29 册，第 238 页。
⑧ 《道藏》第 29 册，第 236 页。
⑨ 《道藏》第 33 册，第 135 页。

天地，神炁之外更无雷霆，若向外求，画蛇添足，乃舍源求流，弃本逐末也；反求诸己，清静无为，颐神养炁，何患道不完、法不灵耶？"① 白玉蟾的这些观点，在清微派的著作中也有相同的论述。《清微道法枢纽》亦称："一炁之妙万道之宗，法灵须要我神灵，我神灵兮法通灵。祛禳祈祷凭神将，神将何曾有正形？"②《清微宗旨》又说："法灵须要我神灵，我神灵后法惊人。祛禳祈祷凭神将，神将何曾有定形？此说尽矣。夫神者，我之神也，即我之心也。我之心神灵明不亏，真一不二，举目勤动念，即是天真神将，何往不可？盖我之神灵，即可以感召天真雷将矣，何必吁呵呼吸，取外将来合气？我只自然而然，中理五炁，混合百神矣。《枢纽》云'法法皆心法，心通法亦通'是也。"③ 在神霄派的著作《王侍宸祈祷八段锦》中对祈晴、祷雨之法，阐述得更为具体。如《祈晴章五》说：

问曰："祈晴之旨如何？"
答曰："天上地下，其灵异变化，无过一炁。吾身中真炁，即九天真炁也。盖其炁随意而行于升坛祈晴之时。如前召命混合行持之后，或就坛上，或就静室中，跌坐闭炁定息，存吾心中如半开莲花，内有红光之炁绕舌，吐出遍满前后，红炁渐大，光满一室，出屋升腾虚空，光炁炯炯如车轮运转，自缓而急，刮起火焰，弥满六合。于此之时，自觉身热口渴，决不可饮水吃瓜之类，如饮水，别水火交媾，必不晴矣。"④

---

① 《道藏》第29册，第239页。
② 《道藏》第28册，第675页。
③ 《道藏》第28册，第689页。
④ 《道藏》第29册，第230页。

又如《祷雨章六》说：

袁无介请祷雨之秘要在何处。

曰："祷雨紧（疑为'秘'字之误——引者注）诀，若在书符遣将后，吾尝坛上或静室中趺坐调息，存吾心中如未开莲花，有红炁直下两肾中间。其两肾中间存见一泓真水，想心中红炁下降，其水沸腾，包却红炁，由肝历自舌根出，只见吾口中云气勃勃然出在吾面前，转过巽户，渐渐大如车轮，运转升天，其云弥满六合，耳畔有风雷之声轰轰然分明，却定息呵气九次，又如前行持九次，已觉此身肾水已升，小遗紧急，不可去。如去了则泄肾水，雨不降矣。直候风雨到坛大作，然后起身，渐渐小遗，则大雨至矣。只此行持，万无一失，可不慎之哉！"①

由此可见，白玉蟾所说的雷法，与清微派和神霄派的说法完全是一致的。内丹修炼，本属气功学的范畴，有一定的科学意义。但与雷法融为一体之后，就充满神秘的色彩了。表明金丹南宗受神霄等符箓派的影响是很深的，其自称"神霄散吏"，并无偶然。

白玉蟾在《道法九要》中，将封建的纲常伦理与道教规戒融为一体，制定了南宗教徒的教规，内容包括立身、求师、守分、持戒、明道、行法、守一、济度、继袭等。其"立身第一"吸取早期道教自首其过的思想，规定学道之人当"首陈已往之愆，祈

---

① 《道藏》第29册，第231页。

请自新之佑",并须"屏除害人损物之心,克务好生济人之念,孜孜向善,事事求真,精严香火,孝顺父母,恭敬尊长,动止端庄,威严整肃,勿生邪淫妄念,勿游花衢柳陌,勿临诛戮之场,勿亲尸秽之地"①。还指出:"天地国王父母师友不可不敬,稍有怠慢,则真道不成,神明不佑。"② 在"守分第三"还以宿命论思想来规诫教徒说:"人生天地之间,衣食自然分定,诚宜守之,常生惭愧之心,勿起念恋之想,富者自富,贫者自贫,都缘夙世根基,不得心怀嫉妒。事道惟一,温饱足矣,若不守分外求,则祸患必至……道不成而法不应。"③ "明道第五"提出欲证"虚无之妙道",必须"先修人道",即"去除妄想,灭尽六识"④。"行法第六"又强调:要想"超凡入圣,与道合真",必先"明心知理","积行累功"⑤。所有这些说教,对于维护封建统治的秩序都是有利的。他还规诫其徒行法必须"精神纯一",专守一法,切忌"多传广学",以免"分散元阳",致使登坛之际,神不归一,法不灵应。他在"守一第七"指出:凡有志于行持者,当知"抱玄守一为最上功夫","必当守一法而自然通天地","且法印亦不可多,专以心主一印……须是先以诚敬守之,必获灵验"⑥。又说:"近观行持者间或不灵,呼召不应者,何故?……此非法之不应也,缘学者多传广学,反使精神不纯一,分散元阳,登坛之际,神不归一,法不灵应。"⑦ 他十分强调学道者当济世度人。在"济度第八"中

---

① 《道藏》第28册,第677页。
② 《道藏》第28册,第679页。
③ 《道藏》第28册,第679页。
④ 《道藏》第28册,第678页。
⑤ 《道藏》第28册,第678页。
⑥ 《道藏》第28册,第679页。
⑦ 《道藏》第28册,第679页。

明确指出：学道之人不仅自身必须"洞明心地，不乐奢华，不嫌贫贱，不著于尘累之乡，不漂于爱河之内，恬淡自然，逍遥无碍"，而且还须与"尘世和同""济物利人"，做到"以我之明，觉彼之滞；以我之真，化彼之妄；以我之阳，炼彼之阴；以我之饱，充彼之饥；超升出离，普渡无穷"①。这不仅是其大隐市尘、和光混俗思想的延伸，亦与孟轲所谓"以先知觉后知，以先觉觉后觉"的思想是一致的。南宗继承隋唐以来金丹派的丹诀秘传的传统，特别重视师徒传授关系。这在《道法九要》中也有明确的规定。"求师第二"提出：学道之士在接受其师傅授道书隐诀、秘法玄文时，首先必须"具状赍香，明天誓地，歃血饮丹"，以表"佩奉修持"的诚意；虽得其传，仍"不可便弃"，必须"常侍师门，参随左右，求请口诀玄奥，庶无疑难，自然行之有灵"。为师者对"徒弟之心"则应进行严格考察，判定其是否真诚和能否始终如一，然后才可确定其能否传授。凡有"心行不中者，不与之；不尽诚者，不与之……五逆者，不与之……始勤终怠者，亦不与之"。并谓"弟子求师易，师求弟子难"②。说明道不妄传之意。据说南宗祖师张伯端便因"传非其人，三遭祸患"③。"继袭第九"又强调指出："学道之人，得遇明师，传授秘法……道法既得于身，道成法应，可择人而付度之，不可断绝道脉，须是平日揣磨得其人，可以付者付之。苟非人，亦不可轻传也。"又说："若得人传授，但依祖师源流，不可增损字诀。……若无人可度，石匣藏于名山福地、海岛龙宫，劫运流行，自然出世。"④他在《道堂

---

① 《道藏》第28册，第678页。
② 《道藏》第28册，第677—678页。
③ 《道藏》第2册，第969页；又见第5册，第384页，《石泰传》。
④ 《道藏》第28册，第679页。

戒论文》又说：兴办道堂，"此及延贤之举，岂容败教之徒"，因此，他认为道堂必须要有"律人之法"。他提出应当"汰去冗顽之辈，划除老病之徒，不惟饱食无庸，抑以醉颠作闹，口里尽无规之语，胸中皆不检之谋，七尺堂堂，自是凶徒之恶少；三餐哄哄，只多游手之奸雄。人皆谓余养虎遗后患，我亦思尔牧羊去败群"①。他主张"复兴玄阃正一之风，以开学者自新之路"。并指出："向来前辈皆千辛万苦以成真，今者后生惟杂工异术以从事，不去庄严仙境界，徒能狼藉道家风。"因此，他认为对此不良风纪必须进行整顿。他说："今秉清规，聿严峻令，屏逐邪魔以后，一如古始之初。尔等诸人，肇今以往，改好色贪财之念，为乐天知命之心，念白发以磨青春，各修道业；炼红铅而入黑汞，结就丹砂。……从今努力下工夫，管取他时成道果。倘能如是，顾不伟哉！"② 这些戒文也反映了南宗重修炼的特色。总起来看，南宗的教规与全真道相比，较为简单。

南宗还提倡大隐市尘，和光混俗，故南宗道士多居家修炼，不像全真道那样要求出家住庵，严格过丛林生活。南宗祖师张伯端即说："须知大隐居尘市，何必深山守静孤？"③ "志士若能修炼，何妨在市居朝？"④ 据说石泰在传授薛道光丹诀时即嘱咐他"往通邑大都，依有力者即可图之"⑤。薛道光在《还丹复命篇》中亦称："烟花柳陌头头是，秽浊馨香任所需。"⑥ 白玉蟾在《道阃元枢歌》也说："谁知金液大还丹，另在当人日用间。为君说破

---

① 《藏外道书》第 5 册，第 130 页。
② 《藏外道书》第 5 册，第 130 页。
③ 《道藏》第 2 册，第 924 页。
④ 《道藏》第 2 册，第 957 页，"修"原作"九"，根据同书第 101 页校改。
⑤ 《道藏》第 5 册，第 385 页。
⑥ 《道藏辑要》第 6 册，巴蜀书社，1995 年，第 54 页。

修丹旨，闹非城市静非山。"① 并自谓："吾所以混俗和光者，不欲自异耳。鱼欲异群鱼，舍水跃岸则死；虎欲异群虎，舍山入市则擒。"② 故他既不主张离俗出家，也不主张戒酒肉，但求诚心向道，不必拘于形式。他说："张道陵、许逊、葛洪之徒有妻子亦仙也，有酒肉亦仙也，其迹同于人，其心异于人。"③ 南宗的这一特点，决定了它的组织结构的松散性，不如全真教那样严密。

由于南宗道士多居社会下层，执着于修炼而不注意政治活动，故与上层统治阶级的关系很不密切，上层统治者对他们亦不甚重视，在这一点上也与全真道的情况不同。

综上可知，南宗与全真道虽同主内丹，有相同的一面，却有许多和全真道并不相同的特点，有它自己独特的风格，形成道教发展史上的一个独立宗派。

（原载黎志添主编《香港及华南道教研究》，中华书局，2005年4月）

---

① 《道藏》第33册，第146页。
② 《道藏》第32册，第411—412页。
③ 《道藏》第32册，第411页。

道教思想研究

试论《太平经》的乌托邦思想

《太平经》一书,是中国道教的早期经典,也是我们研究中国哲学史和中国道教思想史的重要资料。卷帙浩繁,共一百七十卷。内容也很庞杂,从渊源来看,其中既有对《墨子》《老子》思想的继承,也有阴阳五行的思想,还有神仙方术以及谶纬之学的影响。从其他方面来看,既有宗教唯心主义和阶级调和论的理论,也有一些朴素唯物主义和朴素辩证法的因素;既有社会政治的言论,也有一些医学的理论;既有维护封建统治阶级利益的内容,也有一些反映劳动群众的利益和愿望的思想。《后汉书》的作者范晔说它"其言以阴阳五行为家,而多巫觋杂语"①。襄楷说它"专以奉天地顺五行为本"②。从这部书的总体来看,这种评价大体上是符合事实的。

关于这部书究竟是在什么时候、什么地方、由什么人造作,则说法不一。《后汉书·襄楷传》说:"初,顺帝时(126—144)琅邪宫崇(一作嵩)诣阙,上其师干(一作于)吉于曲阳泉水上

---

① 《后汉书》卷三十下《襄楷传》,第4册,中华书局,1965年,第1084页。
② 《后汉书》卷三十下《襄楷传》,第4册,第1081页。

所得神书百七十卷,皆缥白素、朱介、青首、朱目,号《太平清领书》。"① 又说:汉桓帝"延熹九年(166),楷自家诣阙,上疏曰:'……臣前上琅邪宫崇受干吉神书,不合明听……'"② 李贤注说:"神书,即今道家《太平经》也。其经以甲、乙、丙、丁、戊、己、庚、辛、壬、癸为部,每部一十七卷也。"③ 可见《太平清领书》即《太平经》。根据《后汉书》的这个记载,便有人认为《太平经》是琅邪道士干吉或宫崇所造。

另一个说法,认为干吉是从帛和那里得来的。这个说法出自葛洪《神仙传》:"干吉,北海人也。患癞疮数年,百药不愈,见市中有卖药翁,姓帛名和,因往告之,乃授以素书二卷,谓曰:'此书不但愈疾,当得长生。'吉受之,乃《太平经》也。行之疾愈,乃于上虞钓台乡高峰之上,演此经成一百七十卷。至今有太平干溪山在焉。"④ 按这个说法,《太平经》最初是帛和所造,再由干吉于上虞演成一百七十卷。《太平经复文序》说:"帛和传弟子干吉。干君初得恶疾,殆将不救,诣帛和求医。帛和告曰:'吾传汝《太平本文》,可因易为一百七十卷,编成三百六十章,普传天下,授有德之君,致太平,不但疾愈,兼而度世。'干吉受教,究极精议,敷演成教。当东汉末,中国丧乱,赍经南游吴越,居越东一百三十里,山名太平,溪曰干溪,遗迹见存,士庶翕然归心。"⑤ 这里所说的《太平本文》,或即《神仙传》所说的素书二

---

① 《后汉书》卷三十下《襄楷传》第 4 册,第 1084 页。
② 《后汉书》卷三十下《襄楷传》第 4 册,第 1076—1080 页。
③ 《后汉书》卷三十下《襄楷传》第 4 册,第 1080 页。
④ 见〔唐〕王松年《仙苑编珠》卷中引《神仙传》佚文,载《道藏》第 11 册,第 32—33 页;又〔唐〕王悬河《三洞珠囊》卷一《救导品》引《神仙传》佚文,与此略同,载《道藏》第 25 册,第 298 页。
⑤ 王明:《太平经合校》附录,中华书局,1960 年,第 744 页。

卷。至于干吉究竟是什么地方的人，也有不同的说法。除上面的琅邪、北海二说而外，唐释玄嶷《甄正论》认为是蜀人，而且说："有《太平经》百八（七）十卷，是蜀人于吉所造。"对于帛和，也有不同的说法。《御览》卷六百六十三引《道学传》及《仙苑编珠》中引《神仙传》卷七说："帛和，字仲理，辽东人。"而《水经注》卷十五说：帛"仲理，名护，益州巴郡人"。可见，《太平经》的作者和造作的地方，传说不一。其中也有认为系四川人所造者。《抱朴子内篇·勤求》说："故后之知道者，于吉、容嵩（即宫嵩）、桂帛诸家，各著千数篇。"又《仙苑编珠》卷中引《神仙传》佚文说，桂君"自货药于成都"；《三洞珠囊》卷一《救导品》引《神仙传》佚文说，桂君曾往干君求医学道。此桂君或即桂帛，似与《太平经》亦有关。

至于《太平经》造作的时间，除《后汉书·襄楷传》认为是汉顺帝时外，葛洪《神仙传》卷十认为是在西汉元帝的时候，宋贾善翔《犹龙传》、谢守灏《混元圣纪》与元赵道一《历世真仙体道通鉴》，皆称干吉受《太平经》是在西汉成帝河平二年（前27）。其他还有认为成于周赧王、周幽王时候的（见《云笈七签》卷三十九）。这种说法盖与老子化胡说有关，是后之道教徒为了与佛教相抗衡而凭空臆造出来的，难以置信。

关于《太平经》的作者和它出现的时代与地方，为什么会这样众说纷纭呢？这种众说纷纭，正好说明了《太平经》一百七十卷，绝不是一时、一地、一人所作。就其卷帙的浩繁与内容的庞杂来看，也不可能是一时、一地、一人的作品，可能是汉代秘密流传的民间道教的很多人的著作，经过逐步积累，最后汇集而成的一部经典。可见当时各地造作道书的人已经很多，其中也包括四川地区之造者。因为它的来源较广，或因地区和时间的不同而传闻各异，后人根据不同的传说笔之于书，便产生了不同的说法。

《太平经》中有部分思想，反映了当时农民群众的愿望和要求，使之成为农民起义的思想武器。道教之所以在当时往往被利用为农民起义的组织形式，这可能就是其中的原因之一。这些思想，对张角、张陵、张鲁都有影响。张角依据《太平经》而创立了太平道，并以之发动和领导了轰轰烈烈的黄巾起义。张陵也依据《太平经》在四川大邑鹤鸣山中"造作道书，以惑百姓"①，创立了五斗米道，活动于川西北。张陵建立的二十四治，除北邙山治外，其余二十三治都在当时的四川境内。四川成了道教中一个主要派别即天师道的发源地。后来张陵的孙子张鲁配合黄巾起义，以五斗米道发动了农民起义，与张角遥相呼应，并在川汉地区建立根据地，成立政教合一的政权，雄踞川汉垂三十年。他所实行的一系列政治、经济的措施，很多都与《太平经》中的一些主张相似，可以从《太平经》里看出其渊源，是《太平经》的有关思想的具体实施，并且得到汉民族和少数民族的一致拥护，史称"民夷信向，朝廷不能讨"②。这个地区成了当时人民群众避难的"乐土"，关西人民纷纷逃来避难的，前后达数万家之多。直到建安二十年（215），曹操亲自率领十万大军进攻，张鲁最后终于失败，自动投降，被曹操封为阆中侯。

我们所说的《太平经》中的乌托邦思想，便是属于反映了当时农民群众的愿望和要求的最重要部分。列宁说："乌托邦是一个希腊字，按照希腊文的意思，'乌'是'没有'，'托邦斯'是地方。乌托邦是一个没有的地方，是一种空想、虚构和童话。政

---

① 《三国志》卷八《张鲁传》，第1册，中华书局，1959年，第263页。《后汉书》卷七十五《刘焉传》"道"作"符"。

② 《后汉书》卷七十五《刘焉传》，第9册，第2463页。

治上的乌托邦就是无论现在和将来都绝不能实现的一种愿望，是不依靠社会力量，也不依靠阶级政治力量的成长和发展的一种愿望。一个国家的自由愈少，公开的阶级斗争愈弱，群众的文化程度愈低，政治上的乌托邦通常也愈容易产生，而且保持的时间也愈久。"① 东汉时候的广大农民群众，在豪强地主集团的黑暗统治下，受着残酷的剥削和压迫，根本没有什么自由可言，他们进行着反对豪强地主的专政、反对封建剥削制度的斗争，但因他们又是个体生产者，彼此是分散的，不易组织起来，缺乏独立的政治力量，使他们在斗争中又带有软弱性，看不到自己能够解放自己的力量，幻想借助于"天神"这个靠山，依靠"神仙"的力量来解放自己。列宁说："乌托邦、幻想是由这种不独立和软弱性产生的。幻想是软弱者的命运。"②《太平经》的乌托邦思想，也正是当时农民群众这种不独立和软弱性所产生的幻想的表现。

这种乌托邦思想在《太平经》里的表现，就是它认为，天地间的一切财物，都是"天地和气"所产生，是属于公共的东西，应该属于社会公有，大家共同享受，不应该为少数人所独占、为少数人据为私有。它反复强调："物者，中和之有。"③ "乃此中和之财物也。"④ "中和有财，乐以养人。"⑤ "天地乃生凡财物可以养人者。"⑥ 它指责那些独占财物的人乃是一些无知的"愚人"，并和《诗经》把剥削者比作"硕鼠"一样，把他们比作仓中的老鼠。

---

① 中共中央马恩列斯著作编译局编：《列宁选集》第二卷，人民出版社，1972年，第429页。
② 中共中央马恩列斯著作编译局编：《列宁选集》第二卷，第430页。
③ 王明：《太平经合校》，第246页。
④ 王明：《太平经合校》，第242页。
⑤ 王明：《太平经合校》，第248页。
⑥ 王明：《太平经合校》，第243页。

它说:"此财物乃天地中和所有,以共养人也。此家但遇得其聚处,比若仓中之鼠,常独足食,此大仓之粟,本非独鼠有也;少(小)内之钱财,本非独以给一人也,其有不足者,悉当从其取也。愚人无知,以为终古独当有之,不知乃万尸(户)之委输,皆当得衣食于是也。"① 这就是说,天地就好像一个大仓库,凡是这个仓库中的一切财物,都归大家所共有,是用以养活众人的;凡是缺少某种财物的人,都可以到这个公共的大仓库中去取用。但有的人就像仓库中的老鼠一样,因为地位的关系,不但能够经常吃饱,还要以为整个仓库永远都是属于他自己的,把它独占为私有。这简直是愚昧无知,太没有道理了。特别是它还指出,"小内"(指帝王的私库)的钱财,乃是大家所"委输"的,"本非独以给一人",也不应归帝王一人所有,而应归大家所共有,"其有不足者,悉当从其取也"。这种藐视帝王、反对私有制度的言论,在当时的条件下,可说是非常难能可贵的。它认为,凡是把天地间的财物据为己有的人,就是"天地之间大不仁人",就是"与天地和气为仇",犯了"不可除(赦免)"的弥天大罪,应该受到天地的惩罚。它说:"或积财亿万,不肯救穷周急,使人饥寒而死,罪不除也。或身即坐,或流后生,所以然者,乃此中和之财物也,天地所以行仁也,以相推通周足,令人不穷。今反聚而断绝之,使不得遍也,与天地和气为仇。"② 它认为,凡是聚集大量财物,"不肯力以周穷救急,令使万家之(乏)绝,春无以种,秋无以收"③,而反利用这大量财物来对穷苦人民进行高利贷剥削、敲诈勒索,令其饥寒而死的人,那更是天地不容,人神共怒,应该处

---

① 王明:《太平经合校》,第247页。
② 王明:《太平经合校》,第242页。
③ 王明:《太平经合校》,第247页。

以死罪。它说:"或有遇得善富地,并得天地中和之财,积之乃亿亿万种,珍物金银亿万,反封藏逃匿于幽室,令皆腐涂。见人穷困往求,骂詈不予;既予不即许,必求取增倍也;而或但一增,或四五乃止。赐予富人,绝去贫子,令使其饥寒而死,不以道理,反就笑之。与天为怨,与地为咎,与人为大仇,百神憎之。"① 这种"愚人甚不仁,罪若此,宁当死不耶"②? 其中"尚有忽然不知足者,争讼自冤,反夺少弱小家财物,殊不知止"。这种掠夺一般贫苦人家财物的人,更是罪大恶极,"死尚有余辜,当流后生"③。

它主张人人都要劳动,要"各自衣食其力",反对不劳而获,"强取人物"。它说:"天生人,幸使其人人自有筋力,可以自衣食者。而不肯力为之,反致饥寒,负其先人之体,而轻休其力不为力可得衣食,反常自言愁苦饥寒,但常仰多财家,须而后生,罪不除也。或身即坐,或流后生。所以然者,天地乃生凡财物可以养人者,各当随力聚之,取足而不穷。反休力而不作之自轻,或所求索不和,皆为强取人物,与中和为仇,其罪当死明矣。"④ 照此说来,有劳动能力而不自己劳动,反而不劳而获,强取人物的人,也应该处死。

与此相联系,它主张"劳动致富"。认为各人只要努力辛勤劳动,根据自己的劳动所得,能够聚积财富,这样就可以"家遂富而无不有",使自己"举家共利",又能"周穷救急",作为天地公共仓库的补充。反对那种自己有劳动力而不从事劳动,不以劳动致富,反而一贯凭自己的勇力去伤害和夺取别人财物的人,认

---

① 王明:《太平经合校》,第 246—247 页。
② 王明:《太平经合校》,第 248 页。
③ 王明:《太平经合校》,第 248 页。
④ 王明:《太平经合校》,第 242—243 页。

为这种人也是"死有余罪"的。它说:"天地共生蚑行,皆使有力,取气于四时而象五行。夫力本以自动举,当随而衣食,是故常力之人,日夜为之不懈,聚之不止,无大无小物,得者爱之。凡物自有精神,亦好人爱之,人爱之便来归人。比若东海爱水,最居其下,天下之水悉往聚,因得为海。君子力而不息,因为委积财物之长,家遂富而无不有。先祖则得善食,子孙得肥泽,举家共利。为利而不止。四方贫虚,莫不来受其功,因本已大成。施予不止,众人大誉之,名闻远方,功著天地。常力周穷救急,助天地爱物,助人君养民。救穷乏不止,凡天地增其算,百神皆得来食,此家莫不悦喜。因为德行,或得大官,不辱先人,不负后生。人人或有力反自易,不以为事,可以致富,反以行斗讼,妄轻为不祥之事。自见力伏人,遂为而不止,反成大恶之子,家之(乏)空极,起为盗贼,则饥寒并至,不能自禁为奸,其中顿不肖子即饥寒而死,勇力则行害人,求非其有,夺非其物,又数伤害人,与天为怨,与地为咎,与君子为仇,帝王得愁焉。遂为之不止,百神憎之,不复利佑也。天不欲盖,地不欲载,凶害日起,死于道旁;或穷于牢狱中,戮其父母,祸及妻子,六属乡里皆欲使其死,尚有余罪,复流后生,或成乞者之后,或为盗贼之子,为后世大瑕。……宁当死有余罪不?"① 在专制统治的社会里,有劳动力而不劳动,专凭勇力害人,强夺别人财物的人是有的,对这种人是应当反对的。这应当是指那些豪强地主、贪官污吏,但它却没有明确指出这一点。还应看到,在封建的剥削和压迫下,想以劳动致富,则是不可能的。这只能是一种幻想。在豪强地主已经占有一切财物的条件下,强调不能"求非好有,夺非其物",

---

① 王明:《太平经合校》,第251—252页。

实际上这对剥削阶级是有利的。而且其中那些天神能够赏善罚恶之类的说教，乃是属于宗教唯心主义的思想。

它还主张人与人之间要实行互助互爱。这种助人的范围，除了上面说的有财物的人应当"周穷救急"以外，它还认为，有道德者应当以道德教人，否则也是犯了"不可除"的弥天大罪，也要受到天地的惩罚。它说："人积道无极，不肯教人开蒙求生，罪不除也。或身即坐，或流后生。所以然者，断天生道，与天为怨。人积德无极，不肯教人守德，养性为谨，其罪不除也。或身即坐，或流后生。所以然者，乃断地养德，与地为怨，大咎人也。"① 它还认为，"天道助弱"②，所以，它反对"智者"欺负"愚者"、"强者"欺负"弱者"、"少者"欺负"老者"。它说："或多智反欺不足者，或力强反欺弱者，或后生反欺老者，皆为逆。故天不久佑之。何也？然智者当苞养愚者，反欺之，一逆也。力强当养力弱者，反欺之，二逆也。后生者当养老者，反欺之，三逆也。与天心不同，故后必凶也。"③

它强调实行人人平等而又公平的平均主义原则。它说："天地施化得均，尊卑大小皆如一，乃无争讼者，故可为人君父母也。"④ 又说："平之为言者，乃平平无冤者，故为平也。"⑤ 它认为，天地之常道，就是能使万物都同样受到天地的养育。它解释"太平经"三字的意义说："太者，大也；大者，天也；天能覆育万物，其功最大。平者，地也；地平，然能养育万物。经者，常也；天以

---

① 王明：《太平经合校》，第241—242页。
② 王明：《太平经合校》，第703页。
③ 王明：《太平经合校》，第695页。
④ 王明：《太平经合校》，第683页。
⑤ 王明：《太平经合校》，第451页。

日月五星为经,地以岳渎山川为经。天地失常道,即万物悉受灾。……星辰岳渎,育养万物。故曰大顺之道。"① 这就是说,生存的权利,应当是公平而又均等的,公平均等的原则,是天经地义的。

它幻想有一个神仙世界。在这个神仙世界里,"诸神相爱,有知相教,有奇文异策相与见,空缺相荐相保,有小有异言相谏正,有珍奇相遗"②。这个神仙世界,就是它所追求的理想社会。结合上面所讲的来看,这个理想社会就是一个没有剥削、没有压迫、财产公有、人人劳动、权利均等、互助互爱的乌托邦。这个乌托邦,在当时的社会条件下,是不可能实现的。但是,它却代表了当时农民群众的理想,是鼓舞着农民大起义的经济和政治的纲领。正因为这样,所以《太平经》一出来,便被封建统治阶级视为"妖妄不经"③,而加以反对;也正因为这样,所以道教在当时下层民众中流行很广。它成了汉末农民起义的一种组织形式,而《太平经》便是当时农民起义的思想武器。

《太平经》的这些思想,乃是先秦墨家有关思想的继承和发展。墨子也是主张自食其力的。他说:"赖其力者生,不赖其力者不生。"④ 这就是说,每一个人都必须依靠自己劳动才能生活,不劳动的人就不应当得食。他也反对不劳而获。他认为,"不与其劳而获其实"的人,是应该受到舆论的谴责和官吏的惩罚的。他说:"今有人于此,入人之场园,取人之桃李瓜姜者,上得且罚之,众闻则非之,是何也?曰:不与其劳获其实,以非其所有取之故。"⑤

---

① 王明:《太平经合校》,第718页。
② 王明:《太平经合校》,第539页。
③ 《后汉书》卷三十下《襄楷传》,第4册,第1084页。
④ 《墨子·非乐》上。《墨子·天志》下,末句原作"已非其有所取之故",根据孙诒让校改。
⑤ 《墨子·天志》下,末句原作"已非其有所取之故",根据孙诒让校改。

他也提倡人与人之间要实行"兼相爱，交相利"①的原则。他认为"为贤之道"就是"有力者疾以助人，有财者勉以分人，有道者劝以教人"②。他指出，只有这样，才可以使"饥者得食，寒者得衣，乱者得治"③。反之，若"至有余力，不能以相劳，腐朽余财，不以相分，隐匿良道，不以相教"，那就会使"天下之乱，若禽兽然"④。这些思想显然都为《太平经》所吸取，并加以发挥了。墨子认为，"天"是有意志的，是能够"赏善罚暴"的。他说，"天欲义而恶不义"，"当天意而不可不顺。顺天意者，兼相爱，交相利，必得赏；反天意者，别相恶，交相贼，必得罚"⑤。"天子为善，天能赏之；天子为暴，天能罚之。""天"的意志，就是"欲人之有力相营，有道相教，有财相分也"⑥。顺天之意者，就必须"大不攻小也，强不侮弱也，众不贼寡也，诈不欺愚也，贵不傲贱也，富不骄贫也，壮不夺老也"⑦。这与《太平经》所幻想的"诸神相爱，有知相教，有奇文异策相与见，空缺相荐相保，有小有异言相谏正，有珍奇相遗"的神仙世界，基本上是一致的。说明墨家学说，乃是道教的思想渊源之一。过去许多学者总是认为墨家学说在秦汉以后就中绝了，失传了。实际上它并未中绝。到哪里去了呢？被道教吸收去了。墨学的许多内容，特别是尊天、明鬼之类的宗教内容，被道教吸收以后，仍在社会上流传。这个事实也说明：要探讨中国某些学术思想的演变，就有必要研究中

---

① 《墨子·兼爱》中。
② 《墨子·尚贤》下。
③ 《墨子·尚贤》下。
④ 《墨子·尚同》上。
⑤ 《墨子·天志》上。
⑥ 《墨子·天志》中。
⑦ 《墨子·天志》下。

国的道教思想史。

研究宗教,是毛泽东同志提倡的。1963年毛泽东同志提出要建立研究宗教的机构,要创办这方面的刊物,并指出:不批判神学,就不能写好哲学史,也不能写好文学史和世界史。毛泽东同志对道教史的研究也特别重视,1958年曾为陈寿《三国志·张鲁传》写过前言,对太平道和五斗米道做了积极的评价。道教的这个主要派别既然发源于四川,因此,在研究道教思想史方面,我们四川的学者也应该做出自己一定的贡献。

(原载《社会科学研究》1980年第2期)

《太平经》的知人善任思想浅析

《太平经》一书,是我国道教的早期经典,也是我们研究中国哲学史和中国道教思想史的重要资料。它的出现,在《后汉书》里有一个记载。《后汉书·襄楷传》说:"初,顺帝时(126—144),琅邪宫崇诣阙,上其师于吉于曲阳泉水上所得神书百七十卷,皆缥白素、朱介、青首、朱目,号《太平清领书》。"① 又说:汉桓帝"延熹九年(166),楷自家诣阙,上疏曰:'……臣前上琅邪宫崇受于吉神书,不合明听……'"李贤注说:"神书,即今道家《太平经》也。其经以甲、乙、丙、丁、戊、己、庚、辛、壬、癸为部,每部一十七卷也。"② 可见,宫崇从其师于(一作干)吉所受的《太平清领书》百七十卷,也就是后来所说的《太平经》。

《太平经》一书的基本内容,《后汉书》的作者范晔对它有一个总的评价:"其言以阴阳五行为家,而多巫觋杂语。"③ 我们认为,从这部书的总体来看,范晔的这个评价,大体上是符合事实的。全书的主要内容是宣扬一种宗教唯心主义思想和阶级调和的

---

① 《后汉书》,中华书局,1965 年,第 1084 页。
② 《后汉书》,第 1076—1080 页。
③ 《后汉书·襄楷传》,第 1084 页。

理论，这些都是对当时的统治阶级有利的。但是也必须看到，其中有一些观点，在当时的历史条件下还是合理的，有一定的积极意义。因此，当这部书出现的时候，便被封建统治者视为"妖妄不经"①，而加以反对和禁绝。这里不对其整个内容做全面的介绍，只略谈其中关于知人善任这一思想。我们所依据的，是王明所编的《太平经合校》。

关于知人善任的问题，在《太平经》一书里，反复做了详细的论述。

首先，它的出发点是认为任何一个人，不管是一般的老百姓，还是所谓的"圣贤"，都同样各有其自己的长处和短处，其知识和才能都不是完备的，都只能"各通达于一面""各异其德"，故每个人的"所为所作，各异不同"，从来就没有什么全知全能的人。它说：

> 初天地开辟，自太圣人各通达于一面……故能各作一大业，令后世修之，无有过误也。故圣人尚各长于一大业，不能必知天道，故各异其德。比若天，而况及人乎？天地各长于一，故天长于高而清明，地长于下而重浊，中和长养万物也。犹不能兼，而况凡人乎？②

《太平经》把天、地、中和等人格化，这是十分错误的，属于宗教唯心主义思想。在秦汉以前，对天地的崇拜并不奇怪。当时把天、地、圣人等当作完美无缺的偶像来崇拜的思想，不是个别

---

① 《后汉书·襄楷传》，第1084页。
② 王明：《太平经合校》，中华书局，1960年，第23—24页。

的现象。但这里却指出天、地和人一样也有其各自的长短,"犹不能兼",并不是完美无缺的,从而说明没有所谓全知全能的"圣人","圣人"也只能"各通达于一面","各长于一大业"。就这一点来说,不能不说是一个进步。它还说:

> 天地出生凡事,人民圣贤跂行万物之属,各有短长,各有所不及,各有所失。故所为所作,各异不同。①

跂通蚑。蚑行,是一种以足而行的虫类,属于下等动物。陆贾《新语·道基》说:"跂行喘息,蜎飞蠕动之类。"《淮南子·原道训》说:"蚑行喙息,蠉飞蠕动。"又见马王堆汉墓帛书《黄帝四经·经法·论》:"岐(蚑)行喙息,扇蜚耎动。"而《太平经》在这里把"圣贤"和人民甚至和"跂行万物"相提并论,等同类比,认为它们都有其各自的长短得失,从而进一步否定"圣人"完美无缺或全知全能,这就更加清楚地说明了任何人都有其各自的长处和短处这一合理思想。"神仙",是宗教崇拜的偶像。而它还直接指出:"神仙尚有过失,民何得自在?"② 在一部宗教经典里,敢于说出"神仙尚有过失"这种话,这是难能可贵的,这就把每个人都有其各自的长短这一思想说到底了,孕育着一分为二的合理的胚胎。但这一合理的胚胎,却被其宗教迷信的思想体系窒息了,未能得到发育成长。

每个人都有各自的长短得失这一理论,正是它提出知人善任这一问题的出发点和理论依据。既然每一个人都各有其自己的长

---

① 王明:《太平经合校》,第353页。
② 王明:《太平经合校》,第572页。

短得失，如同每一事物一样都"各自有宜"，所以它提出在任用一个人的时候，首先就应当了解这个人的长短得失，宜任其所长，而不宜任其所短；宜任其所能为，而不宜强迫他去做他所不能为的事。它说："天地之性，万物各自有宜。但任其所长，所能为，所不能为者，而不能强也。"① 它以鱼和树木为比喻，来说明这一道理："比若鱼，不能无水游于高山之上，及其有水，无有高下，皆能游往；大木不能土生于江海之中。"② 这就是说，鱼的所长就是会在水中游行，因此，我们就不能要求鱼在没有水的情况下到高山之上去游行；树木只能在土壤中生长，因此，我们就不能使树木在没有土壤的情况下到江海之中去生长。因为这不是他们的所长、所能为的，强之是不宜的。

它又以种庄稼为比喻，说明任人的时候就像种庄稼一样，必须相其土地而种之，才能使"万物各得其所""而各畅茂"，得到丰收，否则就会使万物"夭终"，"无可收得"，造成天下大乱，以此反复强调知人善任的重要意义。它说：

> 是以古者圣人明王之授事也，五土各取其所宜，乃其物得好且善，而各畅茂，国家为其得富，令宗庙重味而食，天下安平，无所疾苦，恶气休止，不行为害。如人不卜相其土地而种之，则万物不得成竟其天年……因而夭终……万物无可收得，则国家为其贫极，食不重味，宗庙饥渴，得天下愁苦，人民更相残贼，君臣更相欺诒，外内殊辞，咎正始起于此。是者尚但万物不得其所，何

---

① 王明：《太平经合校》，第203页。
② 王明：《太平经合校》，第203页。

况人哉？天下不能相治正，正由此也。此者，大害之根，而危亡之路也，可不慎哉？可不深思虑之胸心乎？①

照此说来，知人善任的问题既然如此重要，那么，应当怎样知人善任呢？对此，它提出了一个原则，这就是"因其天性而任之"。它说：

其任之云何乎？必各问其能所及，使各自疏记所能为、所能分解、所能长，因其天性而任之，所治无失者也。故得天下之欢心，其治日兴太平，无有刑，无穷物，无冤民。②

所谓"因其天性而任之"，也就是"因其才能"，或者是"以其所长"而任之。为什么要以其才能所长而任之呢？它说：

其仕之云何？各问其才能所长，以筋力所及署其职。何必署其筋力所能及乎？天之事人，各因其能，不因其才能，各为故冤人，则复为结气增灾。所以然者，人所不及，虽生（坐）之死，犹不能为也。……今为人父母君，将署臣子之职，不以其所长，正交杀之，犹不能理其职事，但空乱其官职，愁苦其民耳。③

因此，它认为，不按照这个任人的原则办事，就会造成任人

---

① 王明：《太平经合校》，第203—204页。
② 王明：《太平经合校》，第206页。
③ 王明：《太平经合校》，第152—153页。

不当，这样就会一害人才，二害国家，产生严重的后果。它说："故不择选人而妄事署其职，则名为愁人而危其国也，则名为乱治政败也。"①

为了保证这个知人善任原则的实施，他还提出这样一种主张，就是凡所任用的人有了过失的时候，必须对产生这种过失的原因进行具体的分析，看他所任的职事是否是他才能所长，是否是他力所能及。在处理这种过失的时候，只能"责问其所长"，不能"过其所短"，只能责其力所能及，不能"责其力所不能及"。因为前者的过失应由其本人负责，后者的过失则是任人不当造成的，不能由其本人负责，这只能要求自己在任人的时候做到"慎重署职"，不应该"责而罪之"，而应当"原其力所不及"。它认为只有这样，才能得天下的人心。如果署置不慎重，任人不因其才，有了过失又"责所不能及，问所不能睹"，就将不得人心，这是"天下之大败"。它说：

> 故古者大圣大贤将任人，必先试其所长，何所短，而后署其职事，因而任之。其人有过，因而责之，责问其所长，不过所短。……故能得天下之心也。令（今）后世忽事，不深思惟古圣人言，反署非其职，责所不能及，问所不能睹，盲者不睹日，瘖者不能言，反各趣得其短，以为重过，因而罪之……此是天下之大败也。②

为什么要"原其力所不及"呢？它说这是因为"天生万物，各

---

① 王明：《太平经合校》，第 452 页。
② 王明：《太平经合校》，第 204 页。

有才能，又实各有所宜，犹龙升于天，鱼游于渊，此之神也"①。这就是说，每个人的才能就像"龙飞""鱼游"一样，各有其不同的特点，所以就"各有所宜"，这是不可避免的。如果不任其所长，而又责其所短，便是不合理的。这好比因一个瞎子没有能够看见太阳，一个哑巴没有能够说话，便"以为重过，因而罪之"一样，虽"坐之而死"，还是办不到的事情，这只会造成一些冤案，失掉人心，激起"祸乱"。因此，它认为，要想达到天下太平，没有别的奥妙，就在于"审其署置"。它说：

> 自古者诸侯太平之君，无有神奇道也，皆因任心能所及，故能致其太平之气，而无冤结民也。祸乱之将起，皆坐任非其能，作非其事职而重责之，其刑罚虽坐之而死，犹不能埋（理）其职务也。灾变连起，不可禁止，因以为乱败，吉凶安危，正起于此。②

因此，它得出结论说："故治乐欲安国者，审其署置。"③ 又说："选举署人官职，不可不审且详也。"④ 这就是必须署置得当，或者叫安排得当。

怎样才能署置得当呢？它指出，必须做到"上至神人，下至小微贱，凡此九人，神、真、仙、道、圣、贤、凡民、奴、婢……悉问其能而仕之，慎无署非其职也，亦无逆去之也。……而各问其所能长，则无所不治矣"⑤。这就是说，不论是神仙圣贤，

---

① 王明：《太平经合校》，第205页。
② 王明：《太平经合校》，第204页。
③ 王明：《太平经合校》，第205页。
④ 王明：《太平经合校》，第418页。
⑤ 王明：《太平经合校》，第417页。

还是凡民奴婢,都应同样对待,不能凭别的什么关系,只能凭其本人的才能,一律要根据其本人的才能来署置。既不能"署非其职",任用没有"能长"的人,也不能有才不用,轻易"逆去",这样就能够做到署置得当。为此,它一再强调选举和任用贤才的重要。它说:

> 故凡事者,当得其人,若神;不得其人,若妄言;得其人,事物难易,皆可行矣;不得其人,事无大小,皆不可为也。是故古圣贤重举措求贤,无幽隐,得为古,得其人则理,不得其人则乱矣。①

又说:

> 今凡人举士,以贡帝王,付国家,得其人几吉,不得其人几凶;得其人何所能成,不得其人何所能倾(两"所"字下,疑有"不"字)……得其人,天地六方八远安;不得其人,天地六方八远不安。②

选举和任用贤才的问题既然如此的重大,所以它说:"为人上求士,不可不详;为人下贡士,不可不忠。"③ 并由此而谈到贤才的宝贵,指出应当十分珍惜贤才。它说:

> 故赐国家千金,不若与其一要言可以治者也;与国

---

① 王明:《太平经合校》,第184页。
② 王明:《太平经合校》,第520页。
③ 王明:《太平经合校》,第522页。

家万双璧玉，不若进二大贤也。夫要言大贤珍道，乃能使帝王安枕而治，大乐而致太平，除去灾变，安天下。此大贤要言奇道，价值多少乎哉？故古者圣贤帝王，未尝贫于财货也，乃常苦贫于士，愁大贤不至、人民不聚，皆欲外附，日以疏少。①

聚众人亿万，不若事一贤也。②

这种珍视贤才、主张任人唯贤的思想，是有其合理之处的，但它把贤才和群众对立起来，由强调贤才而蔑视群众，则是十分错误的。而且所谓"贤才"，也是有阶级性的。它所谓的"贤才"，与我们今天的贤才有原则性的区别，因而，它所谓的知人善任，与我们今天所说的知人善任，在内容的含义上，也是根本不同的。

为了要知人善任，它还提出必须建立对官吏的定期考核制度。其办法是上下结合，即是由人君发布命令，广泛发动人民群众以各种方式给上面写信上书，尽量反映他们所知道的官吏的善恶情况。它说：

君宜善开导其下，为作明令示敕，教使民各居其处而上书，悉道其所闻善恶。……为法如此，则天下善恶毕见矣。③

同时又指出，还须明令规定不准任何人阻碍人民的上书，违

---

① 王明：《太平经合校》，第128页。
② 王明：《太平经合校》，第370页。
③ 王明：《太平经合校》，第152页。

者判处徒刑三年；又规定凡是能够如实向上反映情况的，一律给予奖励，即根据其才能所长，任以官职。它说：

> 君为制作明教善令，言从今以往，吏民宜各居其处力上书，悉道善恶，以明帝王治，以通天气，勿得相止，止者坐其事三年。独上书尽信，无欺文者，言且召而仕之。……各问其才能所长，以筋力所及署其职。①

如果三年上书中所反映的情况都很真实，这种人就是国家的良臣，就更应该受到信任和重用。它说：

> 三年上书而尽信诚者，求其人而任之。此人乃国家之良臣，聪明善耳目，因以视聆，不失四方候也。帝王得之，日安而明，故当任之。②

这种考核，每年进行一次。考核的时间，一般是在每年秋冬收成完毕的时候，但有关人命之类的重大事件则应及时上书，并及时处理，不须等到秋冬的时候进行。为了防止"下愚之人，各取自利，反共欺其上"③，对于所收到的书信，必须经过认真的查证核实。在查证核实之后，还须"下付归之"，使各有关的吏民"自记一通置之"。为什么要"下付归之"呢？这是因为实行这种考核的目的，是为了"令使吏民悉得更思过失，不敢复为也。来

---

① 王明：《太平经合校》，第 152 页。
② 王明：《太平经合校》，第 206 页。
③ 王明：《太平经合校》，第 419 页。

年吏民更谨，凡物悉善矣，不归使思过固固，民臣居下失政令，不自知有过，其心不易。……故当付归之也"①。通过这种考核，就可以做到对官吏"治行"的鉴明"不失铢分"了。

此外，它还提出对官吏的惩奖升迁原则。认为凡是"行之得应其民，吏日善且信ということ"，其治行有成效的，"则迁之以时"；凡是"一旦贪名得官，其行无效"，"其治无善放应"者，"当退使思过"。这样赏罚分明，就可能使"天下莫不尽忠信，尽其能力者也。幽隐远方闻之，无藏其能者也"。②还指出，对新来的官吏，先"宜试之，日有善效者，进之，慎无失也；无效者，疾退之"③。如果该进的不进，该退的不退，就是"污乱天官"。"失绳墨"，违犯"天戒"，"得罪于天，无所祷也"。④

在东汉时候，完全是豪强地主集团的专政，这些豪强地主凭借政治上的特权，利用家族关系的传统势力，完全控制和垄断了做官的道路，并且横征暴敛，残酷地掠夺民财，官吏即是豺虎强盗的别号。这种腐败和黑暗的豪强统治，使广大人民遭受无限的灾难，激起广大人民的强烈不满，反抗斗争到处发生。《太平经》在这时提出知人善任的问题，并把这一问题看成整个国家的"吉凶安危"之所系，把违反知人善任的原则看成"大祸之根""危亡之路"；一再强调"可不慎哉"，"可不深思虑之胸心乎"，反复强调要"审其署置"；主张要选任贤才，认为上至"神人"，下至"凡民奴婢"，都应当"悉问其能而仕之"，凡有才能的都不可轻易"逆去"；又提出对官吏的考核制度和惩奖升迁的原则。这些主张，

---

① 王明：《太平经合校》，第154页。
② 王明：《太平经合校》，第153页。
③ 王明：《太平经合校》，第417页。
④ 王明：《太平经合校》，第417—418页。

虽然还不是广大人民群众所要求的根本推翻这种豪强地主的反动统治，但在当时的历史条件下，也有其合理的方面。它符合历史的要求，属于正义呼声，也是一种对豪强政治的不满和批判。可见，任何宗教思想的根源，乃是现实的社会物质条件。但《太平经》毕竟是一部宗教经典，因而这种合理的思想带有极其浓厚的宗教迷信色彩，往往掺杂许多"巫觋杂语"，这些都是属于糟粕的东西，是应当加以"剔除"的。而且就是所谓人的长短得失，也是有阶级标准的，因而对它的知人善任思想，也必须做具体的阶级分析，不能完全肯定。它提出这一思想的目的，不过是为没有做官权利的中下层地主争取做官的权利，仍然是为下层豪强服务的，实质上也是为专制统治服务的。但是，我们也不能为要清除这些脏水，就"同时把小孩和水一起从浴盆里泼出去"，完全否定这种思想在当时历史条件下的某些合理性。在黄巾起义给予豪强垄断的反动统治以"武器的批判"之后，曹操吸取东汉豪强地主完全垄断仕途的教训，在用人问题上，比较注意任其所长和"唯才是举"，注意奖掖寒素、提拔新人的问题。他还提出："负污辱之名、见笑之行，或不仁不孝而有治国用兵之术：其各举所知，勿有所遗。"① 进一步丰富了《太平经》的知人善任这一思想的内容，在历史上曾起到良好的积极作用。到魏晋时候，由于士族集团的垄断仕途，形成门阀制度，选官用人不以才能长短，完全依据士人门第的高低来作为是否选用的标准，任何人（包括皇帝在内）都不能侵犯高级士族做高级官吏的特权。这种制度又造成各种尖锐的社会矛盾，成为天下大乱的祸根。晋元帝时，熊远上疏说："选官用人，不料实德，惟在白望；不求才干，惟事请托……

---

① 《举贤勿拘品行令》，《曹操集》，中华书局，1974年，第49页。

又举贤不出世族,用法不及权贵,是以才不济务,奸无所惩,若此道不改,求以救乱,难矣。"① 又陈𫖮与王导的信也说:"中华所以倾弊,四海所以土崩者,正以取才失所,先白望而后实事,浮竞驱驰,互相贡荐,言重者先显,言轻者后叙,遂相波扇,乃至陵迟。……今宜改张,明赏信罚……然后大业可举,中兴可冀耳。"② 所谓"举才不出世族,用法不及权贵",即是只有大族才可以做大官,做大官的可以横行不法。这种制度给人民带来的痛苦,从这两句话里就可以想见一斑了。官方道教教理的奠基者葛洪也针对这一情况,强调了知人善任的重要。他在《抱朴子》的《任能》《钦士》《审举》《备阙》《擢才》《名实》《清鉴》《百里》《接疏》《汉过》《吴失》等篇章中,对此问题都做了反复的论述。他的许多观点,便是《太平经》一书中的知人善任思想的继承和发展。

(原载《思想战线》1979 年第 2 期)

---

① 〔宋〕司马光编著:《资治通鉴》卷九十《晋纪十二》,中华书局,1956 年,第 2863—2864 页。
② 《晋书》,中华书局,1974 年,第 1893 页。

试论《太上洞渊神咒经》的乌托邦思想及其年代问题

现存《道藏》的《太上洞渊神咒经》二十卷,未著录撰人,各卷的体例亦不尽相同,特别是前十卷与后十卷的体例颇不一致,表明该书不是一时一人的作品,其中可能有后人增益的内容,所以具体的成书年代尚难断定,甚至在时间的上限与下限的判断上都不一致,还有待于进一步研究。

杜光庭在《太上洞渊神咒经序》(以下简称《杜序》)中说:太上道君"昔在杜阳宫中出《神咒经》授真人唐平等,使其流布,以救于人。世间无知愚俗,见有王翦、白起之名,谓为虚诞"①。"西晋之末,中原乱罹,饥馑既臻,瘟疠乃作。金坛马迹山道士王纂,常以阴功济物,仁逮蠢类。值时有毒瘴,殒毙者多,闾里凋荒,死亡枕席。纂于静室飞章告天,三夕之中,继之以泣,至第三夜",太上道君乃以《神咒化经》复授纂,"纂遂按经品斋科,行于江表,生民康乂,疫毒消弭,自晋及今,蒙其福者,不可胜纪"②。《杜序》所述,遂为以后道书所本。《三洞群仙录》引《王

---

① 《道藏》第6册,第1页。
② 《道藏》第6册,第1页。

氏神仙传》与《历世真仙体道通鉴》卷二十八《王纂传》等的记载，均与此大体相同。《杜序》表明：（1）此书的编撰，可能与王纂有一定的关系；（2）王纂编撰此书的时间，是在西晋之末；（3）在王纂之前，似乎已有部分内容在杜阳宫（陕西凤翔杜阳山）出现，但流传不广，影响甚微，王纂编撰此经之后，便以之传布于江表，以后遂一直为人们所信奉。道书中有称信奉此经者为洞渊派，并以王纂为此派之首，恐亦与此有关。

根据《杜序》和书中的某些内容来看，把它的上限推到西晋末年，作为其最早出现的时间，似乎争议较少。问题最多的乃是它的下限，即这二十卷书的最后完成时间。日本学者宫川尚志根据和该书有关的某些历史事实和历史人物做分析，认为它是淝水之战前后东晋在政治、文化、宗教方面的转折时期的产物。刘国梁同志以同样的方法进行考证，断定它基本上成书于西晋末至南北朝的宋齐时期。这些论断都持之有故，言之成理，对推动我们的深入研究是非常有益的。为了进一步探讨它逐步繁衍的具体过程，有必要就其思想内容，联系当时的历史条件，一一进行考察，然后做出结论。但是，由于该书的卷帙浩繁，内容庞杂，进行这种考察比较艰巨，不是可以"余姑翦灭此而朝食"的，将有待于有志者去做专门的探讨。这里仅就其中的乌托邦思想做一简略的介绍。

《神咒经》认为，"大晋之世"，是处于"世欲末时"（卷一《誓鬼品》）。它在卷一《誓鬼品》里，一开始便描绘了一幅末世劫运的凄凉图画："但闻有哭尸之音，不闻有仙歌之响，人民垢浊，三洞壅塞，百六之灾，刀兵疫疾，魔王纵毒，杀害良善，门门凶衰，哀声相寻，众生相残，自作苦恼，相牵而死，怀愚受苦，了不知出。"① 它以悲天悯人的态度，对广大人民在大劫之中所遭

---

① 《道藏》第6册，第2页。

受的"苦厄",寄予深切的同情,并对"国主"和"六夷"进行愤怒的指责。它在卷十《杀鬼品》中说:"大劫垂至,国主贪残,不恤下民,民皆困穷,使役无道,人民苦厄,哭声盈路,死亡盖野,男女失时,不好道法,出门奔亡,六夷纷纭,大贼纵横,以气相伐,父子相疑。"① 从这里可以看出,它似乎已经隐约地意识到,人民的"苦厄"首先是由于"国主贪残"所致,其次则为"六夷"纵横的结果。它对"六夷"的指责特别多,这可能与西晋永嘉之乱以后,少数民族贵族入侵中原、晋室东渡偏安江左等历史背景有一定关系。如卷二十《长夜遣鬼品》中说:"甲子之年(卿注:《神咒经》这里所记的干支,带有预言神话性质,不能认为是确凿的历史纪年,下亦同此,不再说明),六夷侵于中国,中国无主,司马移度吴地江左,自立为帝。"② 便是一个证明。卷一《誓鬼品》又说:"道言:汝等谛听,吾今为汝等说来世劫尽之运……及汉魏末时,人民流移,其死亦半……尔时四方嗷嗷,危殆天下,人民悉不安居,为六夷驱逼,逃窜江左。"③ 这也说明它认为广大人民之所以不安其居,流移逃窜,死亡枕席者,乃是因为"六夷"的入侵和驱逼,而且明确指出这也正是司马氏移渡江左、自立为帝之时。可见《神咒经》的末世劫运思想,当是西晋永嘉乱后南北分裂,战乱频仍,广大人民处于水深火热的现实灾难之中的一种反映。

面对这末世劫运的种种苦难,广大人民"怀愚受苦,了不知出",尚未找到如何摆脱这种苦难的出路,于是,《神咒经》便替他们构想出一个"真君出世",能够改天换地,创建一个"道法"

---

① 《道藏》第6册,第35页。
② 《道藏》第6册,第75页。
③ 《道藏》第6册,第3页。

兴隆的太平盛世。关于这个问题，在《神咒经》里反复进行论述。首先，它认为大乱之后，必然会有"真君出世"，并且还有圣贤、仙人、道士等为其辅佐。如卷一《誓鬼品》里便说："甲申灾起，大乱天下。天下荡除，更生无地，真君乃出。真君既来，圣贤、仙人及受经之者，一切来助左右，东西南北道士为佐，无有愚人。"①

那么，它所说的"真君"究竟是谁呢？它所构想的太平盛世又是一个什么样的社会呢？《神咒经》对此也做了非常明确的回答，且引述几段如下：

> 真君者，木子弓口，王治天下，天下大乐。一种九收，人更益寿纯三千岁。乃复更易天地，平整日月，光明明于常时，纯有先世、今世受经之人来辅真君耳，是以智人道士诱化愚人，令受此经，消一切疫病，鬼贼伏散，万愿自果，所向合矣。②
>
> 至甲午之年，人民还住中国，长安开霸，秦川大乐，六夷宾伏，悉居山薮，不在中川，道法盛矣，木子弓口，当复起焉。③
>
> 真君出世，无为而治，无有刀兵刑狱之苦，圣人治世，人民丰乐，不贪钱财，无有鸡豚犬鼠牛马六畜也。凤凰白鹤为家鸡，麒麟狮子为家畜，纯以道法为事。道士为大臣，男女贞洁，无有淫心，人民长大，亦不复是今之道士耳。不觉自异其形，端正长大……面目光泽，人中无有姿丑，了了视之无厌矣。④

---

① 《道藏》第6册，第5页。
② 《道藏》第6册，第5页。
③ 《道藏》第6册，第3页。
④ 《道藏》第6册，第5页。

真君垂出，恶人不见，天遣杀鬼来诛之，荡除天地，更造日月，布置星辰，改弦易调，神人治法，仙人为佐五方，万劫不死，无有刀兵，地皆七宝，衣食自然，无有六畜，男女悉圣，无有恶人之类也。①

综合以上几段的叙述，可知它所设想的太平盛世，主要包括以下几个方面：

（1）真君在位，"道士为大臣"，"仙人为佐"，"神人治法"，"无为而治"；

（2）"人民丰乐"，"地皆七宝"，"一种九收"，"凤凰白鹤为家鸡，麒麟狮子为家畜"，衣食自然充足，没有贪财之人；

（3）人皆长寿三千岁，体态健美，"面目光泽"，"无有姿丑"之人；

（4）"六夷宾伏"，"鬼贼伏散"，疫病消除，没有"刀兵刑狱之苦"；

（5）"男女悉圣"，尽皆贞洁，没有为非作歹的邪恶之人；

（6）道法兴隆，人人都"纯以道法为事"，"万愿自果"，所向皆合，没有不顺心意的事情发生。

由此可见，这样的太平盛世乃是一个"伊甸园"式的人间天堂，尽管把它说得如何天花乱坠，却是一个无法实现的乌托邦，只不过是一种主观的幻想。然而，这种幻想却反映了当时广大人民群众急于摆脱刀兵刑狱等各种现实苦难，要求统一、渴望太平的强烈愿望。所以，正如《杜序》所说，它能得到当时人民群众的信奉，这也不是偶然的。

---

① 《道藏》第6册，第32页。

所谓"木子弓口",即是李弘。关于李弘,《神咒经》与《老君音诵诫经》都讲到了他,但在内容上二者已有很大的区别。首先,在《神咒经》里,李弘完全是一个救世主的形象,他对农民起义者虽有可能产生一定的思想影响,但无直接的联系。《神咒经》在谈到李弘时,只有赞美,并无贬义。它同情人民群众的"苦厄",但它引导人民群众把摆脱现实苦厄的希望,完全寄托在李弘这样一个救世主的出世上面。这对于处在水深火热的灾难中的广大人民群众来说,只能在精神上起到一种安慰和麻醉的作用,并不能解决他们任何的实际问题。但是,自东晋明帝太宁元年(323)开始,道士李脱及其弟子李弘便举行起义。从此以后,直到隋炀帝大业十年(614)"扶风人唐弼举兵反,众十万,推李弘为天子,自称唐王"① 为止,在二百余年之间,以李弘名义起事者络绎不绝,遍及安徽、山东、四川、湖北、陕西、甘肃、河南各地。时间如此之久,地域如此之广,且从汉族到少数民族皆有之。其中,又以东晋至南北朝早期为最多。这不能说与《神咒经》关于救世主李弘的神话及其影响毫无一点关系。人民群众在受到这种神话的影响之后,便不再等待救世"真君"自动从天而降,而是自己行动起来,以救世真君李弘的名义为号召,以争取太平盛世的早日来临,这完全是有可能的。即使如此,这也仅是一种思想影响。但在《老君音诵诫经》里则说:"称名李弘,岁岁有之。"② 这里的李弘,便与农民起义者直接联系起来了,它是针对东晋至南北朝早期这段时间以李弘名义的起事者而言的。而且,《老君音诵诫经》在谈到这"称名李弘"的"李弘"时,完全是

---

① 《隋书》卷四《炀帝纪》,第1册,中华书局,1973年,第87页。
② 《道藏》第18册,第211页。

站在统治者的立场,借老君之口对他们进行大肆咒骂和攻击。这是二者之间的第一个区别。

其次,《神咒经》里所说的救世真君李弘,和太上老君之间尚无直接的联系,即是说,在这里还没有十分明确地把这个李弘说成太上老君的直接化身。而在《老君音诵诫经》里,则已有"但言老君当治,李弘应出"① 之说,把李弘与老君直接互相联系起来,并以老君的口气竭力辩解他(老君)和这些"称名李弘"者的"李弘"没有关系,说:"吾(老君)大嗔怒,念此恶人以我作辞者乃尔多乎!"② 并说他(老君)住在昆仑这个仙都之上,那里的楼台宫殿非常富丽堂皇,生活豪华阔绰,他在那里的威力也是大得无边,他绝不愿到人间来做个"一城之主"。它说:"吾(老君)治在昆仑山,山上台观众楼,殿堂宫室,连接相次,珍宝金银,众香种数,杂合错饰,兰香桂树,穿奇异兽,凤凰众鸟,栖于树上,神龙骐骥,以为家畜,仙人玉女尽集其上。若欲游行,乘云驾龙,呼吸万里,天地人民鬼神令属于我,我岂用作地上一城之主也?我不愿之。"③ 并认为这些"称名李弘"的"李弘",都是些"愚人"和"返(叛)逆者",指责他们"攻错经道,惑乱愚民","诳诈万端,称官设号,蚁聚人众,坏乱土地"④;又说他们"人人欲作不臣,聚集逋逃罪逆之人,及以奴仆隶皂之间,诈称李弘"⑤。它以老君的口气申明说:"我身宁可入此下俗臭肉奴狗魍魉之中,作此恶逆者哉?"⑥ 即是说,他(老君)决不屑于

---

① 《道藏》第 18 册,第 211 页。
② 《道藏》第 18 册,第 211 页。
③ 《道藏》第 18 册,第 212 页。
④ 《道藏》第 18 册,第 211 页。
⑤ 《道藏》第 18 册,第 212 页。
⑥ 《道藏》第 18 册,第 212 页。

与这些"称名李弘"的下贱之人为伍，和他们一起去做"犯上作乱"的"叛逆者"。从《老君音诵诫经》中的"老君"竭力要与这些"称名李弘"的"李弘"划清界限这一情况来看，则在《老君音诵诫经》出世之前，必然已有李弘是老君化身之说，且在民间已经流行，并且这个李弘之名已为农民起义者所广泛利用了。否则，它不会这样无的放矢。查道书中确有李弘为老君化身之说。例如《老君变化无极经》中便说："随时转运西汉中，木子为姓讳弓口，居在蜀郡成都宫。"① 又如《三天内解经》（传为刘宋时徐氏撰）里也说："老子帝帝出为国师……变化无常，或姓李名弘，字九阳。"② 这些道书出世的具体年代虽还有待于考证，但既然道书里有此记载，则民间亦可能存在类似的传说。再加上东晋以来以李弘名义起事者甚多，故《老君音诵诫经》不厌其烦地为"老君"进行辩解，说明这些李弘的行事与他无关，就不难于理解了。这是二者之间的第二个区别。

第三，和《神咒经》描绘真君李弘降世后的太平盛世相仿佛，在《老君音诵诫经》里也为我们描绘了一幅老君出世的美妙情景。为了便于两相对比，特将这段描绘照录如下：

> 若我应出形之时，宜欲攻易天地，经典故法，尽皆殄灭，更出新正；命应长生之者，赐给神药，升仙度世，随我左右；恶人化善，遇我之者，尽皆延年。若国王天子治民有功，辄使伏杜如故；若治民失法，明圣代之。安民平定之后，还当升举，伏宅昆仑。我出之时，乘驾

---

① 《道藏》第28册，第372页。
② 《道藏》第28册，第413页。

九龙之车,龙有九色连钱斑文,车有羽盖十二出,檀梓为车,饰以金银珠玉,杂色奇异,不可目名。征召天下真官、海岳风伯雨师,役使万鬼,倾天纲,缩地脉,回转天地,如回我身,把捉日月,能令天地昼暗。仙人玉女,骈车侍从,钟鼓音乐,遍满虚空,百兽真徒,凤凰众鸟,翔于其上,天地运动,人众鬼兵,无有边际,见我威光,无不弥伏我哉!①

上面这段叙述表明,《老君音诵诫经》在这里所说的美妙情景,与《神咒经》里所说的太平盛世大不相同。《神咒经》所说的太平盛世,着重点是在替正处于水深火热中的人民群众设计一个地上的人间天堂,尽管它也说了救世真君有"荡除天地,更造日月,布置星辰"等神力,而其目的还是为了给遭受"苦厄"的人们构造这个人间天堂服务。因此,它虽然也是不能兑现的神话,但仍然或多或少地反映了当时人民群众的愿望。而《老君音诵诫经》在这里所描绘的着重点,却是在竭力渲染老君降世时的"神气"和威力。这种"神气"和威力,实际上乃是人间帝王的权威在天上的一种反映,并不符合人民群众的愿望;尽管它也提到"安民平定"之类的话,那也是为了"治民",它与人民群众所幻想的太平盛世是有天壤之别的。因此,不能把它与《神咒经》里的乌托邦思想相混。再联系它对昆仑山上富丽堂皇、豪华阔绰的仙都生活的描绘,不难看出这与葛洪在《抱朴子》里所描绘的神仙世界的优裕生活很相类似,它们同样都是只有神仙贵族才能享用的,乃是属于上层道教的思想;而《神咒经》的乌托邦思想则

---

① 《道藏》第18册,第212页。

和《太平经》里的乌托邦思想一样,乃是属于民间道教的思想,反映了人民群众的愿望。从这里也表明这样一个事实,即从《神咒经》到《老君音诵诫经》的出现,道教正经历着从民间向上层的发展。

综上所述,可以得出结论:从这一个侧面的情况来看,《神咒经》的成书年代至迟应在《老君音诵诫经》出世之前。《老君音诵诫经》应系《云中音诵新科之诫》的残存部分。据《魏书·释老志》的记载,《云中音诵新科之诫》的出世时间是神瑞二年(415),即东晋之末;再联系《神咒经》称晋为"大晋"的事实,亦不应晚于东晋之末,正与此相合。当然,这绝不是说,从一个侧面便可以概括全面,而仅是表明:虽管窥蠡测,未是不可以作为探讨问题时的一个参考。

(原载《四川大学学报丛刊》第 25 辑《宗教学研究论集》,1985 年)

张宇初的"天人一致"的宇宙观和修道论

张宇初,字子璇,号耆山,江西贵溪人,为四十二代天师张正常之长子,是明代正一道士中在教理教义方面最有贡献者之一。约生于元至正二十年(1360),"尝受道法于长春真人刘渊然,后与渊然不协,相诋讦"①。洪武十年(1377)十二月张正常去世之后嗣教,为四十三代天师。十一年(1378)入朝,太祖朱元璋召见,眷赉有加。十三年(1380)二月,制授正一嗣教道合无为阐祖光范大真人,领道教事。十六年(1383)召赴阙,命建玉箓大斋于紫金山。十八年(1385)命祷雨于神乐观。二十三年(1390)入觐,奏准降敕重建龙虎山大上清宫。二十四年(1391),旨谕礼部严禁伪造符箓,赐正一玄坛之印,俾关防符箓永镇名山。建文四年(1402),成祖朱棣嗣位,入贺,宠遇益隆,赐缗钱葺大上清宫。永乐元年(1403),命陪礼坛。五年(1407)召见,命就朝天宫建荐扬玉箓大斋,赐敕嘉奖。永乐六年(1408),降特旨,申谕真人门下专出符箓;命传延禧符,建延禧大斋五坛;手敕俾邀请仙人张三丰。七年(1409),再敕寻访张三丰。永乐八年(1410)

---

① 《明史》卷二百九十九《张正常传》,第 25 册,中华书局,1974 年,第 7654 页。

逝世。曾参与撰写《汉天师世家》，并为之作序，著有《岘泉集》二十卷、《道门十规》一卷等。因其博学多能，且善于辞墨，为士大夫所重。明苏伯衡称其"形峻而学广，灵仙飞化之变幻，梵祝禳祈之灵异，儒经释典，靡不该贯，诸子百家，多所涉猎，其余绪见于文词翰墨，一时复鲜俪，岂唯玄学之士之宗之也？犹山之恒岱、水之江海而已。天子礼貌焉，王公敬信焉，缙绅歆慕焉，郡县仰望焉，其春秋甚富，其誉望甚隆，凡厥耆俊，风斯下矣"①。宋濂亦赞其"颖悟有文学，人称为列仙之儒"②。他曾自述其求学的经历说："余年未冠，知嗜学，有志先儒君子之言，凡诗书六艺之文，悉尝记诵之。甫长，自揆于文章家未之尽究，凡通都大邑以学行著于时谓之先生长者，又从之游。于是经史子氏之书，逮老释之文，庋置日众，然后会其指归，反身而诚，乃知皆备于我也。于道德性命之说，自孔孟而下，周程张邵朱吕焉；文辞篇章之旨，左氏而下，班马韩柳欧苏焉。越周程诸子而言学，则不足谓之学；违班马诸儒而言文，则不足谓之文。是以非载道之文，虽工不取焉。"③ 他的这个自述，不仅显示他涉猎的广博，而且表明他治学的严谨，可知苏伯衡等人对他的评价，并非毫无根据的赞誉。现就《岘泉集》一书对他的宇宙观和修道思想做一简单的介绍。

张宇初的修道思想，是以他的"天人一致"的宇宙观为基础的。他以老子的虚无思想为核心，结合了儒家的有关论述，从宇

---

① 《苏平仲文集》卷九《耆山庵记》，〔清〕纪昀等编纂：《四库全书》第1228册，上海古籍出版社，1987年，第703页。
② 《宋文宪集》卷二十七《四十二代天师张公神道碑》，〔明〕宋濂撰，王云五主编：《丛书集成初编·宋学士全集》，商务印书馆，1939年，第648页。
③ 《岘泉集》卷五《书室铭·有序》，《道藏》第33册，第234页。

宙观的意义阐述了"天人一致"的万物生成理论。他认为,"虚"和"实"是互相依存的,举凡天地万物等一切有形的"实",均存在于无形的"虚"之中,没有"虚",则万物不能生生化化,故天地万物乃是以"太虚"为其本体的。他在《岘泉集》卷一《道冲》一文中说:"至虚之中,块圠无垠,而万有实之;实居于虚之中,寥漠无际,一气虚之。非虚,则物不能变化周流,若无所容以神其机,而实者有诎信聚散存焉;非实,则气之絪缊阖辟,若无所凭以藏其用,而虚者有升降消长系焉。夫天地之大,以太虚为体,而万物生生化化于两间而不息者,一阴一阳动静往来而已矣。"① 在这里,他把太虚看成气的浑然一体状态,即一元之气,而气是无形的,因而太虚与气实际也就成了二而一、一而二的东西,它与有形的万物既是体用的关系,又是生成的关系。他在同书卷二《生神章注序》说:"盖万物自一气生,气分而太极判,两仪四象五行各位乎气之中,由五行之气布而万汇生生之无穷。……一为万数之根,而气为万有之母。……若一气生三气,三气生九气,九气生之无穷,弥满六虚,皆气之化生,是谓之诸天也。诸天归之于虚无,言其不可以象术求也。"② 既然"弥满六虚皆气",故所谓"实居于虚之中"亦即"位乎气之中","以太虚为体"亦即"气为万有之母",而诸天"皆气之化生",故从其本源来说,诸天又归之于"虚无"。于是,他又把有形的"实"视为"有",无形的"气"视为"无",故他除了以"虚"和"实"的关系来说明万物的生成以外,又以"无"和"有"的关系对此做了阐述。他在《赠御风子序》中说:"世之具有形气者,有生于

---

① 《道藏》第33册,第181页。
② 《道藏》第33册,第207页。

无,而无复归于有。故形载乎气,而气御乎形也。元气运天地而阴阳行焉,天之覆,地之载,日月之明,四时之序,昼夜之续,鬼神之变,万物之众,其运行而不息者,皆有无自相生化者也。"① 显然这是对于《道德经》"有无相生"和"天下万物生于有,有生于无"②等思想的发挥,并将"无"和"有"解释"气"和"形",实际也是他的"虚"和"实"这种思想的进一步引申。他还具体描绘生化的过程说:"万物皆祖于虚,生于气,气以成体,体以受性,性以辨名,名以立行,行以俟命,故虚者物之府也。"③ 这种认为万物皆由一元之气所生,以气为万有之母的思想,是符合唯物主义基本精神的,有其合理的因素。张载即曾指出:"太虚无形,气之本体,其聚其散,变化之客形尔。"④ 又说:"知虚空即气,则有无、隐显、神化、性命通一无二。顾聚散、出入、形不形,能推本所从来,则深于《易》者也。"⑤ 张宇初的"虚实""有无"之论,虽源于老子,但从其具体解释来看,又明显地接受了张载等宋儒的思想。但他毕竟是宗教家,不能不受宗教思想的束缚,他在承认万物生生化化是由于太虚一气的绸缊阖辟、动静往来的同时,又认为在这种生生化化的背后有一种神灵为之主宰。他在同书卷一《玄问》中说:"天也者,积气也,上帝则天之主宰也……虚无之界无穷,轻清之炁无体,而宰制之神亦无方也。"⑥ 在《问神》一文中更是明显地肯定鬼神的存在,且为造化之主宰,从而最后走向宗教唯心主义。

---

① 《道藏》第33册,第212页。
② 《道德经》第二章及第四十章、第二十八章。
③ 《道藏》第33册,第182页。
④ 《正蒙·太和》。
⑤ 《正蒙·太和》。
⑥ 《道藏》第33册,第187页。

在道教的早期经典《太平经》里，即提出人身是一个小宇宙的观点。张宇初继承了道教这一传统思想，他的万物生成理论也是包括人与物而言的。他根据《道德经》"复归于无极"① 的旨意，将太虚一气的浑然状态解释为太极，并认为这个太极就是道体，亦即宇宙的本体，它乃是天地万物和人的性命的本源。他在《岘泉集》卷一《太极释》中对此阐述说："太极者，道之全体也，浑然无所偏倚，廓然无得形似也，其性命之本欤？"② 并谓这个"浑然全体"，乃是"兼有无，存体用，涵动静，为万化之源，万有之本"，并"妙合二五之精"。又说："五行一阴阳也，阴阳一太极也，太极散而为万物，则万物各一其性，各具一太极。""而阴阳五行经纬错综，合而言之，万物统体，一太极也；分而言之，一物各具一太极。"③ 他竭力将儒道的思想糅为一体，指出程子说"太极者道也"，朱子说"太极者理也"，而邵子说"心为太极"，从表面看来似乎各说不一，而其实质上则是一致的，都是指一个道体。他认为，从本源上讲，人同其他万物一样，都是禀受一阴一阳的生生之道而产生的，是"天命流行"的体现，而"心"居于人身之中，因而吾心就是宇宙本体在人身中的体现。他说："性禀于命，理具于性，心统之之谓道，道之体曰极。……以是求之，即心也，道也，中也。……陆子曰：'中者，天下之大本。'即极也。"并谓"理一而已，合而言之，道也"④。对此，他又进一步做了解释，指出在太虚一元之气浑然未分之前，道为太极；从人化生以后，对人来说则是心为太极。他说："且鸿蒙溟滓之

---

① 《道德经》第二章及第四十章、第二十八章。
② 《道藏》第33册，第188页。
③ 《道藏》第33册，第188页。
④ 《道藏》第33册，第188页。

初,则元气为万物根本,其体谓之理,其阴阳流行不息者气也,是故未分之前,道为太极;已形之后,皆具是理,则心为太极。冲漠无朕,万理毕具;阴阳既形,则理气分矣,太极判而始生一奇一耦,由奇耦而生生无穷。"① 他认为,这种阴阳生化之道即是"天命",一切无生命和有生命的东西都要受它的支配,"举不违乎天命之流行而同所赋受也"。人也不能例外。他指出,"伏羲始画以'一'象乾,'--'象坤,体吾心之太极也"。他赞扬伏羲之画说,"是画也,一奇一耦以象变,重之而为卦,拆之而为爻","散之为万殊,敛之为一本","循环无端,浩渺无穷";揭示了"一阴一阳至著至明之几",称伏羲是"见夫道体者"。因此,他认为,《易》称"一阴一阳之谓道",与老子所说的"复归于无极"之道是一致的。他说:"若老子之谓无极者,无形无穷也,庄子之谓道在太极之先是也。"他强调"故《易》曰心学",乃是由于"万事万化皆本诸心,心所具者天地万物不违之至理也"。又说:"人道之始于阳,成于阴,本于静,流于动,与万物同也。"② 可见,他认为人道与天道是完全一致的。

张宇初从其人心即太极,万事万化皆本诸心,天地万物之理皆在人心之中的思想出发,提出修道之要就在于"返求诸己",在虚中守一上狠下功夫。他认为,只要能够虚中守一,便可以达到"原始返终","复命归根","与太虚同体","与天德同符",以"造乎人天一致之工"。他在《道冲》篇指出:"故知道者,不观于物而观乎心也。盖心统性情,而理具于心,气囿于形,皆天命流行而赋焉。曰虚灵,曰太极,曰中,曰一,皆心之本然也,是

---

① 《道藏》第33册,第188页。
② 《道藏》第33册,第188—189页。

曰心为太极也。……人与万物同居于虚者也。然以方寸之微而能充乎宙宇之大、万物之众,与天地并行而不违者,心虚则万物皆备于是也,何喜怒欣戚哀乐得丧足以窒吾之虚、塞吾之通哉?庶几虚则其用不勤矣。吾老子曰:'道冲,而用之或不盈,渊兮似万物之宗。'冲犹虚也。庄子曰:'惟道集虚。'……道集则神凝,神凝则气化,气化则与太虚同体,天地同流。……苟虚心净虑,守之以一,则中虚而不盈,外彻而不溷,若渊之深、鉴之莹,则吾固有之性与天德同符,岂不为万物之宗哉?"① 他认为,"老庄之道大且博焉",唯"其要也",就在于"一其性,养其气,游乎万物之所始终,而得夫纯气之守焉耳矣"。并强调:"唯虚其中,则穷神知化,原始返终之道得矣。"② 因此,他反复指出:"知致虚则明,明则净,净则通,通则神,神则不疾而速,不行而至,无不应,无不达矣。"他一再宣称,他所说的修炼之道,既非"谲诞神怪"之论,也没有"甚高难行之事","特冲气以和,顺其自然而已矣"。但若以此修身,则"天地之机、事物之数,可以前知",以至"上天之载,感通无间矣";"以之治国,以之爱民,托于天下,而天下清静而正也。"这种修炼之道,乃是"以清静无为为宗,以谦约不争为本,其所谓内圣外王之道也欤",即兼修身与治世两个方面的效用。他认为,只有这种修炼之道,才符合老子的本意;也只有如此修炼,才能叫作"善学吾老氏"。③ 他在《玄问》篇又阐述说:老子上下经,"其言一本于修道德、全性命而已。内而修之,抱一守中,所以全生也;外而施之,不争无为,所以利物也。唯处乎大顺,动合自然,慎内间外,而纯粹不杂,

---

① 《道藏》第33册,第181页。
② 《道藏》第33册,第182页。
③ 《道藏》第33册,第182页。

静一不变，澹然无极，动以天行，乃合乎天德者也"①。又说："为道之宗，莫过于精神专一，澹足万物，去健羡，黜聪明为要，是以虚无为本也。"他认为，只要明白了这个宗本，那么，其他各种修炼方术只不过是它的具体运用而已。对此，他又解释说，"其于修炼，则曰谷神玄牝，致虚守静，守中抱一，守一处和而已。……其曰内丹，莫不以神炁为本；外丹，莫不以铅汞为宗"，而"金液与天地造化同途"②。在《丹纂要序》又说："盖外丹之传，采五金八石之精粹，按火候阴符而烹炼，与内丹升降进退之道无异，故内外之用一也。"③因此他说："若夫穷阴阳之至理，夺造化之至神，丹道其尽矣乎！"他的结论是："善言仙者，止曰无视无听，抱神以静，是以忘形以养气，忘气以养神，忘神以养虚而已矣。故执道者德全，德全者形全，形全者气全，我未之能易也。抑虚极则灵明，灵明则神化，乃与天为徒，游物之初矣。轻清之气上浮，则至阳之质与之俱升……而求之（之）道，其唯守中乎？"④由此可见，在张宇初看来，只要能够虚中守一，按照老子之说去进行修炼，便可"与天为徒"，得道成仙。

张宇初既然认为老子之道即是仙道，而且是其他修炼方术之源，所以他一方面宣称，"学老子者，舍仙道尚何从焉"；另一方面又强调：学仙道者，必须以老子之说为本，切不可本末倒置，"舍源求流"。他说："特老子之传，以《道德》上下篇为本。后之人不失之杂则失之诞。"故"后之倡其说者，则有真伪邪正之辨焉"，学者不能不加以认真的鉴别。他尖锐地指出：若"舍源求

---

① 《道藏》第33册，第184—185页。
② 《道藏》第33册，第185—186页。
③ 《道藏》第33册，第207页。
④ 《道藏》第33册，第186—187页。

流，好为神怪谲诞以夸世眩俗，皆方技怪迂之言，少君、栾大、文成、五利、公孙之流是也……务以左道惑众，侥幸一时，其肆妄稔恶，乌有不败亡者哉？"①他针对当时的"颓风陋俗"，专门作了《慎本》一篇，大声疾呼说："学必有本焉，经世出世之谓也。"指出所谓"经世之学，则圣贤之道焉。圣贤之道者何？道德性命之谓也"。又说："圣贤远矣，而其道具在者，六经焉。……凡圣贤传心授道之要，于是乎具，蔑以加矣。"然后又依据其"心为太极"和"天人一致"的思想指出："然六经之精微幽妙，悉具夫吾心，昭晰明著，何莫由夫是哉？自尧舜相传，唯曰执中持敬，宅心而已耳。孔子之谓仁，子思之谓诚，《大学》之谓敬，孟子之谓心，《中庸》之谓中，其归一也。"所谓"归一"，也就是他所说的"能造乎天人一致之工"。因此他说："能造乎天人一致之工，则致中和，存诚明，穷事物之理，尽人物之性，然后位天地，育万物，裁成天地之道，辅相天地之宜，是以智周乎万物，而道济乎天下也。"可见，经世之学的圣贤之道，也是由于"本诸身"，故修此道者，"必致戒谨恐惧之工于慎独之顷、操舍之际，而后体立而用行矣。始则知止而后定，定而后静，静而后安，安而后虑，虑而后得；久则曲能有诚，诚则形，形则著，著则明，明则动，动则变，变则化，莫不得诸己者，其唯尽性致命矣乎，居仁由义也乎？敛之则退藏于密，施之则小而为天下用，大而用天下国家者也"②。他认为，这种经世之学并不在乎"惊世衒俗"，而是在乎"真知实践"，要求"出处语默，唯义之从"，以期"将以行其道"；若"道不行，则退而独善以全其进退于用舍之间而已矣"。

---

① 《道藏》第33册，第185—187页。
② 《道藏》第33册，第182—183页。

是以"高举远引之士，将欲超脱幻化，凌厉氛垢，必求夫出世之道焉，则吾老庄谓是也"①。故在张宇初看来，老庄的出世之道与孔孟的经世之道，在本质上是完全一致的。他认为老子的《道德经》包含了经世和出世两个方面，所以叫作内圣外王之道。他说："老子始周柱下史，已而迁藏室史，其注（著）《道德》上下篇，所谓内圣外王之道也。"② 其"无为也，则用天下而有余；有为也，则为天下用而不足"③。其同老子者，如"庄子之居漆园，列子之居郑圃，犹巢由之高、夷齐之洁、商皓之隐，皆持不屈，其视名者实之宾，乃宁处污渎而耻为文牺也，日抱瓮荷蓧以自得，诚富贵贫贱欣戚得丧一毫不足累其中焉，斯其一志心斋以得乎环中而应无穷也乎。是能官天地，府万物，以天地为大炉，造化为大冶"④。即造乎所谓"天人一致之工"，因而便可以"静则圣，动则王；静而与阴同德，动而与阳同波。其动也天，其静也地，则命物之化而守其宗，凡囿乎形气之内者，一不能介其中、罳其外也，同乎天和，合乎天乐，休以天均，和以天倪，而委顺万化，独游乎天也，是其天守全乎！非体尽无穷而游无朕，与天为徒，而能若是哉？其视胶辖撄宁于轩轾之途、声利之域，亦复何预焉？是非矜伪以惑世，轲行以迷众，欲为矫傲怪诞之资也，其道固若是乎"⑤。在这里，他特别强调了一切名利权势等纷华的外物，均与老子之道丝毫不相干，指出修道者如不能全其天守，以求道德性命之本，做到虚中守一，就不可能复命归根，达到与太虚同体，

---

① 《道藏》第33册，第183页。
② 《道藏》第33册，第183页。
③ 《道藏》第33册，第184页。
④ 《道藏》第33册，第183页。
⑤ 《道藏》第33册，第184页。

与天为徒,造乎天人一致之工。他说:"后之学者,不求道德之归、性命之本,而欲以卑陋谬妄之习,将窥夫太初混芒之始,吾见其不可得矣。"①他认为,一个真正学道的人,应当是:"所居也,樵牧鹿豕;所乐也,烟云鱼鸟;其心固若死灰,形固若槁木;其自处也高,其自视也远,其自待也重,岂外物纷华毫发之可动哉?是虽结驷怀金,不能至焉。苟强至之,倏忽去来,不碍其迹,不滞其形,道合则留,道离则去,惟安其素有者焉,又岂华美之奉、雕绘之居、权势之位,足以羁縻縻束之哉?此所谓高世之士也,其接舆荷蓧之徒也欤!"②他对当时那些假学道之名以沽名钓誉、拼命追权逐利者,进行严厉的批评,指出他们那种所谓的道,只不过是为了欺世悦时,与老子之道完全相背。他呼吁真正的修道者必须与之划清界限。他说:"或假是以要世者则不然,其退也妄,其进也锐,是将钓名沽誉于时,一旦起于草莱之间,欻然遭遇,即移所守,淫所习,华其服,甘其食,骄其气,夸其辞,充斥其骈御,侈美其居处。所与游也,穹赫显贵,左右奔走,趋为俦侣,睢盱啴喧,更相号于众曰:'彼道也,德也,学之精也,术之神也,孰得而不尊且大焉!'求其所以奔走竞逐者,势也,利也,尚何道德之云哉?噫!假名以饰实者,若之何不取世之抵排攘斥也耶?是欲欺世悦时而作也,孰知纵骇一时之惑卒无辨之者,其能信夫天下后世哉?此固有道者所不为也。"③该文的最后,他还极其沉痛地指出:"吾惧夫颓风陋俗流而不返,挽而不止,日益滋炽,皆不知慎夫本而然也,抑亦君子之于出处语默一失于义、乖于道,何谬且戾之甚乎!可不慎欤?知慎所本,则会道于一矣。

---

① 《道藏》第33册,第184页。
② 《道藏》第33册,第184页。
③ 《道藏》第33册,第184页。

舍是，则吾未知其谓学也已矣。"① 从其所谓"颓风陋俗流而不返，挽而不止，日益滋炽"的情况看来，当时道徒风尚之弊可想而知。此盖反映了元末道徒由于骄贵而日趋腐朽的现实。张宇初力图对此加以整饬，这在当时是有其积极意义的。特别值得注意的是，张宇初本系符箓派的传人，而符箓派是素以召神劾鬼著称的，但他为了整饬道教，当他在《玄问》篇中谈到经箓符法时却说："若驱劾邪魅，御除灾疠，则犹末事耳。"② 并指出做法事时的斋戒沐浴和陈列供品等，仅是为了达表诚意而已，关键是要修德。他说："鬼神无常享，享于克诚；黍稷非馨，明德惟馨。"如果意诚德修，则"虽苹蘩涧沚之微，亦可事也"；反之，如果"诚怠德亏，惟假外饰文绣，篡纡缀华，绘绮纵衡交错，务极耳目之衒，以夸世骇俗"，则虽"钟鼓玉帛"，鬼神亦不会歆享。③ 至于"道之设象"和"科范仪典之制"，亦仅"致敬竭诚之端耳，使瞻礼之顿，斯有格也"。而后之人却违背了这个宗旨，"惟声利是趋，藻黻是尚，是皆弃本逐末，舍真竞伪，又何异夫巫祝贪佞之徒，以侥口体货财之为计哉？且高其阃奥，异其蹊径，神其机缄，以惑众鼓类，使嗣之者习为侏侣，不究诸内，惟眩诸外，岂不去道远矣，尚何冀感通之谓也哉"。④ 很明显，他所说的"弃本逐末，舍真竞伪""不究诸内，惟眩诸外"等弊端，乃是针对当时符箓派的"颓风陋俗"而言的，指责他们与巫祝贪佞之徒无异，已经去道甚远。他指出，符箓各派"虽授之之异，而殊途同归，无二道也"，要求"善嗣之者，必博参而约守，以辨疑解惑而已，非徒

① 《道藏》第33册，第184页。
② 《道藏》第33册，第187页。
③ 《道藏》第33册，第187页。
④ 《道藏》第33册，第188页。

号多鸑异之谓至也"。① 所谓"约守",就是要返求诸己,诚其意,修其德,按照天人一致的要求使自己"心与天一",排除一切"物欲情垢",以期合乎"纯素之道"。他说:"法不云乎,真中有神,诚外无法。由是观之,果符咒罡诀之云哉?抑古之谓师德者,草而衣,木而食,饥饿其体肤,摧砺其身心,澡涤其气虑,物欲情垢无一毫足以溷其中、制其外也,则混乎天人一致之工,神明与居,心与天一,吾心即天也。故以天合天,不可彼天此非天,彼玄此非玄也,则感应之机其致一也,岂有一发之间哉?"又说:"所谓纯素之道,惟神是守,守而勿失,与神为一,一之精通,合于天伦,不亦宜乎?"② 他认为,如果背离天人一致之理,不能诚其意,修其德,"而汩于尘垢,流于声耀,蔽于纷华,而更相师友,若蚁慕蜂聚,而曰:'我仙也,我灵也。'非邪则妄矣,岂庄子之谓大宗师者哉?"③ 可见,他对当时包括符箓各派在内的各种"颓风陋俗"是极其深恶痛绝的,斥之为谬戾邪妄。他所倡导的以老子之说为本的修道理论,正是以匡救时弊为其出发点的。以上事实,足以证明《明史》作者所做的"张氏自正常以来无他神异,专恃符箓,祈雨驱鬼"④ 的判断,并不完全符合道教的历史实际。

综上可知,张宇初的天人一致的宇宙观和修道思想,是以道家思想为核心,将儒学特别是宋代理学与之融为一体,强调老子之道是所谓内圣外王之道,与孔孟的经世之学是完全一致的,力图把儒家所谓的"传心授道之要"和"《六经》之精微幽妙"纳

---

① 《道藏》第33册,第188页。
② 《道藏》第33册,第188页。
③ 《道藏》第33册,第188页。
④ 《明史》第25册,中华书局,1974年,第7656页。

入道家的学说之中。尽管其中不免有些牵强附会之处，但他的这种努力却反映了当时三教融合的总趋势，符合学术思想发展的潮流，在中国学术思想的发展史上有它一定的积极意义。

张宇初还从天人一致的宇宙观出发，对人性论问题也做了考察。如果说他在宇宙本源问题上还是以道家思想为主体的话，那么他在人性论问题上则更多地表现出儒家的色彩。在这里，他吸收《中庸》"天命之谓性"的命题，认为人性来源于天命，因而力主孟轲的性善说，对荀卿的性恶论和扬雄的善恶混说等进行批驳。对韩愈的《原性》，则认为虽有"发乎未见"之处，但于"理有未明"，须加以广之，于是作了《广原性》一文。其中开宗明义地便提出："古今之言性者多矣，得其本者复几人焉？"① 那么，这个所谓的性之本是什么呢？他根据《中庸》的论断，并吸收张伯端和张载关于划分"天命之性"和"气质之性"的思想，指出性之本即是"天命"，亦称"天道"，所以人性与天道本是一致的，故"知性则知天也"。认为这种来源于"天道"的"天命之性"乃"性之本然"，是"道之源"和"无不善"的，其所以有"恶"，则是由于"气质之性"所造成的。他说："子思之谓'天命之谓性'，天之命于人者为性，知率其性则谓之道，孟子之谓性善是也，人心统乎性情，本无不善，所谓天命之性也。其具仁义礼智，不假为而能也，即继之者善也。盖天之命于物为性，善所固有；其恶也，所谓气质之性也，即性相近也，由乃感于物、动于欲、蔽于习而然。"② 他认为，尽管气质之性可以习染为恶，但不影响人性的本然之善。他举例说："则其善也，犹鉴之垢、水之

---

① 《道藏》第33册，第196页。
② 《道藏》第33册，第196页。

昏，直不过太空之浮翳也，若垢净而明固存，昏澄而清固彻，其本有之善孰得而易？"① 因此他说："唯能尽其性，则物不能感，欲不能动，习不能蔽，则其至虚而灵、至清而明者，犹太空之昭昭也，又岂善恶可得而混焉？"② 所谓"尽其性"，即指穷其本然之性，使其"天命之性"不为情习所蔽。《中庸》曾说："唯天下至诚，为能尽其性；能尽其性，则能尽人之性；能尽人之性，则能尽物之性；能尽物之性，则可以赞天地之化育；可以赞天地之化育，则可以与天地参矣。"③ 朱熹注说："尽其性者，德无不实，故无人欲之私，而天命之在我者，察之由之，巨细精粗，无毫发之不尽也。人物之性，亦我之性。但以所赋形气不同，而有异耳。能尽之者，谓知之无不明而处之无不当也。"④ 张宇初亦强调："诚立而明通。明睿生矣，是为五官之统宰，百体之所从令。"⑤ 只要能够保持人性本然的灵明而不失其正，自然就可以"得乎天秩天序"，一切行动均合乎"天理"，"仁义礼智"也就"不假为而能"。他认为"扬子之谓善恶混，特情习气质之偏而已，岂天命之正也"。并批评告子和荀卿说："告子以'生之谓性'，是情之所欲所为皆性也。荀子之谓'性恶'，以'其善者伪也'，又情习气质之固，于性之正则相去远矣。"⑥ 又指出韩愈的说法也不恰当："韩子谓（性）之品三，其为性者五；情之品有三，而其所以为情者七，则天之命与者何纷纷之多也！将奚自立焉？凡出乎性者皆情也，又岂三品之拘而又加五性焉？是盖皆气质之偏耳。"⑦ 他对

---

① 《道藏》第33册，第196页。
② 《道藏》第33册，第196页。
③ 《中庸》第二十二章。
④ 〔宋〕朱熹：《四书章句集注》，中华书局，1983年，第33页。
⑤ 《道藏》第33册，第196页。
⑥ 《道藏》第33册，第196页。
⑦ 《道藏》第33册，第196页。

后来那些"有别于孟氏之言而以荀韩为似是"者更是进行极其尖锐的批评,指责他们是"何其缪妄也哉!其亦未之辨焉耳"。唯对周、程等理学家的观点则十分赞同地说:"独周子曰'性焉安焉之谓圣',程子曰'天所赋为命,物所受为性,性即理也',可谓著明矣,是足以继孟氏者周、程而已矣,其度越诸子概可见矣。"① 最后,他以理学家强调天理人欲之辨的口吻说:"天人之道一,故道之至精至粹、理之至幽至微,人之不能与天地并行而不违者,不能辨夫天理人欲之间耳,是以不能尽圣贤之心也;能尽其心,则尽性致命之道得矣。"② 又说:"圣贤知全乎天理之公,则清明纯粹之体具;愚不肖唯溺乎人欲之私,晦浊邪僻之偏固。学之者求去其蔽而复乎本有之善而已耳,故必究夫尽性致命、明善诚身之道焉。"③ 并总结性地指出:"故非造乎天人一致之工,未足尽事物本然之性也。"④ 他的这些言论,与儒家的观点基本上是一致的。孟轲早就指出:"尽其心者,知其性也;知其性,则知天也。"⑤ 朱熹注说:"程子曰:心也,性也,天也,一理也。自理而言谓之天,自禀受而言谓之性,自存诸人而言谓之心。张子曰:由太虚有天之名,由气化有道之名,合虚与气有性之名,合性与知觉有心之名。愚谓尽心知性而知天,所以造其理也。"⑥ 从以上相互对照的论述,不难看出张宇初的人性论思想的儒化程度是很深的。他在《志学说》中一再称孔子为"夫子",又在《宗濂稿序》中自谓其尝闻陆氏性理之学于彭孟悦,并从其友倪子正得琢

---

① 《道藏》第33册,第196页。
② 《道藏》第33册,第197页。
③ 《道藏》第33册,第230页。
④ 《道藏》第33册,第216页。
⑤ 《孟子·尽心上》。
⑥ 〔宋〕朱熹:《四书章句集注》,第349页。

砺讨论之益,"十余年犹一日",可见其对理学家的如此赞赏绝非偶然。

自宋元后,在中国传统思想领域中,出现人们常说的"儒、释、道"三教合流的趋向。而研究张宇初的思想,对于我们了解儒释道的相互关系、探明中国学术思想的发展规律,是有一定意义的。

(原载《社会科学研究》1992年第1期)

道教研究的回顾与展望

百年来道教研究的回顾与展望

道教是中华民族固有的传统宗教,源远流长,它在一千八百多年以前的中国神州大地诞生,并由中华传统文化的乳汁养育而成,和中国传统文化的许多领域都有血肉相连的密切关系,是中华民族传统文化的主要支柱之一。在其长期的发展过程中,曾对中国社会的政治、经济、哲学、文学、艺术、音乐、绘画、建筑、化学、医学、药物学、养生学、气功学,以及伦理道德、社会习俗、民族关系、民族心理、民族性格和民族凝聚的形成与发展等各个方面,都产生过深刻的影响,其某些影响至今在中国人的生活方式和文化构成中仍然不可忽视。因此,不深入研究道教,就不可能全面地了解中国的社会历史和中国的传统文化。鲁迅先生曾经说过"中国根柢全在道教",这是对道教在中国传统文化中的地位和作用的科学概括。下面我们打算分三个部分来介绍一下我国道教研究的过去、现在和未来:(一)历史的回顾;(二)现在的状况;(三)未来的展望。先从第一个部分谈起。

一、历史的回顾

我们这里所讲的历史,是包括从 20 世纪初开始一直到"文化大革命"的彻底结束为止,即从 1900 年开始直到 1978 年 12 月中共十一届三中全会确立改革开放的路线时为止。为参照通常的阶段划分,可以把从 20 世纪初到 1949 年中华人民共和国建立作为历史回顾的第一阶段;从 1949 年中华人民共和国建立到 1978 年"文化大革命"的彻底结束,作为历史回顾的第二阶段,这中间包含了一个"文化大革命"的特殊时期。在这个特殊时期里,社会科学方面的一切研究工作都停止了,道教的研究也不例外。所以,从道教研究的角度来看,不能把它算成一个独立的阶段,只好附在第二阶段里头附带地做一个简单交代。有的人把第一阶段称为道教研究的"萌芽"期,把第二阶段称为道教研究的"拓荒"期,把"文化大革命"的十年独立地称为"中断"期,也可做参考。但我认为,第一阶段和第二阶段不好截然划开,因为无论是第一阶段还是第二阶段,从道教研究的情况来说,都只是一个起步的时期,同属于道教研究的奠基阶段,这两个阶段的基本特点也都大致相同,所以我们把这两个阶段都放到"历史的回顾"这一个部分来谈。如果按照通常的阶段划分来看,我们也可以把第一阶段称为中国道教研究的起步奠基的初期,把第二阶段称为中国道教研究的起步奠基的后期。中国道教研究的起步时间这样长,将近八十年,表明中国道教研究的起步是非常艰难的,老是在那里踏步不前,在整个 20 世纪里它真正迈开步子正式展开研究的时间是很晚的,是最后二十年的事,在前八十年的很长时间里,我们国内对道教文化的研究工作，都未引起足够的重视。最主要的原因是由于长期以来，在学术界都存在着一种偏见，这就是把儒家文化看成中国传统文化的唯一代表，认为道教没有自己的系统理论，只不过是民间的一种迷信，是应该予以彻底消灭的。韩愈唱之于前，朱熹和之于后，由来已久，影响深远，至今还束缚着一些人的头脑。在这种学术偏见的影响下，许多人对道教都抱着一种极端鄙视的态度，对这种宗教文化简直不屑一顾。既然不去研究，对它的价值便缺乏足够的认识。所以，在过去便产生了一种很奇怪的现象，这就是我国的道教研究和西方某些国家相比，长期处于落后的状态。这时候，虽然有少数学者在这方面也做过一些研究，写过一些文章和著作，其中有些文章和著作还具有很高的学术价值，至今仍是我们研究道教文化的重要文献，但从事这项研究的人并不多。和其他有些学科如哲学、历史，甚至和佛教、基督教、伊斯兰教的情况相比，无论是就研究力量或研究成果来说，都显得非常单薄，尚未形成一支队伍，研究成果也仅是凤毛麟角。这就是从20世纪初直到1978年"文化大革命"的彻底结束的时候都是如此。

再从起步奠基第一阶段（1900—1949）的主要特点来看，这个时候仅仅是有些从事历史和哲学研究的学者，如刘师培、翁独健、汤用彤、王明、蒙文通、陈国符、陈寅恪、许地山、傅勤家等人在他们从事自己专业研究的同时，附带做一点道教文化的研究，没有一个是以道教研究为自己专业的学者。从当时的一些论著署名的情况来看，在这半个世纪里，大约仅有一百六十人左右曾经做过道教研究方面的工作。而这种研究全都是自发的、分散的，没有有组织、有计划地开展研究。从总体来看，虽然涉及许多问题，但主要集中在《道藏》源流、早期道教的历史和外丹术等几个方面。文章不多，专著更少，据粗略统计，这段时间的论文大约仅有二百篇左右，专著仅有十来部。现分类具体简介如下：

第一，在《道藏》研究方面，以刘师培的《读道藏记》最早，1911年发表于《国粹学报》第7卷第1—5期。汤用彤的《读太平经所见》，是国内对《太平经》研究的最早论文，1935年发表于《国学季刊》第5卷第1期。翁独健编的《道藏子目引得》一书，1935年由北平燕京大学哈佛燕京学社刊行，纠正了此前中西文《道藏》工具书所存在的缺点。陈国符所著《道藏源流考》，1949年初中华书局印行，对《道藏》的形成与演变，均做了详细的考证，在国内外学术界颇有影响。

对专经的注释、整理和考证方面，有胡适的《陶弘景的真诰考》，1935年发表于《蔡元培先生六十五岁论文集（下）》。王国维《长春真人西游记校注》，1937年由文展阁印行。蒙文通辑佚有《老子成玄英疏》和《老子李荣注》，并写有《校理老子成玄英疏叙录》《辑校老子李荣注跋》和《坐忘论考》《陈碧虚与陈抟学派——陈景元老子、庄子注校记附陈图南学谱》等文，刊登在1948年《图书集刊》第8期。王明撰有《论〈太平经钞〉甲部之伪》《周易参同契考证》《黄庭经考》《老子河上公章句考》，分别刊载于1948年《史语所集刊》第18本、第19本、第20本和《国立北京大学五十周年纪念论文集》。这些都是这个阶段著名的代表作。

第二，在道教史研究方面，这段时间有陈教友的《长春道教源流考》，刊登于1921—1922年《亚洲学术杂志》第2—4期。傅勤家的《道教史概论》，1933年由商务印书馆出版。傅勤家《中国道教史》，1937年由商务印书馆出版。许地山的《道教史》上编，1934年由商务印书馆印行。陈垣的《南宋初河北新道教考》，由辅仁大学1941年排印。刘鉴泉的《道教征略》，刊登于《图书集刊》1948年第7—8期。王重民编著《老子考》，1927年由北京中华图书馆协会出版。

这段时间在道教史研究方面的著名论文有陈寅恪的《天师道与滨海地域之关系》，1933年发表于《历史语言研究所集刊》第3本第4分册。吕思勉的《道教起源杂考》，1941年发表于《齐鲁学报》第2期。陈垣的《李志常之卒年》，1943年发表于《辅仁学志》第1—2期。蒙文通《晚周仙道分三派考》，1949年发表于《图书集刊》第8期。王明《论老子与道教》，1948年发表于《中央日报》文史周刊第59期。这些论文至今仍有参考价值。

第三，在道教思想的研究方面，主要有许地山的《道家思想与道教》和《道教之根本思想及其对于人生的态度》两篇论文，前者于1927年发表于《燕京学报》第2期，后者于1935年发表于《读书季刊》第1卷第2期。姚从吾的《金元全真教的民族思想及其对于人生的态度》和《金元全真教的民族思想与救世思想》，前者于1939年发表于《治史杂志》第2期，后者于1946年由四川青城山常道经书社印行。二者对道教思想评价很高。闻一多《道教的精神》，见《闻一多全集》1948年开明书店版。黄季刚《仙道平论》，1914年发表于《雅言》第1卷第2期。余逊《早期道教之政治信念》，1942年发表于《辅仁学志》第12卷第1—2期。易君左《道教教义的检讨与批判》，1943年发表于《文化先锋》第2卷第22期。

此外，还有一些民俗家们对神仙的介绍和考证。如浦江清《八仙考》，载1936年《清华学报》第11卷第1期。许道龄《玄武之起源及其蜕变》，载1947年12月《史学集刊》第5集。闻一多《神仙考》和《司命考》，见《闻一多全集》1948年开明书店版。梁绳祎《灶神的研究》，1926年发表于《东方杂志》第23卷第24期。杨堃《灶神考》，1944年发表于《汉学》第1期。罗香林《碧霞元君》，1929年发表于《民俗》第69—70卷第24期。贺次君《文昌帝君考》，1936年发表于《逸经》第9期。周国亭《唐道教考之元始天尊》，1939年发表于《经世》第47—48合期。

第四，道教音乐的研究方面，有陈国符《道乐略稿》一文，收入1949年中华书局出版的《道藏源流考》。

第五，外丹术的研究方面，有曹元宇《葛洪以前之金丹史略》一文，发表于1935年《学艺》第14期。劳干《中国丹砂之运用及其推演》，发表于1938年《历史语言研究所集刊》第7卷第4期。薛愚《道家仙药之化学观》，发表于1942年《学思》第1卷第5期。黄素封《我国炼丹术考证》，发表于1945年《中华医学杂志》第31期。1932年吴鲁强与美国麻省理工学院戴维斯（Tenney L. Davis）合作，全文翻译了《周易参同契》，又于1935年共同翻译了《抱朴子内篇》中《金丹》和《黄白》两篇。后来，陈国符又与戴维斯合作，于1941年发表了《抱朴子内篇的释滞及仙药》，1942年又发表了《介绍陈致虚的〈金丹大要〉》等文章。

第六，在内丹术和养生的研究方面，有蒋维乔于1914年出版的《因是子静坐法》。1934年他又在《青鹤杂志》第22卷第16、17期发表了《老庄之养生法》。陈撄宁于1926年著《孙不二女功内丹次第诗注》，1938年著《灵源大道歌白话注释》，1941年著《黄庭经讲义》。张松谷于1925年著《丹经指南》。丁福宝编著《静坐法精义》。杨静庵撰有《道家的延寿与长生》，载1943年《古今》第3卷第18期。

第七，在道教宫观的研究方面，有陈国符所撰的《道馆考原》和《楼观考》二文，收入1949年由中华书局出版之《道藏源流考》一书中。此外还有黄仲琴《宋神霄玉清万寿宫碑》，1930年发表于《语历所周刊》第10卷第118期。蔡守《宋神霄玉清万寿宫诏石考释》，1936年发表于《国学论衡》第5期。杨大膺《龙虎山上清宫考》，发表于1936年12月—1937年3月《光华大学半月刊》第5卷第3—6期。罗桑彭错述《北平白云观道学渊源考》，发表于1935年12月—1936年10月《正风半月刊》第1卷第24期、第2卷第1期、第3卷第1—3期。

第八，这个阶段的道教刊物主要有《扬善》半月刊和《仙学》月刊两种。前者创刊于1933年7月1日，1937年8月停刊，共出九十九期。后者又称《仙学月报》，创刊于1939年1月，1941年8月停刊，共发行三十二期。主办人为张竹铭，上海翼化堂末代堂主；主编为陈撄宁。

起步奠基的第二阶段（1950—1978），基本特点仍和前一阶段一样，从事道教研究的仍然只有一些非道教专业的学者兼搞一点道教研究的工作，其中有些学者如王明、陈国符等，是在前一阶段即曾兼搞道教研究，便成了道教研究的领头人。但即使是兼搞道教研究的学者，也不仅人数很少，形不成一支队伍，仍然是分散的和自发的，没有有组织有计划地开展这项研究工作，而且还常常受到极左思潮的干扰，把道教研究视为禁区。这个时候的道教研究状况，有点类似李清照所说的"寻寻觅觅，冷冷清清"的样子，很少受到人们的关注。和当时国外的情况相比，差距很大。以至于1968年9月在意大利佩鲁贾召开的第一次国际道教研究学术会议和1972年9月在日本长野县蓼科召开的第二次国际道教研究学术会议，在出席的各国众多代表中，都没有一个道教故乡的中国学者，在国际上流传着"道教发源在中国，研究中心在西方"的言论，这是极不正常的，不能不令人感到遗憾。这段时间虽然也出版过一些很有学术价值的著作，发表过一些很有科学水平的文章，如王明先生的《太平经合校》、汤用彤先生的关于道教史和道教经典的几篇考证文章，以及袁翰青先生关于外丹方面的几篇论文、任继愈先生主编的《中国哲学史》教科书中有关道教的一些章节，还有其他一些学者的有关文章，但总共大约仅有五十篇左右，其中专著特别少。因为时间比第一阶段要短一些（把"文化大革命"这段时间除开，一共仅有十七年），所以成果数量和第一阶段相比，还略有下降。现分类具体简介如下：

第一，在《道藏》研究方面，有王明所著《太平经合校》，1960年由中华书局出版。同时他还发表了《敦煌古写本〈太平经〉文字残页》和《〈太平经〉目录考》，对《合校》做了补充。陈国符所著《道藏源流考》，于1963年由中华书局出版增订本，除对原文做了一些修补外，还新增了《道乐考略稿》《南北朝天师道考长编》《中国外丹黄白术考论略稿》《说周易参同契与内丹外丹》四篇附录。饶宗颐《老子想尔注校笺》，1955年由香港大学出版。汤用彤《从〈一切道经〉说到武则天》，发表于1962年11月21日《光明日报》；《读道藏札记》，1964年发表于《历史研究》第3期。陈撄宁《〈老子〉五十章研究》《〈南华〉内外篇分章标旨》《论〈四库提要〉不识道家学术之全体》，1964年均发表于《道协会刊》第4期。

第二，在道教史的研究方面，内地学者只发表了几篇论文，其中有陈寅恪的《崔浩与寇谦之》，1950年发表于《岭南学报》第1期。唐长孺的《范长生与巴氏据蜀的关系》，1959年发表于《历史研究》第11期。喻青松的《老子与道教》，1962年5月25日发表于《光明日报》；《道教的起源和形成》，1963年发表于《历史研究》第5期；《中国的封建阶级同道教的关系》，1964年5

月10日发表于《人民日报》。蒙文通《道教史琐谈》，脱稿于1958年8月30日，发表于1980年《中国哲学》第四辑，应属于这个阶段的作品。

本阶段内地学者对太平道、张鲁政权以及早期道教与农民起义的关系、道教与封建统治阶级的关系等做了较多的研究。学者们争论最激烈的是《太平经》的政治思想。杨宽、侯外庐、张岂之、杨超、李学勤、徐知、袁良义等在各自的论著中肯定《太平经》的革命内容，对《太平经》做了很高的评价。戎笙、范文澜等在各自的论著中，不同意对《太平经》做过高的评价。熊德基与喻青松也就《太平经》问题展开辩论。王明在《太平经合校》的前言中也对《太平经》提出过看法。

第三，在道教思想的研究方面，有王明《试论〈阴符经〉及其唯物主义思想》，1962年发表于《哲学研究》第5期。杨向奎《论葛洪》，1961年发表于《文史哲》第1期。汤用彤《寇谦之的著作和思想》，1961年发表于《历史研究》第5期；《康复札记四则》，1961年发表于《新建设》6月号。

学术界在对《太平经》及原始道教的历史研究中，也大都涉及道教的宗教思想，这里便不一一介绍了。

第四，在外丹术的研究方面，这段时间比较重要的收获，可见于袁翰青的《中国化学史论文集》和张子高的《中国化学史稿（古代之部）》，前者于1956年由生活·读书·新知三联书店出版，后者于1964年由科学出版社出版。冯家升的《火药的发明与西传》，1954年由华东人民出版社出版；冯家升的《炼丹术的成长与西传》，载1957年由生活·读书·新知三联书店出版的《中国科学技术发明和科学技术人物论集》。王奎克的《中国炼丹术中的"金液"和华池》，刊载于1964年《科学史集刊》总第7期。袁翰青的《从〈道藏〉里的几种书看我国炼丹术》，1954年发表于《化学通报》第7期。介绍葛洪的古代化学成就的，有袁翰青《推进了炼丹术的葛洪和他底著作》，发表于1954年《化学通报》第5期。徐克明《研究化学的先驱者——记我国古代的炼丹家葛洪》，发表于1962年5月31日《工人日报》。陈曼炎《我国古代化学家葛洪》，发表于1962年8月19日《新华日报》。考察炼丹术的历史发展的，有陈国符《中国黄白术史略》，1954年发表于《化学通报》第12期。朱晟《医学上丹剂和炼丹的历史》，1956年发表于《中国医学杂志》第6期。俞慎初《祖国炼丹术与制药化学的发展》，1957年发表于《浙江中医杂志》第8期。张子高《炼丹术的发生与发展》，1960年发表于《清华大学学报》第7卷第2期。谢海洲等《有关汞及其炼丹的历史》，1963年发表于《哈尔滨中医》第3期。介绍《周易参同契》的，有袁翰青《周易参同契——世界炼丹史上最古的著作》，发表于1954年《化学通报》第8期。王占元《周易参同契的哲学思想》，发表于1961年10月13日《光明日报》。李俊甫《论中国古代炼丹书〈参同契〉》，1963年发表于《新乡师院学报》第1期。

第五，在内丹术的研究方面，主要集中在气功的理论与实践。有徐寄鹤《气功学说的探源》，1962年发表于《江苏中医杂志》第5期。刘贵珍著有《气功疗法实践》，并主编《内养功疗法》。陈涛著《气功科学常识》，杨践形著《气功自疗》和《气功哲学》。

第六，在道教医药养生的研究方面，除萧天石所著《道家养生学概要》（1963年自由出版社出版）和《道海玄微》（1974年自由出版社出版）二书是全面介绍外，其他则主要集中在葛洪、陶弘景、孙思邈等人的研究上。介绍葛洪医学思想的有江静波

《晋代大医学家葛洪》，1957年5月24日发表于《新华日报》。邝贺龄《晋代医学家葛洪对祖国医学的贡献》，1959年发表于《中医杂志》第9期。蔡景峰《晋代医学家葛洪》，1963年1月6日发表于《健康报》。介绍陶弘景的有王明《陶弘景在古代科学上的贡献》，1954年10月11日发表于《光明日报》。谢天心《我国晋代的药物学家陶弘景》，1960年发表于《哈尔滨中医》第8期。尚志钧《从〈证类本草〉所引资料看陶弘景对本草学的贡献》，1963年发表于《药物学通报》第6期。介绍孙思邈的有大雨《"药王"孙思邈》，发表于1961年8月28日《工人日报》。方昭《孙思邈——唐代伟大的医学家》，发表于1961年8月31日《北京日报》。李经纬《孙思邈在古医学上的伟大贡献》，1962年发表于《中医杂志》第2期。马堪温执笔的《唐代名医孙思邈故里调查记》，1954年发表于《中华医史杂志》第5期。

第七，在道教音乐、艺术研究方面，有杨荫浏撰写的《宗教音乐——湖南音乐普查报告附录之一》，1958年由民族音乐研究所油印，1960年音乐出版社正式出版，对湖南衡阳地区的道教音乐，进行了记谱整理和文字分析。此后，又有《苏州道教艺术集》，1957年由中国舞蹈艺术研究会油印。《扬州道教音乐介绍》，由扬州市人委文化处、扬州市文联编，1958年油印。

第八，道教研究的机构和刊物，有1961年11月成立的中国道教协会研究室，主任陈撄宁、副主任王伟业，主要搜集整理道教文献资料，研究和编写中国道教史。1962年8月《道协会刊》创刊，为教内不定期刊物，出了四期。1969年中断。

1966—1977年，是"文化大革命"时期，这个时期由于极左思潮的泛滥成灾，内地的道教研究工作完全停顿下来了，中断了十余年，这时的道教研究状况，真有点像是李清照所说的"凄凄惨惨切切"的样子，没有什么成果可言。而港台学者这段时间在道教研究方面却很有成绩，值得特别加以介绍。

第一，在《道藏》和工具书的编纂方面，台湾学者萧天石主编《道藏精华》，1965—1977年由自由出版社出了第一版，以后又不断再版。所收道书大约有八百余种，共十七集，加外集两部。美国学者苏海涵（Michael Saso）曾到台湾当道士，利用其师的资料编有《庄林续道藏》，共二十五册，分为四部，1974年由成文出版社出版。陈志滨著有《伍柳仙宗白话译》，1975年全真教出版社出版。戴长源编有《仙学辞典》和《道学辞典》，先后由真善美出版社于1962年和1971年出版。李叔还著有《道教要义问答大全》，1972年由香港青松观出版。

第二，在道教史的研究方面，台湾学者有孙克宽著《宋元道教之发展》，1965年由台中东海大学出版；《元代道教之发展》，1968年由台中东海大学出版；《寒源道论》，1977年由联经出版事业公司出版。他还写有论文《唐代道教之发展导论》，发表于1974年《中兴大学文史学报》第1期；《唐代道教与政治》，发表于1975年《大陆杂志》第5卷第2期。杜望之《儒佛道之信仰研究》，1968年由华明书局出版。杜而未《儒佛道之信仰研究》，1968年由台湾学生书局出版。周绍贤《道家与神仙》，1970年由台湾中华书局出版。陈志滨《全真仙派源流》，为1974年台大硕士论文。南怀瑾《元代全真道与中国社会》，1962年发表于《新天地》第1卷第6期。钱穆《金元统治下的新道教》，1966年发表于《人生》第31卷第3期。金中枢《论北宋末年之崇尚道教》（上、下），分别发表于《新亚学报》1966年第7卷第2期、1967年第8卷第1期。史贻辉《道教在台湾之分布与现状》，1967年发表于《南瀛学报》第12期。方永辉《唐代皇室与道教关系之研究》,1968年发表于《景风》第18、19期。李树桐《唐代的政教关系》,1967年发表于《师大学报》第12期。刘伯骥《唐代的政教史》,1974年由台湾中华书局出修订版。丁煌《唐高祖太宗对符瑞的运用及其对道教的态度》,发表于1975年《历史学报》第2号。

第三,在道教斋醮研究方面,台湾学者刘枝万撰有系列的调查报告和论文,如《桃园县龙潭乡建醮祭典》,1971年发表于《中国东亚学术研究计划委员会年报》第10期;《台北县中和乡建醮祭典》,1973年发表于《"中央研究院"民族学研究所集刊》第33期,以及1974年发表于《"中央研究院"民族学研究所专刊》之22《中国民间信仰论集》之《台北县树林镇建醮祭典》《桃园县中坜市建醮祭典》《醮祭释义》《修斋考》等,后均收入《台湾民间信仰论集》,由联经出版事业公司1983年12月出版。

第四,1977年台湾学者还创办了《道教文化》杂志,属于学术性、知识性的宗教月刊,为弘扬中华传统文化发挥了重要作用。

台湾学者的这些贡献,正好弥补大陆道教研究的一个空缺。

以上便是对中国道教研究的历史回顾。王明先生在拙编《中国道教史》四卷本的序言中说:"我国道教史研究,解放前,基础比较薄弱。解放后,起步较晚。"这是一个很确切的概括。其实,不仅道教史的研究为然,道教的其他方面的研究也是如此。道教研究的真正开展,是"文化大革命"之后进行的。这便是道教研究的现今阶段。

下面接着介绍第二个部分。

二、现在的状况

1978年12月中共召开了十一届三中全会,否定了"文化大革命",确立了改革开放路线,从这以后,情况就发生了根本性的变化,随着我国各方面的拨乱反正,各项工作蒸蒸日上,科学的春天也从此到来。道教的研究也被提到党和政府的议事日程,得到重视和支持,取得蓬勃的大发展,我国的道教研究从此便步入一个崭新的时期。有人把它称为"全面铺开"时期,我认为这是一个开拓创新的飞跃发展时期,和过去的阶段相比,已经有了一个质的变化,主要表现在以下几个方面:

第一,建立了国家专门的道教研究机构。1980年和1981年,经过政府批准,相继在四川大学建立以道教研究为主的宗教学研究所,在中国社会科学院世界宗教研究所建立道教研究室。以后在其他有些单位(如华东师范大学、厦门大学)也建立了相应的研究机构。随着这种国家的研究机构的建立,便出现了一批以道教研究为专职的研究人员,使道教研究工作从此能够有计划、有组织地开展,改变了过去仅仅是由于学者个人自发地、分散地进行研究的这种状况。因为这种状况不利于大型研究项目的开展。四川大学宗教学研究所还先后于1999年和2001年被评为全国人文社会科学的首批重点科研基地和国家级的重点学科,这是国家为推动道教研究所采取的一个重大措施,其影响是非常巨大的。

第二,道教研究的课题正式列入国家哲学社会科学的规划当中,从"六五"规划开始,每年都有增列,这些课题均由国家拨出资金予以保证,这也是史无前例的事。例如四川大学宗教学研究所所承担的《中国道教史》四卷本,就是从"六五"到"八五"的国家规划的重点课题,已经出版。我们还承担了"九五"到"十五"的国家重点课题《中国道教思想史》的研究。

第三,中国社会科学院世界宗教研究所和四川大学宗教学研究所,都先后由国务院学位委员会正式批准,成为有权授予宗教学硕士学位和博士学位的单位,都先后招收了以道教研究为专业的硕士研究生和博士研究生,一大批具有硕士和博士学位的年轻的道教研究人才正在茁壮成长,成为道教研究的生力军,其中有些人已在道教研究工作中崭露头角,成为重要的骨干研究力量。

第四,在全国各地的许多高等院校、党校、科研单位和其他工作部门,涌现了一大批积极从事道教研究的学者。他们结合自己的专业和工作,从各自熟悉的方面对道教的许多领域进行了广泛的探讨。这种兼职类型的研究人员的数量,比以道教研究为专职的研究人员的数量更多。把二者加在一起,在全国范围内,已经初步形成在宗教研究工作上的一个方面军。这个方面军和从事佛教、基督教、伊斯兰教等方面的研究力量相比,无论在数量上和质量上都还有一定的差距,但和1978年中共十一届三中全会以前的道教研究力量相比,不能不说是一个很大的进步。我相信,随着年轻一代学者的逐步成长,这个方面军将日益加强和发展。

第五,中国道教协会先后于1989年成立道教文化研究所,1990年创办中国道教学院,大力加强道教内部的人才培养和研究工作的开展。一些地方道协也展开对本地道教的研究工作。道教界和学术界相互结合,相互尊重,相互切磋,相互交流,相互学习,对于道教文化研究的深入开展会有很大的好处。在地方上,全国许多地方还建了一些道教理论研究会之类的群众性的学术组织,如湖北省道教学术研究会、泉州市市区道教文化研究会、中国鹿邑老子学会、四川省老庄学会等。这些研究会组织的建立，对于推动道教理论研究的普遍开展也有重要的意义。

第六，积极召开道教研究的各种学术研讨会，交流学术成果，活跃了学术气氛。这些研讨会有由学术单位召开的，有由道教协会召开的，也有不少是双方联合召开的；有地方性的，也有全国性的。不管是哪种情况，一般都有双方的代表参加。通过这样的学术讨论会，沟通了学术界与道教界的相互关系，增进了彼此间的相互了解，使两股力量互益互补，共同为弘扬道教文化而努力。除了内地召开的研讨会外，还多次举办海峡两岸暨香港、澳门道教文化学术研讨会和国际道教文化学术研讨会。海峡两岸的道教文化学术研讨会，有大陆方面单独召开的，有台湾方面单独召开的，也有双方共同联合召开的。所有这些研讨会，从规模来看，由开始的几十个人的规模，发展为一两百人参加的大规模的道教文化学术研讨会。随着道教研究的不断深入发展，有关道教学术研讨会的内容也更加丰富多彩。道教学术研讨会的召开，表明道教研究作为宗教学的一门分支学科，已经取得它应有的位置。同时也说明道教发源在中国，道教研究也在中国这样一个事实。这种学术研讨会举其大者约有以下各次：

1. 1987年冬，在成都举行的"道教与中国传统文化研讨会"，由《哲学研究》编辑部、四川大学宗教学研究所、四川省社会科学院哲学与文化研究所等单位联合主办。有全国各地代表约五十人参加。

2. 1989年9月，在北京举行的"道教文化研讨会"，由中国道教协会主办。到会约三十五人，以各地道教界学者为主，同时也邀请了部分教外道教研究专家参加。

3. 1990年10月，在湖北襄樊举行的"全国道家（道教）文化与当代文化建设学术研讨会",由湖北省哲学史学会、湖北省道教学术研究会、湖北省社会科学院、武汉大学哲学系等十一家联合举办。与会代表六十七人,收到论文五十一篇。

4. 1992年8月,在西安举行的"海峡两岸道家思想与道教文化研讨会",由中国社会科学院世界宗教研究所和台湾中华宗教哲学研究社联合召开。有来自海峡两岸的专家学者五十五人出席。

5. 1992年10月,在湖北武当山举行的"武当山中国道教文化学术研讨会",由中国道协道教文化研究所和武当山道教协会联合举办。有来自国内外的专家学者七十余人参加。

6. 1992年10月,在西安举行的"西安中国道教文化研讨会",由西安市道教协会、西安市八仙宫和中国道协道教文化研究所共同召开。有来自海内外的教内教外道教研究学者五十余人出席。

7. 1994年11月,在四川大学举行的"道家道教与中国文化学术研讨会",由四川大学宗教学研究所、北京大学中国哲学与中国文化研究所、香港青松观道教学院共同主办。有来自海内外、教内外学者一百五十余人出席了会议。

8. 1994年12月,在台湾中正大学召开的"海峡两岸道教文化学术研讨会",由台湾道教会长老龚群发起并自筹资金,与龚鹏程共同筹办。有两岸道教学者一百余人出席了会议。

9. 1996年8月,在北京举行的"道家文化国际学术研讨会",由北京大学哲学系与香港道教学院联合主办。有来自中外的一百五十多名代表出席。

10. 1998年8月,"庐山中国道教文化研讨会",由中国道协道教文化研究所、台北文化三清宫和庐山仙人洞合办。有海峡两岸暨香港学术界和道教界学者约五十人参加。

11. 1998年12月,在广东罗浮山黄龙观举行的"第二届国际道家文化学术研讨会",由中山大学哲学系、北京大学哲学与文化研究所、香港道教学院和中山大学文学院宗教研究所共同主办,有来自美国、日本、法国、德国、韩国、澳大利亚、荷兰、芬兰、新加坡、丹麦、奥地利、比利时、意大利和海峡两岸暨香港的中外代表一百余人参加会议。

12. 1999年3月,在台湾南华大学举行的"第二届海峡两岸道教学术研讨会",由南华大学人文学院宗教学研究中心主办。有海峡两岸道教学者一百余人参加。

13. 2000年10月,在成都召开的"庆祝四川大学宗教学研究所建所二十周年暨道教学与中国传统文化国际学术研讨会",由四川大学宗教学研究所、台湾中华大道文教基金会、洪雅县瓦屋山道教文化研究所共同召开。有来自海峡两岸暨香港、澳门和新加坡、日本、韩国、美国等教内外各地学者一百三十余人参加。

14. 2001年5月,在香港中文大学举行的"宗教与区域文化研究——华南与西南地区宗教研讨会",由香港中文大学宗教系与四川大学宗教学研究所共同举办,约有五十名学者参加。

第七,创办了关于道教研究的各种学术刊物。除中国社会科学院世界宗教研究所办的《世界宗教研究》杂志,差不多每期都刊登有道教研究的文章以外,四川大学宗教学研究所于1982年创办了以刊登道教研究文章为主的《宗教学研究》杂志,先在内部交流,出了六期;从1985年的第7期起,改为公开发行,现已成为全国核心期刊。厦门大学与台湾中华道统文化基金会联合创办了《道韵》,每年出版1—2期。另外,中国道协办有《中国道教》,上海市道协办有《上海道教》,陕西省道协办有《三秦道教》,福建省道协办有《福建道教》,河北道协办有《河北道教》,香港道教学院办有《道家文化研究》和《弘道》杂志。台湾成功大学历史系道教研究室丁煌和台南市道教会合作办有《道教学探索》杂志，龚群继续主办《道教文化》月刊。这些刊物的创办，也反映道教研究工作的蓬勃发展。

第八，出版了大批学术专著、论文集、工具书和通俗读物等书籍，估计有二百五十种左右，发表的学术论文在一千篇以上。这些著作和论文所涉的内容相当广泛，不少著作和论文均具有较高的学术价值。在这些研究成果当中，不仅有老一辈的学者以及一些已故学者如陈垣、蒙文通、王明、陈国符等人的新著和遗著，而且更大批的是中青年学者的著作。数量之大，为前两个阶段所无法比拟。从时间来说，过去的历史阶段大约是八十年，现在大约是二十年。可是从成果来说，现在这二十年则是过去八十年的十倍至二十倍。不仅在数量上不能比，就是在质量上也没法比。这也是中国道教研究进入一个崭新时期的重要标志。现在仅就我所知道的这个时期的一些著作（不包括单篇论文）择要介绍如下：

1. 在道经研究方面的著作：《道藏提要》，任继愈主编，1991年中国社会科学出版社出版。《道藏源流续考》，陈国符著，1983年香港明文书局出版社出版。《道经总论》，朱越利著，1991年辽宁教育出版社出版；《道教要籍概论》，1992年北京燕山出版社出版；《道藏分类解题》，1996年华夏出版社出版。《道教典籍百问》，丁培仁著，1996年今日中国出版社出版。《道教三字经注释》，卿希泰、郭武合著，1993年四川大学出版社出版。《道经知识宝典》，田诚阳著，1995年四川人民出版社出版。与此有关，属于藏外道书收集工作的有《藏外道书》，胡道静、陈耀庭、段文桂、林万清等主编，1992—1994年巴蜀书社出版。属于道教碑刻的有《道家金石略》，陈垣编、陈启超校补，1988年文物出版社出版。《巴蜀道教碑文集成》，黄海德主编，1997年四川人民出版社出版。属于专经研究的有《周易参同契新探》，周士一、潘启明合著，1981年湖南人民出版社出版。《老子想尔注校证》，饶宗颐著，1991年上海古籍出版社出版。《抱朴子内篇校释》，王明著，1980年中华书局出版。《无能子校注》，王明著，1981年中华书局出版。《抱朴子外篇校笺》，杨明照著，1991年中华书局出版。《悟真篇浅解》，王沐著，1990年中华书局出版。《天仙金丹心法》，松飞破译，1990年东方出版社出版。《新译养性延命录》，曾召南译注，1997年三民书局出版。《魏晋神仙道教——抱朴子内篇研究》，胡孚琛著，1984年人民出版社出版。《老子道德经河上公章句》，王卡点校，1983年中华书局出版。《老子指归》，王德有点校，1994年中华书局出版。《长生不死的探求——道德经〈真诰〉之谜》，锺来因著，1992年文汇出版社出版。《太平经研究》，王平著，1995年文津出版社出版。《太平经注释》，罗炽主编，1996年西南师范大学出版社出版。《〈太平经〉正读》，俞理明著，2001年巴蜀书社出版。《彝文〈劝善经〉译注》，马学良著，1986年中央民族学院出版社出版。《玄珠录校释》朱森溥著，1989年巴蜀书社出版。《道德经释义》，任法融著，1988年三秦出版社出版。《周易参同契释义》，任法融注释，2000年蓬瀛仙馆出版。《道德经注解》，曹震阳著，1993年大连出版社出版。《老子道德经浅解》，赵毓民、赵琳著，2002年中州古籍出版社出版。《南北斗经今注今译》，萧登福译注，1999年台湾行天宫文教基金会编印。

2. 在道教史的研究方面，属于通史性质的著作：《中国道教史》四卷本，卿希泰主编，1988、1992、1993、1995年四川人民出版社陆续出版。1996年四川人民出版社出版修订本1—4卷，1997年台湾中华道统出版社出版四卷本繁体版。《中国道教史》一卷本，任继愈主编，1990年上海人民出版社出版。《中国道教史》

二卷本，任继愈主编，2001年中国社会科学出版社出版。《道教史》，卿希泰、唐大潮合著，1994年中国社会科学出版社出版。《中华道教简史》，卿希泰、唐大潮合著，1996年台湾中华道统出版社出版。《中国道教发展史略述》，南怀瑾著，1988年老古文化事业公司出版。《中国道教发展史纲》，刘锋、臧知非著，1997年台湾文津出版社出版。《简明中国道教通史》，卿希泰著，2001年四川人民出版社出版。《中国道教简史》，唐大潮著，2001年宗教文化出版社出版。《道教史略》，卿希泰主编，2000年香港道教学院出版。《道教论稿》，王家祐著，1987年巴蜀书社出版。《中国历代名道》，多人合著，1997年吉林教育出版社出版。

属于专史性质的（包括断代史、教派史、地方道教史等）著作：《周秦两汉早期道教》，萧登福著，1998年台湾文津出版社出版。《魏晋南北朝时期的道教》，汤一介著，1988年陕西师范大学出版社和台湾东大图书公司同时出版。《南宋金元的道教》，詹石窗著，1989年上海古籍出版社出版。《当代中国道教》，李养正著，1993年中国社会科学出版社出版。《当代道教》，李养正著，2000年东方出版社出版。《道教在海外》，陈耀庭著，2001年福建人民出版社出版。《天师道》，郭树森主编，1990年上海社会科学出版社出版。《天师道史略》，张继禹著，1990年华文出版社出版。《中国龙虎山天师道》，张金涛主编，1994年江西人民出版社出版。《明代道教正一派》，庄宏谊著，1986年台湾学生书局出版。《张天师》，张泽洪著，1999年巴蜀书社出版。《天师道二十四治考》，王纯武著，1996年四川大学出版社出版。《楼观道源流考》，王士伟著，1993年陕西人民出版社出版。《全真道祖王重阳传》，郭武著，2001年蓬瀛仙馆出版。《道教全真大师丘长春》，周绍贤著，1982年台湾商务印书馆出版。《全真教与大蒙古帝室》，郑素春著，

1987年台湾学生书局出版。《明代道士张三丰考》，黄兆汉著，1988年台湾学生书局出版。《明清全真教论稿》，王志忠著，2000年巴蜀书社出版。《净明道研究》，黄小石著，1999年巴蜀书社出版。《四川道教史话》，李远国著，1985年四川人民出版社出版。《武当道教史略》，王光德、杨立志合著，1993年华文出版社出版。《长安·终南山道教史略》，樊光春著，1998年陕西人民出版社出版。《道教与云南文化——道教在云南的传播、演变及影响》，郭武著，2000年云南大学出版社出版。《瓦屋山道教文化》，李后强主编，2000年四川民族出版社出版。《香港与澳门之道教》，黄兆汉、郑炜明著，1993年香港加略山房有限公司出版。《台湾道教源流》，赖宗贤著，1999年台湾中华道统出版社出版。

3. 在道教思想和道教哲学研究方面，属于道教思想和思想史研究的著作：《中国道教思想史纲》第1、2卷，卿希泰著，1980年、1985年四川人民出版社出版。《续·中国道教思想史纲》，卿希泰著，1999年四川人民出版社出版。《魏晋神仙道教》，胡孚琛著，1989年人民出版社出版。《道教新论》，龚鹏程著，1991年台湾学生书局出版。《道教新论二集》，龚鹏程著，1998年南华管理学院出版。《道教通论——兼论道家学说》，牟钟鉴、胡孚琛、王葆玄主编，1991年齐鲁书社出版；《道学通论——道家道教仙学》，1999年社会科学文献出版社出版。《汉代道教哲学》，李刚著，1994年巴蜀书社出版。《道教哲学》，卢国龙著，1997年华夏出版社出版。《中国重玄学》，卢国龙著，1993年人民出版社出版。《道教哲学》，吕鹏志著，2000年台湾文津出版社出版。《道教与超越》，徐兆仁著，1991年中国华侨出版公司出版。《易传与道家思想》，陈鼓应著，1996年生活·读书·新知三联书店出版。《易学与道教思想关系研究》，詹石窗著，2001年厦门大学出版社出版。《易学与道教符号揭秘》，詹石窗著，2001年中国书店出版。《超越心性——20世纪中国道教文化学术论集》，张广保著，1999年中国广播电视出版社出版。《道德经的实用价值（哲学部分）》，陈霖生编著，1993年出版。《只有〈道德经〉能够救中国》，陈霖生编著，1996年聚贤馆文化有限公司出版。《葛洪论》，王利器著，1997年五南图书出版有限公司出版。《海峡两岸道教文化学术研讨会论文》上下集，龚鹏程主编，1997年台湾学生书局出版。《第二届海峡两岸道教学术研讨会论文集》1、2、3集，郑志明主编，2000年台湾宗教文化研究中心出版。《以人体为媒介的道教》，郑志明著，2000年台湾宗教文化研究中心出版。

属于三教关系研究的著作：《道教与密宗》，萧登福著，1993年台湾新文丰出版公司出版。《道教星斗符印与佛教密宗》，萧登福著，1993年台湾新文丰出版公司出版。《道教术仪与密教典籍》，萧登福著，1994年台湾新文丰出版公司出版。《道教与佛教》，萧登福著，1995年台湾东大图书股份有限公司出版。《明清之际道教"三教合一"思想论》，唐大潮著，2000年宗教文化出版社出版。

4. 在道教与中国文化研究方面的主要著作：《道教与中国传统文化》，卿希泰主编，1990年福建人民出版社出版。《道教与中国传统文化》中英文对照本，卿希泰主编，1996年台湾中华道统出版社出版。《道教文化新典》，卿希泰、詹石窗主编，1996年中华道统出版社出版（繁体版）。《道教文化新典》（简体版），卿希泰、詹石窗主编，1999年上海文艺出版社出版。《道教与中国文化》，葛兆光著，1987年上海人民出版社出版。《道教与周易》，刘国梁著，1994年北京燕山出版社出版。《道·仙·人》，陈耀庭、刘仲宇著，1992年上海社会科学出版社出版。《中国道教文化透视》，刘仲宇著，1990年学林出版社出版。《道教与诸子百家》，李养正著，1993年北京燕山出版社出版。《道教与中国社会》，李养正著，1989年中国华侨出版公司出版。《道教文化辞典》，张志哲主编，1994年江苏古籍出版社出版。《道家与民族性格》，吕锡琛著，1996年湖南大学出版社出版。《仙学评论》《仙学入门》《中国道家修养学》，田诚阳著，1997年宗教文化出版社出版。论文集：《道家和道教思想研究》，王明著，1998年中国社会科学出版社出版。《道家与传统文化研究》，王明著，1995年中国社会科学出版社出版。《道教文化新探》，卿希泰著，1988年四川人民出版社出版。《刍荛集》，卿希泰著，1997年巴蜀书社出版。《众妙之门——道教文化之谜探微》，萧萐父、罗炽主编，1991年湖南教育出版社出版。《道教文化面面观》，马西沙、王卡、卢国龙等编，1990年齐鲁书社出版。

5. 在道教伦理思想研究方面的著作，主要有《劝善成仙——道教生命伦理》，李刚著，1994年四川人民出版社出版。《汉魏两晋南北朝道教伦理论稿》，姜生著，1995年四川大学出版社出版。《宗教与人类自我控制——中国道教伦理研究》，姜生著，1996年巴蜀书社出版。《明清道教伦理及其历史流变》，姜生、郭武等著，1999年四川人民出版社出版。《道教劝善书研究》，陈霞著，1999年巴蜀书社出版。《劝善书今译》，唐大潮、曾传辉等译，1996年中国社会科学出版社出版。

6. 在道教与文学艺术和美学研究方面的著作，主要有詹石窗著《道教文学史》，1992年上海文艺出版社出版；《南宋金元道教文学研究》，2001年上海文化出版社出版；《生命灵光——道教传说与智慧》，1993年香港中华书局出版；《道教术数与文艺》，1998年台湾文津出版社出版。伍伟民与蒋见元合著《道教文学三十谈》，1993年上海社会科学出版社出版。李丰楙著《六朝隋唐仙道类小说研究》，1986年台湾学生书局出版。郑土有与陈晓勤合编《中国仙话》，1990年上海文艺出版社出版。梅新林《仙话——神人之间的魔幻世界》，1992年上海三联书店出版。罗永麟《中国仙话研究》，1993年上海文艺出版社出版。杨光文与甘绍成合著《青词碧箫——道教文学艺术》，1994年四川人民出版社出版。廖美云《唐伎研究》，1995年台湾学生书局出版。刘守华《道教与民俗文学》，1993年北京燕山出版社出版；《道教与中国民间文学》，1994年台湾文津出版社出版。黄兆汉《道教与文学》，1994年台湾学生书局出版。孙昌武《道教与唐代文学》，2001年人民文学出版社出版。锺来因《苏轼与道家道教》，1986年台湾学生书局出版。张松辉《汉魏六朝道教与文学》，1996年湖南师范大学出版社出版。张松辉《唐宋道家道教与文学》，1998年湖南师范大学出版社出版。黄世中《唐诗与道教》，1996年漓江出版社出版。尚师铎著《道家思想与汉魏文学》，2000年北京师范大学出版社出版。詹石窗《道教与戏剧》，1997年台湾文津出版社出版。高楠《道教与美学》，1989年辽宁人民出版社出版。詹石窗《道教美术史话》，1992年上海文艺出版社出版。王宜峨《道教美术史话》，1994年北京燕山出版社出版。潘显一《大美不言——道教美学思想范畴论》，1997年四川人民出版社出版。苟波《道教与神魔小说》，1999年巴蜀书社出版。

7. 在道教神仙信仰研究方面的著作：宗力与刘群合编的《中国民间诸神》，1987年河北人民出版社出版。萧登福著《汉魏六朝佛道两教之天堂地狱》，1989年台湾学生书局出版；《先秦两汉冥界及神仙思想探源》，1990年台湾文津出版社出版。冷立、范力编著《中国神仙大全》，1990年辽宁人民出版社出版。高大鹏《造化的钥匙——神仙传》，1981年台湾时报文化出版事业有限公司出版。周绍贤《道家与神仙》，1981年台湾中华书局出版。黄海德《天上人间——道教神仙谱系》，1994年四川人民出版社出版。四川大学宗教研究所编《道教神仙信仰研究》上下册，2000年台湾中华道统出版社出版。

8. 在道教外丹与科技研究方面的著作，主要有赵匡华主编的《中国古代化学史研究》，1985年北京大学出版社出版。孟乃昌《道教与中国炼丹术史》，1993年北京燕山出版社出版；《〈周易参同契〉考辨》，1993年上海古籍出版社出版。孟乃昌、孟庆轩合编《万古丹经王〈周易参同契〉三十四家注释集萃》，1993年华夏出版社出版。何丙郁著《道藏·丹方鉴源》，1980年香港大学亚洲研究中心出版。张觉人著《中国炼丹术与丹药》，1981年四川人民出版社出版。黄兆汉编纂《道藏丹药异名索引》，1989年台湾学生书局出版。金正耀《道教与科学》，1991年中国社会科学出版社出版。祝亚平《道家文化与科学》，1995年中国科学技术大学出版社出版。陈国符《中国外丹黄白法考》，1997年上海古籍出版社出版。容志毅《中国炼丹术考略》，1998年上海三联书店出版。姜生、汤伟侠主编《中国道教科学技术史》，2002年科学出版社出版。

9. 在道教内丹术研究方面的著作，主要有李远国《气功精华集》，1987年巴蜀书社出版；《道教气功养生学》，1988年四川省社会科学院出版社出版；《中国道教气功养生大全》，1991年四川辞书出版社出版。王沐编选《道教五派丹法精选》，1989年中医古籍出版社出版。陈兵《道教气功百问》，1989年今日中国出版社出版。陈永正主编《中国方术大辞典》，1991年中山大学出版社出版。董治安主编《老庄词典》，1993年山东教育出版社出版。王尔峰、晓舟编著《金丹》，1989年中国妇女出版社出版。王松龄

《中国气功的史、理、法》，1989年华夏出版社出版。王庆余《秘传道家易筋经内丹功》，1990年人民体育出版社出版。周晓云编《道家气功宝典》，1990年山西科学教育出版社出版。张荣明编著《内丹与禅定——道佛医气功典籍选解》，1991年上海文艺出版社出版。施达郎《道教内丹养生学概要》，1992年香港道教学院出版。任法融《黄帝阴符经释义》，1992年三秦出版社出版；《周易参同契释义》，1993年西北大学出版社出版。高雅峰等整理《道藏男女性命双修秘功》，1994年辽宁古籍出版社出版。杜献琛《内丹探秘》，1994年中医古籍出版社出版。郝勤《龙虎丹道——道教内丹术》，1994年四川人民出版社出版。周汝明《中国安堂山道家内功内丹术》，1994年四川科技出版社出版。宋书功编著《摄生总要与双修要集》，1995年海南国际新闻出版中心出版。戢斗勇《内丹学》，收于《国学通览》，1996年群众出版社出版。黄公伟《道教与修真秘义旨要》，1982年台湾新文丰出版社出版。南怀瑾《道家密宗与东方神秘学》，1985年老古文化事业公司出版。王沐《内丹养生功法旨要》，1990年中华书局出版。胡孚琛《道教与仙学》，1991年新华出版社出版。张广保《金元全真道内丹心性学》，1995年生活·读书·新知三联书店出版。马济人《道教与炼丹》，1997年台湾文津出版社出版。

10. 在道教医药养生与环境保护研究方面的主要著作：边治中著《中国道教秘传养生长寿术》，1987年中国建设出版社出版。陈撄宁《道教与养生》，1989年华文出版社出版。洪建林编《道家养生秘库》，1991年大连出版社出版。洪丕谟《佛道修性养生法》，1991年大连出版社出版。洪丕谟《佛道修性养生法》，1991年上海文化出版社出版。李远国《中国道教养生长寿术》，1992年四川科技出版社出版。张钦《道教炼养心理学引论》，1999年巴蜀书社出版。陈耀庭、李子微、刘仲宇合编《道家养生术》，1992年复旦大学出版社出版。李远国《道教养生法》，1993年北京燕山出版社出版。孟乃昌《道教与中国医药学》，1993年北京燕山出版社出版。朱鹤亭著《中国秘传宝典》，1994年亚洲艺术出版社出版。王庆余、旷文楠合著《道医窥秘——道教医学康复术》，1994年四川人民出版社出版。郝勤、杨光文合著《道在养生——道教长寿术》，1994年四川人民出版社出版。盖建民《道教医学导论》，1994年台湾中华道统出版社出版。盖建民《道教医学》，2001年宗教文化出版社出版。张继禹主编《道法自然与环境保护——兼论道教济世贵生思想》，1988年华夏出版社出版。

11. 在道教音乐研究方面的著作，主要有《中国武当山道教音乐》，以武汉音乐学院部分师生为主编印，1987年中国文联出版公司出版。《玉溪道人闵智亭传谱：全真正韵谱辑》，史新民、周振锡、王忠人、向思义、刘红采录、记谱、编辑，1991年中国文联出版公司出版。《中国龙虎山天师道音乐》，王忠人、向思义、刘红、史新民、周振锡采录、记谱、编辑，1993年中国文联出版公司出版。《中国道教音乐》，王纯武、甘绍成合著，1993年西南交通大学出版社出版。《武当山道教音乐研究》，曹本冶、蒲亨强著，1993年台湾商务印书馆出版。《道教与中国传统音乐》，蒲亨强著，1993年台湾文津出版社出版。《道教音乐》，周振锡、史新民、王忠人、向思义、刘红合著，1994年北京燕山出版社出版。《台湾的道教仪式与音乐》，吕锤宽著，1994年台湾学艺出版社出版。《中国道教音乐史略》，曹本冶、王忠人、甘绍成、刘红、周耘著，1996年台湾新文丰出版公司出版。《龙虎山天师道音乐研究》，曹本冶、刘红著，1996年台湾新文丰出版公司出版。《上海白云观施食科仪音乐研究》，曹本冶、朱建明著，1997年台湾新文丰出版公司出版。《巨鹿县道教法事科仪音乐研究》，袁静芳著，1997年台湾新文丰出版公司出版。《苏州道教科仪音乐研究》，刘红著，1997年台湾新文丰出版公司出版。《"崂山韵"及胶东全真道器乐研究》，詹仁忠著，1997年台湾新文丰出版公司出版。《武当韵》，王光德、王忠人、刘红、周耘、袁东艳著，1997年台湾新文丰出版公司出版。《神圣礼乐——正统道教科仪音乐》，蒲亨强著，2000年巴蜀书社出版。

12. 在道教斋醮科仪符咒法术研究方面主要著作：刘枝万日文著作《中国道教的仪式与信仰》，1983年台湾日本樱枫社出版。闵智亭著《道教仪范》，1990年中国道教学院编印；《道教仪范——中国传统仪式音乐研究计划之一》，1995年台湾新文丰出版公司出版。张泽洪《步罡踏斗——道教祭礼仪典》，1994年四川人民出版社出版。张泽洪《祭坛颤音》，1996年四川人民出版社出版。张泽洪《道教斋醮科仪研究》，1999年巴蜀书社出版。张泽洪《道教斋醮符咒仪式》，1999年巴蜀书社出版。刘晓明《中国符咒文化大观》，1995年百花洲文艺出版社出版。《符咒全书》，1982年台湾瑞成书局出版。程灵凡《珍藏符咒施法秘要》，1983年台湾武陵出版社出版。《中国道坛符咒》，1983年集安堂编印。普化真人《七星斗罡秘法》，1984年台湾武陵出版社出版。峨嵋居士《道坛作法》，1984年台湾逸群图书有限公司出版。真德大师《步罡踏斗指法全书》，1984年台湾武陵出版社出版。汪娟《敦煌礼忏仪文研究》，1998年台湾法鼓文化事业有限公司出版。闵智亭、张泽洪等人合著《道教礼仪》，2000年香港道教学院出版。王育成编著《道教法印令牌探奥》，2000年宗教文化出版社出版。

13. 在道教综合介绍与工具书编纂、资料汇编方面的主要著作：曾召南、石衍丰著《道教基础知识》，1988年四川大学出版社出版。世界宗教研究所道教室编《中国道教基础知识》，1999年宗教文化出版社出版。中国道教协会编《中国道教风貌》，1999年宗教文化出版社出版。朱越利《道教问答》，1989年华文出版社出版。李养正《道教概说》，1989年中华书局出版。李养正主编《道教手册》，1993年中州古籍出版社出版。卢国龙著《道教知识百问》，1991年台湾佛光出版社出版。郭武著《道教历史百问》，1995年今日中国出版社出版。卿希泰、唐大潮、王志忠合编《道教常识答问》，1994年江苏古籍出版社出版。卿希泰等主编《道教与道学常识》，1997年台湾中华道统出版社出版。卿希泰主编《中国道教》1—4卷，1994年上海知识出版社出版。李叔还编《道教大辞典》，1997年台湾巨流图书公司出版。杨逢时编《中国正统道教大辞典》，1985年台湾逸群图书有限公司出版。黄海德、李刚编《简明道教辞典》，1991年四川大学出版社出版。吴枫、宋一夫主编《中华道学通典》，1994年海南出版社出版。闵智亭、李养正主编《道教大辞典》，1994年华夏出版社出版。胡孚琛主编《中华道教大辞典》，1995年中国社会科学出版社出版。叶廷干编《老子索引》，1980年台湾文史哲出版社出版。朱越利、陈敏著《道教学》，2000年当代世界出版社出版。台湾历史博物馆编印《道教文物》，1999年印行。此外尚有任继愈主编《宗教辞典》道教分支学科部分，卿希泰负责，1981年上海辞书出版社出版。1998年任继愈将《宗教辞典》扩编为《宗教大辞典》，并将其中道教部分单独以《道教小辞典》名称于2000年由上海辞书出版社出版。《中国大百科全书·宗教卷》道教分支学科，卿希泰主编，1988年中国大百科全书出版社出版。1990年5月，中国大百科全书出版社又将道教分支学科部分单独以《中国大百科全书选辑·道教》的名称出版。

14. 在翻译介绍国外道教研究成果方面，主要有萧坤华所译日本洼德忠所著的《道教史》，最早在《宗教学研究》第1、3、4期连载，1987年由上海译文出版社出版。朱越利等所译日本福井康顺等监修的《道教》三卷，1990、1992年由上海古籍出版社陆续出版。蒋见元、刘凌所译法国安娜·塞德尔所著《西方道教研究史》，2000年由上海古籍出版社出版。同书又为吕鹏志等所译，由《宗教学研究》杂志连载，名为《西方道教研究编年史》。

以上所列各种著作，大约二百五十种，这仅是据我个人所知道的一个初步统计，可能会有遗漏。仅就这个数字来看，已经很可观了，平均每年新增十种以上，从内容来看，无论是在广度还是深度方面，均大大超过前面两个阶段。此外，这二十多年来所发表的有关道教研究方面的各种论文，这个数字就更大了，估计是在一千篇以上，平均每年五十篇左右。这些论文所涉及的内容比著作更为广泛，不少论文均具有相当高的学术水平，其学术价值也并不比有些著作低，但是非常抱歉，限于篇幅，这里就不能一一列举了。由此可见，这二十多年的研究成果，是前两个阶段近八十年的若干倍，不能不说是一个质的飞跃。

这里还要特别指出的是，文物出版社、上海书店和天津古籍出版社联合出版了《道藏》，巴蜀书社出版了《藏外道书》和《道藏辑要》的线装本与缩印本，这些道教丛书的出版为道教研究工作的广泛开展提供了重要条件。

以上八个方面的事实，说明改革开放以来，随着我国进入开拓创新的新时代，我国道教研究工作也和其他各项工作一样，正处在一个蓬勃向前发展的新时期：不仅有了专门的学术研究机构和专门的人才培养基地，而且有了专门的学术刊物，一支由老、中、青构成的专职与兼职相结合的研究队伍已经初步形成，并正在茁壮成长。他们借数千年深厚的学术根柢，凭前辈们近八十年的披荆斩棘，参考国外学者长期的成果积累，新老学者发愤图强，废寝忘食，突飞猛进，冲破了一道又一道的难关，开垦了一块又一块的处女地，攀登了一座又一座的高峰，取得一批又一批的成果。道教学术研究之活跃、研究内容之广泛、研究成果之丰硕，都是以往任何时候所不能比拟的，这种情况已经为国内外学术界同仁所瞩目。现在，我国道教文化研究的学者经常应邀去国外参加有关的国际学术会议，国外的许多学者也经常到中国来进修学习和参加我们召开的学术会议。我国的道教文化研究工作，在国际上已经取得应有的地位，为国家争了光，为民族争了光。展望未来，我们充满无比的信心和喜悦。当然，在前进中我们必须清醒地看到，我国的道教文化研究工作现在还仅仅是一个开始，开展道教文化研究是一项极为复杂而艰巨的系统工程，它所涉及的范围非常广泛，需要探讨的方面很多，今后要走的路还很长，任务还很重，还需要全国更多的学者来共同耕耘，特别要寄望于年轻一代学者的勤勉不息，方能取得更大的成就。下面，谈第三个部分。

三、未来的展望

对于未来，只能提出一个大致的方向，我认为，我国的道教研究今后所应努力的目标主要是在现有的基础之上，继续向纵深的方向发展。这里提几个主要的方面作为参考：一是开展交叉学科的研究，以拓宽道教文化研究的范围。当前已经起步的道教哲学、道教文学、道教伦理、道教养生、道教科技、道教音乐、道教艺术、道教美学、道教语言、道教考古、道教与少数民族关系等方面的研究，还需要继续深入下去，争取能有一些更系统更高水平的成果出来。与此同时，道教与政治、道教与儒释、道教与民俗等方面的研究也亟待开展，并争取创造出高水平的成果。道教与其他宗教的比较研究，也应当提上日程，有计划有组织地开展，这对于弘扬道教文化也是非常必要的。

二是开展地方道教史的研究。目前仅有《武当道教史略》《长安·终南山道教史略》《香港与澳门之道教》《台湾道教源流》等个别著作问世，尚待有计划地系统地开展这方面的研究工作，才能推动道教史的研究更上新台阶。

三是开展道派史的研究。这方面目前也仅有《天师道史略》《楼观道源流考》《净明道研究》等个别著作问世，许多重要道派都还缺乏系统而完整的研究成果。已着手研究的，也还有待于更加深入和提高。

四是开展道教典籍的研究和整理（包括注释、标点、译为白话）。这项研究得到国内一些出版社的重视，也出版了一些道教典籍的注释和翻译，但将其像中华书局那样系统安排列入计划的并不多，即使有系统安排的，其进展也很慢，赶不上形势发展的需要。所以，这项研究还需要加大力度。

五是开展道教教理教义的研究。这方面目前仅有一些著作和文章涉及这个问题，但还须有人专门从宗教学的角度对此进行系统而深入的研究。这种研究一方面是为了总结过去，另一方面也是为了面向未来。所以它不仅对于纠正长期以来学术界的某些人认为道教没有自己系统的教理教义这种学术偏见是必要的，而且对于引导道教如何适应当今的社会发展潮流，也有十分重要的意义。

六是有计划有系统地翻译出版国外有关道教研究的优秀成果。这虽然是一种带有资料性质的基础工作，但却是开展道教研究的一项十分重要而不可或缺的方面。这是因为道教研究在国际上早就是一个"热门"，如在日本和法国都有上百年的研究历史，其研究的学者目前已是第五代，美、英、德等国也在急起直追。它们从事道教研究的人很多，出的成果也不少。而且它们很注重资料的收集和积累，我们的许多重要研究成果都被它们所掌握和借鉴。相反，它们的一些重要成果我们翻译过来的则很少，这些年来，只有萧坤华、朱越利等人做过一些工作，但远远赶不上形势发展的需要，不抓紧做好这项工作，对我们的道教文化研究工作的深入开展是不利的。所以，这项工作在当前也亟待进行。

另一方面，有计划有系统地将我国有关道教研究的一些重要著作翻译成外文介绍出去，这对于中外学者相互进行学术交流，互相学习，共同提高道教文化研究水平，也是非常必要的。目前只有俞检身（David C. Yu）教授翻译了我所主编的四卷本《中国道教史》的第一卷，已于2000年由美国大学出版社出版，尽管它在封面上和版权页上都没有写原作者的名字，从保护知识产权来说这种做法是不太恰当的，但这毕竟是一个好的开头。我们还希望有更多的人来从事这项工作，以利于中外学者共同来为弘扬道教文化而努力。

以上介绍，如有不妥之处，欢迎批评指正。

参考文献：

1. 杨光文辑：《全国部分报刊道教论文索引》（1905—1983），载1984年《四川大学学报丛刊》第25辑《宗教研究论集》。

2. 朱越利：《三十七年来的道教学研究》，载《中国文化与中国哲学》，生活·读书·新知三联书店,1988年8月第1版。

3. 卿希泰：《十年来道教研究的回顾与展望》，载《宗教学研究》1988年第4期。

4. 卿希泰：《二十年来道教文化研究的回顾与展望》，载《高校社会科学研究和理论教学》1998年第11、12期。

5. 卿希泰：《我国道教研究的现状》，载《刍荛集·道学篇》，1997年，巴蜀书社。

6. 卿希泰主编：《中国道教史》第四卷有关章节，1995年，四川人民出版社。

7. 王卡：《道藏及道经整理》，《中国宗教研究年鉴·1996》。

8. 张泽洪：《道教斋醮科仪研究》，《中国宗教研究年鉴·1996》。

9. 李刚、尹志华：《道教思想史研究》，《中国宗教研究年鉴·1996》。

10. 唐大潮、申喜萍：《中国道教史研究》，《中国宗教研究年鉴·1996》。

11. 于光：《十年来我国道教学术会议活动综述》，《中国宗教研究年鉴·1996》。

12. 陈敏：《20世纪中国道教学研究》，《中国宗教研究年鉴·1997—1998》。

13. 吕鹏志：《20世纪中国道教哲学研究》，《中国宗教研究年鉴·1997—1998》。

14. 张泽洪：《百年道教科仪研究》，《中国宗教研究年鉴·1997—1998》。

15. 周冶：《20世纪道教工具书编纂情况综述》，《中国宗教研究年鉴·1999—2000》。

16. 张松辉、逯爱英：《道教文学研究》，《中国宗教研究年鉴·1999—2000》。

17. 蒲亨强：《20世纪的道教音乐研究》，《中国宗教研究年鉴·1999—2000》。

18. 盖建民：《道教与科技研究百年回顾与展望》，《中国宗教研究年鉴·1999—2000》。

19. 丁培仁：《1996—2000 年国内道教研究成果综述》，《社会科学研究》2002 年第 1 期。

20. 黄夏年：《2000 年我国道教研究综述》，《宗教》2002 年第 2 期。

21. 郑志明：《台湾四十年来道家与道教的研究简介》，《道家思想文化——海峡两岸道教思想与道教文化研究会论文集》，1994 年，宗教哲学社。

（原载《2001—2002 中国宗教研究年鉴》，宗教文化出版社，2003 年 11 月）

我和道教文化研究

一

我于1928年出生在四川省三台与射洪两县之交万全山麓的一个偏僻乡村，周围一二十里地没有一所小学。四岁便开始上私塾，启蒙老师就是我的父亲。从三字一句的《三字经》念起，然后读四字一句的《史鉴辑要》《文昌孝经》，继而读《声律启蒙》《孝经》和四书、五经等。早晨、上午和晚上读"生书"，下午背"温书"，然后是听讲、习字、联句、作对联等。每年农历正月十六日即开学，读到农忙时便停学放假和大人们一道参加一些田间劳动。到1939年冬天，五经快读完的时候，父亲即因病去世了。1940年春，家兄送我到射洪县太乙乡上小学，从高五读起。第二年秋天，便以同等学力考入射洪县太和镇初级中学。

在初中阶段，我对新旧文学产生了浓厚兴趣，除课堂学习外，自学了不少新旧文学著作，并试写过一些诗歌、小说和其他各类作品，有文言体，也有白话体。其中有些作品如小说《爱·恨·悔》《XY传》和纪事散文《射洪城北金华山露营记》等，曾获得过老师的好评，并以壁报形式在全校发表。我们的老师，很多是从东北和华北流亡入川的知识分子，他们经常流露的国破家亡之恨，对我们的思想发展也颇有影响。

1944年秋，我便考入当时非常有名的成都树德中学高中部，在这三年时间里，一直都是著名学者庞石帚教授教我们的"国文""中国文学史"和"作文"等课程，"国文"课本就是《经史百家杂钞》。庞先生的学识和人品，深深地感染着我。由于他不太喜欢评阅学生的白话文，所以他出的作文题往往都比较适合于用文言写作，因而在这三年里，我的作文全是用文言写成，其中如《儒以诗礼发冢论》等也曾受到庞先生的好评。当时为我们讲授中国史课程的著名学者罗孟祯教授，以其渊博的学识和雄辩的口才吸引着我们，他的每次讲课都像一场极其生动的学术讲演，有声有色，引人入胜。所以他对我的读书倾向也有很深的影响。就这样，在高中阶段，我的兴趣便逐步集中在文史，特别是中国哲学方面。

1947年秋，我考入了四川大学法律系司法组，进校不久，即投入当时如火如荼的学生民主运动潮流中去，并与一些志趣相投的同学创办了"南北社"（取鲁迅"南腔北调"为名），结合运动的需要出版壁报，曾写过一些杂文如《论清高》《负起"五四"的时代使命》等等之类。随后又加入地下党领导的革命青年组织"中国火星社"，并任四川大学分社社长。解放初曾参加接管四川大学的工作。1951年6月在川大毕业后，即留校任法律系秘书兼助教。1952年被保送到中国人民大学哲学研究生班学习，1954年毕业后又回到四川大学任马列教研室秘书和讲师。从此以后，便一直是学校的一名"双肩挑"干部，即一面从事哲学的教学和研究，一面又担负着一些行政工作。1958年在担任全校公共哲学课的讲授同时，又担任生物系总支书记，并与系主任一起创办了生物物理、生物化学、微生物等新专业，改变了当时生物系的专业结构。1959年负责创建哲学系，任总支书记兼副系主任、副教授。该系的建立，填补了西南地区哲学教育的空白，为国家培养了大批哲学教学和科研人才及党政干部。1980年负责创建宗教学研究所，任所长、教授；现任该所名誉所长、教授、博士研究生导师，同时还担任中国宗教学会副会长、全国宗教学学科规划组副组长、全国高校首届哲学学科教学指导委员会会员、四川省首届哲学学科学术带头人等社会兼职。

二

我在科学研究的道路上，是经历了反复波折之后，才转入道教文化研究的轨道而迈步前进的。

20世纪50年代中期，我在四川大学担任全校公共课"辩证唯物主义与历史唯物主义"的讲授工作，当时使用的教材是从苏联翻译过来的，在体系上是把唯物主义、辩证法和历史唯物主义机械地分为三块。我在教学过程中，试图以唯物辩证法，特别是以对立统一规律为核心把这三个部分贯穿起来，使之成为一个有机的整体。根据这个构想，我计划写一系列小丛书。开始写出的第一本叫作《物质与意识》，从四个方面论述了物质与意识之间的对立和统一及其相互转化的辩证关系，并与主客观唯心论、不可知论、庸俗唯物论和机械唯物论划清界限，共约二十万字，交给省里的一个出版社，已经通过层层的审批手续，交到印刷厂即将付印了，却由于该社开展政治运动而中途停止。这项计划的第一步即受挫，也就无心再走第二步了。经过这次波折之后，50年代末和60年代初我便转向思想方法论和明清之际启蒙思想的探讨，前者以阐发"两点论"为中心，后者以研究唐甄思想为重点，均写过一些文章。不久，即受到极左思潮的严重干扰，在"四清"和"文化大革命"中，我吃尽了苦头，被迫中断下来，所有的文稿和资料不是被查抄，就是付之一炬。从这次波折中所得到的教训就更为深刻了。"文革"后期，我在劳动之余，偷闲阅读了一些马列主义和中国哲学史方面的书籍，对我过去的研究工作进行了反省，对今后应走的路子也做了思考。我感到，就中国传统文化来说，儒、释、道本来是三大支柱，但我们过去对中国哲学史的研究，基本上仅局限于儒家，对释道两家，特别是对道教思想的研究非常薄弱，以至于对中国传统哲学的认识往往带有片面性，不能全面地了解中国的传统哲学及其发展规律，这对于我们正确地总结历史经验和建设有中国特色的社会主义新文化，都是不利的。再者，道教本来是中国固有的传统宗教，可是长期以来，由于国内研究的人不多，成果很少，而国外却是一个"热门"，研究的人甚多，成果也不少，以致1968年9月在意大利佩鲁贾召开的第一次国际道教学术会议和1972年9月在日本长野县蓼科召开的第二次国际道教学术研讨会议中，出席的各国众多代表没有一个道教故乡——中国的学者。这是极不正常的，与我们国家的国际学术地位也是不相称的，实在令人感到有些遗憾。作为一名中国学者，对此情况，不能不痛下决心，拿出自己高质量的研究成果来，为国家争光，为民族争光。恰好这时中国社会科学院世界宗教研究所的一位负责同志来信，建议我承担道教研究的任务。由于有了前面的思想认识，我便欣然接受了这个建议。

开辟一个新的学术研究领域，所面临的种种困难是不言而喻的，道教文化的研究也不例外。这项研究所涉及的知识面很广，且头绪繁多，需要阅读的图书资料浩如烟海，而且其中精华与糟粕杂陈，科学与谬误交织，难于鉴别。不少道书，其作者和出现的时代均难以考定，而过去积累下来的研究成果不多，可资借鉴的东西很少，许多事情都要从头做起，特别是当时四川大学图书馆还没有一部完整的《道藏》，有时为了查阅一个资料，还要跑省图书馆或四川师大图书馆。工作条件既艰苦，有时还要遭到一些不了解此项研究重大意义之人的误解或白眼。但这一切都从来没有使我的思想产生动摇，既然方向已定，就要坚定不移地走下去。当时我就是这样地鼓足勇气，迎着困难，披荆斩棘，争分夺秒，夜以继日，默默无闻地在浩瀚的书海中耕耘着。

  花开花落，春去秋来，我的研究成果终于陆续问世，我的研究工作也得到有关领导的支持，并迎来一批志同道合的同志，和我一起创建了一个研究所。这样，研究力量大大地增强了，条件也有了很大改善。于是，国家级和省部级的重点科研项目、国际资助的科研项目，一个一个地接踵而来，研究成果也一本接一本地出版，并多次获得国家级和省部级的优秀科研著作一、二等奖。宗教学被评为四川省首批重点学科，先后被国务院学位委员会批准为宗教学硕士学位和博士学位的授权点，且是全国高校首批宗教学博士点。宗教学专业毕业的研究生一批接一批地从这里培养出来，走上国家需要的工作岗位，不少人已晋升为教授甚至博士生导师，成为本学科研究领域的学术骨干。此外，日本、美国、德国、加拿大、意大利、瑞典等国家不断派遣学者前来学习和进修，我们也先后应邀去日本、德国、新加坡、韩国、加拿大等国家访问讲学或参加道教国际学术会议，许多国家的研究机构和学者都与我们有学术交流关系。港、台地区也不断有人前来攻读学位，我们和这些地区的学术交往也日益频繁。我们的研究所在国内外学术界都获得了很高的声誉。如日本著名学者中村璋八教授于1987年12月和1988年4月先后撰文说："四川大学宗教研究所，不仅是中国而且也是世界最高水准的道教研究机构，其所长卿希泰教授的《中国道教思想史纲》等众多著作，也一样是中国道教研究的最高权威，就在日本也享有崇高的威望。"国际上的这种评价，从我个人来说，实在是愧不敢当的，但对于我们国家和民族来说，则是令人欣慰的。表明经过这些年来各方面的努力，我们的道教研究在国际上已受到同行学者的称赞，为我们的国家和民族在这个方面争得一定的荣誉。1999年12月，在建所二十周年的前夕，我们的研究所被正式评为全国人文社会科学的首批重点学科研究基地，这是对我们所二十年来各项工作的充分肯定，也是对我们二十年来战斗历程的一个很好总结。

三

在我刚开始从事道教文化研究的时候，这个领域在那时的我国基本上还是属于一片亟待开垦的处女地，带有拓荒的性质，因此，在研究过程中常常会遇到许多学术难题。比如说，道教发展的历史有没有自己的客观规律，这便是研究道教史的时候首先必须回答的一个重要问题。只有正确地解决了这个问题，才能使道教史的研究建立在科学的基础上，否则，就将是一笔杂乱无章的糊涂账，其他许多问题的科学认识就无从谈起。

但是，要正确地解决这个问题，并不是很容易的。首先，关于道教的起源，历来即众说纷纭，莫衷一是。在张陵创教的时候，奉老子为开教之祖，以其五千文为圣典，使其徒都习，遂有道教起源于老子的说法。《魏书·释老志》便说:"道家之原,出于老子。"这里所说的道家,指的就是道教。在过去,主张这一说法者甚多。其实,这一说法最初不过是道教徒的依托,并不符合事实。随后道教徒为与佛教相抗衡,又另外臆造了许多关于道教起源的说法,并抬出一些祖师驾临于老子之上,时间愈推愈远,乃至提出道教的起源远在天地之先的渺茫时代。《隋书·经籍志》即采用此说。我认为所有这些说法都是不可靠的。我在开始研究道教史的时候,便根据辩证唯物主义与历史唯物主义的基本原理提出:"一种宗教的产生,总有它的社会历史根源和思想根源。因此,要了解道教的起源,就必须分析它之所以产生的社会历史条件和思想渊源。"(《中国道教思想史纲》第一卷,四川人民出版社,1980年9月,第32页。)于是我便从探讨秦汉时期客观的社会历史条件着手,根据大量第一手历史材料具体地分析了当时的社会基本矛盾,以及政治和经济等各方面的实际状况,从而阐明了道教赖以产生的气候和土壤,回答了道教为什么会在东汉中后期产生的问题。并指出,仅有这种产生道教的气候和土壤,没有产生道教的种子,道教也不可能无缘无故地产生。道教既是中华民族固有的传统宗教,它的种子来源,便只能从中国固有的传统文化中去寻找。为了弄清这个问题,我便进一步探讨了道教产生的思想渊源及其孕育过程,又根据大量原始资料具体论证了道教在创建和形成过程中,吸收古代许多的传统文化,如先秦道家和秦汉之际的黄老思想、儒家的伦理纲常思想、墨家思想、《易》学和阴阳五行思想、谶纬之学、神仙思想,以及巫术和神仙方术等,在中国古代宗教信仰的基础上,沿袭方仙道和黄老道的某些宗教观念和修持方法逐步孕育而成;阐明了道教的产生乃是中国传统文化直接孕育的结果。而且指出,它的产生与世界三大宗教的情况有所不同,它并不是由某个教主在短时期内创建的,从它的孕育到最后形成,还经历了一个从方仙道到黄老道的长期酝酿过程,到东汉顺、桓之际,道教方正式诞生。所以,道教是中国社会历史自身发展的产物,它在东汉中后期的产生并不是偶然的,而是合乎历史发展的规律的。从而把对道教起源问题的认识,引导到对社会历史做客观分析的基础之上,而不是凭主观的臆造。

其次,对道教发展史如何分期,更是一个涉及对道教发生、发展和演变的客观规律如何认识的重大问题。迄今为止,许多道教史的著作,都是按王朝的变更来划分道教发展的历史。这种划分的方法并不是科学的,尽管道教发展的历史是与古代社会的历史进程交织在一起的,并且受古代社会的政治和经济的很大制约,因此绝对不能脱离古代社会的政治经济等基本状况来孤立地考察道教发展的历史,但道教作为一种宗教,它一经产生之后,也有其本身相对独立的发展和演变的客观规律。道教史的分期,就应当既考虑到古代社会的政治经济对道教发展的制约,又应当如实地反映道教发展过程中各个不同阶段的不同特点和状况,从而揭示其发展和演变的规律性。在过去,也有一些学者在这个方面做过一些探讨,为我们提供了一些很宝贵的参考资料。例如,傅勤家先生所写的《中国道教史》一书在第二章中就介绍了"外国人对于道教史之分期",认为只有日本学者常盘大定先生《道教发达史概说》关于道教历史的分期"较为周到"。据介绍,常盘将整个道教发展史分为五期:

第一期,开教时代,此指后汉张陵开立天师道时代(142)至东晋末(419),凡二百七十七年。

第二期,教会组织时代,此指南朝刘宋开运(420),到南北朝之末(589),凡一百六十九年。

第三期,教理研究时代,自隋至五代(581—959),凡三百七十八年。其中,又以唐玄宗为中心,分为前后两期。前期,从隋开始(581),到唐天宝十四年(755),凡一百七十四年;后期,从唐肃宗至德元年(756)开始,至五代末(960)为止,凡二百零四年。

第四期,教权确立时代,自北宋太祖建隆元年(960)开始,至明万历三十五年(1607)为止,凡六百四十七年。又分为前、中、后三期。前期,为北宋时代(960—1126),凡一百六十六年;中期,为南宋(1127)至元世祖至元三十一年(1294),凡一百六十七年;后期,自元成宗元贞元年(1295)至明神宗万历三十五年(1607),凡三百一十二年。

第五期,继承退化时代,自明万历三十六年(1608)到民国(1949),凡三百四十一年。

常盘先生对道教发展史的这个分期,是完全打破王朝体系的框框、力图反映道教发展过程中不同时期的不同特点的大胆尝试,确有它一定的合理性。但又暴露出一种倾向掩盖着的另一种倾向,即完全脱离古代社会政治经济的制约,特别是道教与统治阶级之间的复杂关系来孤立地抽象地考察道教的历史,因而对道教本身发展和演变的客观规律的认识便不够清楚,对道教发展过程中各个时期的基本特点就抓得不准,所以对时期的划分也就不太科学,说明不了道教本身发展和演变的规律性。例如,道教的教团组织,是在汉代张陵创教时就建立了的,而不是在南北朝的时候才有教团组织。教区的建立、教理教义和科仪教戒的制订等,在三张时候也都开始,只不过那时候的道教主要是在民间流传,并且被农民起义者所利用。不能说开教时代没有教团组织。在魏晋南北朝的时候,道教内部就开始分化,一部分向上层化的方向发展,接受统治阶级的利用和改造，葛洪、寇谦之、陆修静、陶弘景等人是往这个方向发展的代表人物。经过他们改造后的道教，就是为统治阶级服务的上层化的士族贵族道教。上清派和灵宝派的出现，便是这种组织分裂的标志。与此同时，代表下层群众利益的民间通俗形式的道教，在这段时间仍很活跃，并且仍然和各地农民起义相结合，进行反对统治阶级的斗争。所以，不能把南北朝独立出来并以"教会组织"来说明道教在南北朝时候的特点。隋唐五代，道教的教理教义是有很大的发展，但道教在其他方面，如道士的人数、宫观的数量和规模等同样都有很大的发展，道士的社会地位也有空前的提高，仅仅说是"教理研究"，也不能概括这个时代的特点。且教理的研究，在这之前和在这之后均在进行，不只是在隋唐五代时候才有教理的研究。至于说两宋到明代万历三十五年是"教权确立"的时代，这个"教权确立"的具体含意更不知所指为何，这个"教权"也不知是就什么而言。道教从产生以来，即有不同的派别，特别是南宋以后，更是宗派纷起，各派之间从来就没有建立一个统一的组织，因而也就没有确立一个统一的"教权"。至于从道教与统治者的关系而言，道教从来就处于被支配的地位，它只能为统治者服务，不可能"确立"凌驾统治者"皇权"之上的"教权"。明中叶以后到民国，道教处于逐渐衰落当中，其上层地位日益下降，而在民间的活动则很活跃。这个情况，不能称之为"退化"。"退化"就意味着变质。但实际上，这个时候道教的基本信仰和基本特征仍然保持，它的宗教本质并未蜕变。正因为如此，所以道教在中华人民共和国建立后又获得了新生。

尽管常盘大定先生所提出的道教发展史的分期有不够科学的地方，但他毕竟是最早打破王朝体系、力图按照道教本身发展的实际状况来分期的学者,所以其影响比较大。首先是傅勤家先生即对此做了充分的肯定和全盘接受,没有提出任何异议。范寿康先生《中国哲学史通论》一书,对道教发展的分期亦基本上采用此说。我在研究道教史的时候,也认真研究了常盘先生对道教史的分期,从中汲取智慧。但我并没有以此为满足,而是以辩证唯物主义与历史唯物主义的基本原则为指导,认真研究各个时代的社会历史背景和科学文化背景,特别是联系道教与当时统治阶级的复杂关系,全面地考察道教发生、发展和演变的客观规律。在此基础上,然后以常盘大定先生的分期为借鉴,将道教从产生时起到中华人民共和国建立的历史分为四个时期,即(1)汉魏两晋南北朝为道教的创建和改造时期,其主要特点是张陵、张角等人创建的民间的比较原始的早期道教,经过统治阶级镇压与利用改造相结合的两手政策便逐渐分化,一部分向上层化的方向发展,使与当时的农民起义相结合的民间早期道教逐步被改造,并转化为上层化的为维护专制统治服务的士族贵族道教;另一部分则仍在民间继续流传,并继续坚持反对统治者的斗争。(2)隋唐五代北宋为道教的兴盛和发展时期,其主要特点是道教在经过改造之后,便一直受到统治者的大力扶植,社会地位大为提高,道士人数大增,道教组织更加强大。道教宫观不仅遍布全国,而且规模日益壮观。道教学者辈出,道书数量大增,道教理论空前繁荣,并在各道派间形成了以茅山宗为主流的局面。(3)南宋金元至明代中叶为道教内部的宗派纷起和继续发展时期,其主要特点是因出现了南宋偏安,形成与金、元南北对峙,民族矛盾异常尖锐。在这种形势下,道教内部也随之宗派纷起,互争教会的领导权,对原有道教进行改革。元代统一以后,逐步融合为全真与正一两大派,从而形成与上一阶段显著不同的特点。(4)明中叶以后至民国为道教的逐步衰落时期，其主要特点是明中叶以后，随着资本主义因素的萌芽，专制社会便进入它的衰落时期。作为其社会意识形态之一的道教，也随之逐步走向衰落。中华人民共和国建立后，道教从衰落的困境中走出来获得了新生，道教历史从此翻开崭新的一页，进入另一个崭新的历史时期。拙编《中国道教史》的分卷和章节安排，即是以此为准则的，尽可能从内容到结构均体现道教本身发生、发展和演变的客观规律性，并将宏观研究与微观考察相结合，史与论相结合，对道教为什么在东汉时候产生和怎样产生，在魏晋南北朝时候为什么分化和怎样分化，在隋唐北宋为什么兴盛，特别是道教理论在这时候为什么会大发展，南宋以后道教内部为什么宗派纷起，明中叶以后道教为什么走向衰落，中华人民共和国建立后道教为什么走向新生等，均联系当时的社会政治经济状况给予合乎历史发展规律的正确解释；对一些道教派别的产生和它们的分与合，对道教教理教义和修炼方术的变革，以及道教与儒释之间的相互关系等，均实事求是地按照它们的本来面目予以正确的分析和考察，从而把悬挂在天国的宗教问题还原为现实的社会政治问题，揭示它自身的规律性，"创立了道教史研究的框架体系"，并给道教史的研究奠定科学的基础。以任继愈先生为组长的全国同行知名学者所组成的项目结题鉴定组在"专家评审意见"中，均一致肯定了本书"对具有一千八百多年历史的中国道教的产生、发展和演变做了全面勾勒，对道教发展史做了科学分期"，并认为本书"不仅填补了国内学术研究的空白，且在国际道教学术研究界亦产生了重大影响"。

由于长期以来，在国内外都流行着一种模糊观念，似乎儒家文化就可以代表整个中国传统文化，一说到中国传统文化，大家都把注意力集中在儒家文化的身上。这种观念虽然由来已久，但却并不符合中国的历史实际,而且在学术上往往带来一些非常片面的看法,阻碍了我们全面地了解中国学术文化的历史及其发展规律,因而是一种非常有害的学术偏见。不对这种学术偏见提出挑战,则开展道教文化研究的必要性也不会被人们所理解。为此,道教在中国传统文化中的地位和作用以及研究中国道教史的重要意义问题,也是多年来本人十分关注的重要学术问题。围绕这个问题,我发表过一些专门的文章,我所编著出版的一些学术专著也对这个问题有所阐述。我反复指出,要正确认识道教在中国传统文化中的地位,就应当从两个方面来进行探讨,一方面是道教对所有的传统文化几乎都采取兼收并蓄的态度,它能融摄百家,像海纳百川一样,具有极大的包容性,没有儒家那种视自己为正统、别人为异端邪说的排他性。马端临称它是"杂而多端"。唯其如此,所以许多古代的文化思想都汇集在道教文化之中,并借道教的经典保存下来,得以流传至今。另一方面,是道教在长期发展过程中,又对中国古代社会的政治、经济、哲学、文学、艺术、音乐、建筑、化学、医学、药物学、养生学、气功学,以及伦理道德和民俗、民族关系、民族心理、民族性格与民族凝聚力的形成和发展等各个方面都产生过巨大而复杂的辐射作用,留下它的深刻影响。其某些影响至今在中国人的生活方式和文化构成中仍然不可忽视。鲁迅先生在1918年8月20日《致许寿裳》的信中曾提出"中国根柢全在道教"的论断,这便是对道教在中国传统文化中的地位的科学说明。因此,"为了很好地整理中国古代文化遗产,弄清中国的'根柢',以便为社会主义两个文明建设服务,全面而系统地研究中国道教史,是很有必要的"(《中国道教史》第一卷,四川人民出版社,1988年4月,第14页)。这种看法,近年来已为学术界许多学者所接受。以任继愈先生为组长的《中国道教史》结题鉴定组在"专家评审意见"中,也肯定本书正确地阐明了"道教在中国传统文化中应占的地位","并从理论上阐述了研究道教的意义"。

开展道教文化研究,是一项极其复杂而艰巨的系统工程,它涉及的范围非常广泛,需要研讨的方面很多,我们现在仅仅是做了一点基础性的工作,可说是万里长征的第一步,今后要走的路还很长,任务还很重,还需要更多的同志共同的努力,特别是要寄希望于年轻一代学者的勤勉不息,方能取得更大的成就。今后努力的方向,主要是在现有的基础上,把这项研究继续推向纵深的发展。一是开展交叉学科的研究,以拓宽道教文化研究的范围。当前已经起步的道教哲学、道教文学、道教伦理、道教养生、道教音乐、道教艺术、道教美学、道教语言、道教考古、道教与少数民族关系等方面的研究,还须要继续深入下去,争取能有一些更系统、水平更高的成果出来。与此同时,道教与政治、道教与中国古代科学技术等方面的研究也亟待开展,并争取创造出高水平的成果。二是开展地方道教史的研究。目前仅有《武当道教史略》《香港与澳门之道教》等个别著作问世,尚待有计划地系统地开展这方面的研究工作,才能推动道教史的研究更上新台阶。三是开展道派史的研究。这个方面目前也仅有《天师道史略》等个别著作,许多重要的道派都还缺乏系统而完整的研究成果。四是开展道教典籍的研究。这项研究中华书局编辑部非常重视,早就拟订了一个《道教典籍选刊》的整理出版计划,并已出版了一些很有质量的著作,但目前似乎进展稍慢,赶不上形势的需要,也许是与道经研究的难度较大有关。台湾三民书局也出版了几本道教典籍的注释,亦有可观,但它并没有对此进行系统的安排。所以,这项研究也还须加大力度。五是有计划有系统地翻译出版国外有关道教研究的优秀成果。这虽是一种带资料性的基础工作,但却是开展道教研究一个十分重要而不可或缺的方面。因为道教研究在国际上早就是一个"热门",它们开展得比我们早,在日本和法国都已有上百年的历史,其研究的学者今天已是第五代,美、英、德等国也在急起直追。它们从事道教研究的人很多,出的成果也不少。而且它们很注重资料的收集和积累,我们的许多重要研究成果都被它们所掌握和借鉴,相反,它们的一些重要成果我们翻译过来的则很少。这对我们的道教文化研究工作的深入开展是很不利的。所以,这项工作在当前也亟待进行。

总而言之,我国的道教文化研究,正如王明先生在《中国道教史》的序言中所说:"解放前,基础比较薄弱。解放后,起步较晚。"在"十年动乱"之后,才把这项研究工作提到议事日程,正式列入国家的哲学社会科学研究规划。因此,从总体上看,道教文化领域的许多方面至今仍是一片亟待开垦的处女地。每一个有志于献身此项事业的学者,都会拥有非常广阔的天地。只要选择一个适合于自己的研究方向,采取正确的研究方法,以"衣带渐宽终不悔,为伊消得人憔悴"的专一精神,坚定不移地钻研下去,就一定会取得很好的成就。

说到这里,根据我个人的体会,还有必要专就方法论的问题再补充几句。这些年来,我深深地感到,要在道教文化这样一种极其复杂的学术领域进行科学研究,方法论的问题显得特别重要。没有一个正确的方法作指导,在如此复杂的问题面前,就有可能沉没在浩瀚的文献故纸的海洋里,迷失方向;只有依靠正确的方法作指导,才能帮助我们走上正确的道路。在这里,最正确最根本的方法就是唯物辩证的方法,"两点论"的方法。它是我们进行道教文化研究的最好工具和最锐利的武器,是我们经常要使用的

"望远镜"和"显微镜"。只有很好地掌握它、运用它,才能使我们在复杂的事物面前,按照事物的本来面目去认识它们,"从迷离混沌的状态中发现规律性",否则就很难取得什么成就。这也是我多年来反复阐述过的一个问题,愿将这点个人体会奉献给有志于道教文化研究的年轻学者以资共勉。

附录 卿希泰编著出版的学术著作目录

(1)《中国道教思想史纲》第一卷,四川人民出版社,1980年9月。1984年获四川省首届哲学社会科学优秀科研成果二等奖。

(2)《中国道教思想史纲》第二卷,四川人民出版社,1985年9月。1986年10月获四川省第二次哲学社会科学优秀科研成果一等奖。1995年12月,全书1—2卷获国家教委首届全国高校人文社会科学优秀科研成果一等奖。

(3)《中国道教史》第一卷,四川人民出版社,1988年4月。1989年10月获全国光明杯优秀学术著作二等奖。1989年11月获中共四川省委和省政府优秀图书一等奖。

(4)《道教文化新探》,四川人民出版社,1988年10月。

(5)《无神论史话》,四川人民出版社,1988年11月。1990年10月获四川省第四次哲学社会科学优秀科研成果三等奖。

(6)《道教与中国传统文化》,福建人民出版社,1990年9月。1990年10月获华东地区六省市优秀图书二等奖。1992年12月获四川省第五次哲学社会科学优秀科研成果二等奖。

(7)《中国道教史》第二卷,四川人民出版社,1992年7月。

(8)《〈道教三字经〉译注》(合著),四川大学出版社,1993

年6月。

(9)《中国道教史》第三卷,四川人民出版社,1993年10月。

(10)《中国道教》(共四卷),上海知识出版社,1994年1月。

(11)《道教史》(合著),中国社会科学出版社,1994年12月。

(12)《中国道教史》第四卷,四川人民出版社,1995年12月。1996年12月,全书1—4卷获四川省第七次哲学社会科学优秀科研成果一等奖。

(13)《道教与中国传统文化》(中、英文对照本),台湾中华道统出版社,1996年2月。

(14)《中华道教简史》(合著),台湾中华道统出版社,1996年2月。

(15)《道教常识答问》(合著),江苏古籍出版社,1996年8月。

(16)《道教文化新典》上下卷(合编),台湾中华道统出版社,1996年9月。

(17)《中国道教史》(四卷修订本),四川人民出版社,1996年12月。1997年9月获第三届国家图书奖。1998年12月获教育部第二届全国高校人文社会科学优秀科研成果一等奖。1999年9月获国家社会科学优秀科研成果二等奖。

(18)《中国道教史》(繁体字四卷本),台湾中华道统出版社,1997年12月。

(19)《刍荛集》,巴蜀书社,1997年12月。1998年获四川省政府社会科学优秀科研成果荣誉奖。

(20)《道教文化新典》(合编),上海文艺出版社,1999年5月。

(21)《续·中国道教思想史纲》,四川人民出版社,1999年

8月。

　　另，本人为《宗教词典》和《中国大百科全书·宗教》卷编委兼道教分支学科主编，前者由上海辞书出版社1981年12月出版，后者由中国大百科全书出版社1988年1月出版。

　　*（22）《简明中国道教通史》，四川人民出版社，2001年7月；中华书局，2012年12月。

　　（23）《道教文化与现代社会生活研究》，巴蜀书社，2007年9月。

　　（24）《卿希泰论道教》，上海科学技术文献出版社，2008年1月。

　　（25）《道教史》（合著），江苏人民出版社，2008年7月、12月。

　　（26）《中国道教思想史》四卷（主编），人民出版社，2009年12月。

（原载《学林春秋》二编下册，朝华出版社，1999年12月）

---

* 以下为编者根据卿先生生前著作所补。